西安外国语大学经济金融学院应用经济学博士文丛

本书得到西安外国语大学学术著作出版专项资助和教育部人文社会科学研究青年项目（项目名称：中国横向税收竞争的环境效应及其作用机理研究，项目编号：18YJC790229）资助。

中国横向税收竞争的环境效应及其作用机理研究

Research on the Environmental Effect and Mechanism of Horizontal Tax Competition in China

赵娜　著

人民出版社

序　言

党的十九大报告中提出要加快生态文明体制改革,建设美丽中国,强调要着力解决突出环境问题,通过全民共治、源头防治,持续实施大气、水、土壤等污染防治行动。环境治理已经成为生态文明建设刻不容缓的任务,更是践行新发展理念至关重要的环节。尽管在过去的几年里,社会上下对于环境污染问题日渐重视,环保意识和投入也持续增强,取得了显著的成效;但环境质量仍需获得快速的改善,要完成美丽中国建设任务仍有较长的路要走。为此,除了完善相关环境保护法律法规、大力发展低碳循环经济等措施外,推进基于环境保护的财税体制改革,发挥其环境治理的宏观调控作用,也是亟须研究的现实课题。

综观我国财税体制的改革,无论是"财政包干",还是"分税制",都贯穿着中央和地方财权与事权的博弈,地方政府被赋予了一定程度的财权和事权之后,展开了广泛的税收竞争,一些措施对环境质量造成了影响。在此背景下,如何科学评价税收竞争影响环境污染的效应,有效识别税收竞争影响环境污染的现实途径和作用机制,优化以财税激励政策为引领、治理能力为支撑的环境治理路径,对于当下环境治理问题具有重要的理论意义和现实价值。

在国内外相关研究的基础上,本书将环境污染源具体划分为外溢性污染物和非外溢性污染物两类,通过构建包含生产者、消费者、中央政府及地方政府的一般均衡模型,依次从资本流动、环保支出、资本流动与环保支出双重视角分析税收竞争对不同属性污染物的作用机制。随后,选择税收征管效率作为省级政府税收竞争的策略性变量,采用随机前沿分析法(SFA)测度了我国省级政府的税收竞争水平,应用动态空间杜宾模型(SDM)和动态面板模型

（GMM）对上述理论假说进行实证检验。并据此提出了规范税收竞争行为、遏制环境污染的相关政策建议。

　　本书揭示了外溢性污染物的空间溢出效应，从资本和环保支出双重视角阐释了税收竞争影响环境污染的机理，对于从财税政策角度思考和理解不同类型的环境污染问题提供了借鉴。希望本书能够为各级政府促进经济和环境协调发展的决策过程中提供政策参考，为早日打赢污染防治的攻坚战贡献绵薄之力。

目　录

绪　　论

一、研究背景

改革开放以来,工业化进程的不断加快有力地促进了我国经济的快速增长,人民生活质量显著提升。在此期间,我国的国民经济实现了令人瞩目的发展成就。2019 年中国经济增长对世界经济增长的贡献率接近 30%,是世界经济增长最大的贡献者。[①] 然而,在经济快速增长的背后也伴随"发展之痛",即环境质量的恶化,水、大气、土壤等污染严重,部分地区生态环境承载能力已近极限。环境污染问题已经成为抑制中国经济可持续发展的严峻问题,而且严重威胁到了人们的健康与社会稳定,解决环境问题刻不容缓。为遏制日趋严重的污染,2015 年 6 月 10 日,国务院法制办公布了由财政部、税务总局、环境保护部起草的《环境保护税法(征求意见稿)》,并明确了环保税的主要征税对象、税率及计税方法等。[②] 2013 年、2015 年及 2016 年国务院相继发布《大气污染防治行动计划》、《水污染防治行动计划》及《土壤环境保护和污染治理行动计划》。2015 年 8 月 29 日中华人民共和国第十二届全国人民代表大会常务委员会第十六次会议修订通过了《中华人民共和国大气污染防治法》,规定自 2016 年 1 月 1 日起施行。2018 年 1 月 1 日起《中华人民共和国环境保护税法》正式实行。2018 年 7 月,国务院印发了《打赢蓝天保卫战三年行动计划》。

---

① 《2019 年中国对世界经济增长贡献率达 30% 左右》,中国新闻网,见 http://www.chinanews.com/cj/2020/02-28/9107603.shtml。
② 《国务院法制办公室关于〈中华人民共和国环境保护税法(征求意见稿)〉公开征求意见的通知》,中国政府网,见 http://www.gov.cn/xinwen/2015-06/11/content_2877863.htm。

如此密集地出台环境保护政策,反映了中央政府向污染宣战的决心;然而中国环境治理之路依然任重道远。国内学者对此做了较多有益的探索和研究。例如,李锴和齐绍洲(2011)认为,贸易开放提高了中国碳排放量和碳排放强度;肖挺和刘华(2014)提出,产业结构优化并不能减少当地污染排放量;阚大学和吕连菊(2016)研究发现,要素市场扭曲加剧了环境污染。也有观点认为,外商直接投资增加了当地的污染排放量(应瑞瑶和周力,2006;张宇和蒋殿春,2013;史青,2013)。上述观点主要从不同经济角度剖析了我国环境质量恶化的机理。然而,经济因素对环境污染的影响不能独立于制度因素而起作用,财政分权也是影响环境质量的一个重要的制度因素(杨瑞龙等,2007)。众多的研究已经发现财政分权的确对中国的环境污染产生了显著的影响(张克中等,2011;谭志雄和张阳阳,2013)。以此为基础,在财政分权框架内将税收竞争与环境污染联系起来的文献也逐渐涌现(刘洁和李文,2014;踪家峰和杨琦,2015)。那么财政分权体制下的地方政府税收竞争对环境污染有影响吗? 如果有,影响的机理是什么? 如何规制地区间恶性税收竞争行为,以实现国民经济与生态环境的协调发展?

(一)中国地方政府税收竞争产生的制度背景

1. 市场化改革为省级政府税收竞争创造了条件

从1949年中华人民共和国成立到1978年改革开放之前,我国经济上实行高度集中的计划经济体制,这种经济体制的特征表现在政府主导资源配置,资源的自由流动受阻,地方政府间难以产生税收竞争。

1978年党的十一届三中全会开启了我国以市场化为导向的改革,取得了突出的经济绩效和体制转型效果;1992年党的十四大明确提出"发挥市场在资源配置中的基础性作用";2013年党的十八届三中全会首次提出"发挥市场在资源配置中的决定性作用",这一决定反映了党进一步深化了对市场经济规律的认识。社会主义市场经济体制的建立与逐步完善促进了生产要素流动、优化了资源配置、增强了地区之间的互动合作,使地区经济获得了长足发展;此外,在给定资源有限的条件下,要素将按照收益最大化原则,在利益驱动机制的作用下跨地区流动。要素的流动意味着税基在地区间的流动,即增加(减少)税率会促使这些流动性税基流出(流入)本地。因此,一个地区制定的税收政策会影响资本、劳动力等生产要素的流入,并进一步影响其他地区税基的规模,这就是地区间的税收竞争。故而,市场化改革是地方政府间税收竞争产生的前提条件。

2. 财政分权是省级政府税收竞争产生的组织基础

1980—1993 年,中国在中央和地方之间的财政分配关系上先后推出了"划分收支、分级包干"、"划分税种、核定收支、分级包干"以及"收入递增包干、总额分成、总额分成加增长分成、上解递增包干、定额包干、定额补助"等多种财政体制模式(高培勇,2008)。该体制经历了 1980 年分灶吃饭、1985 年利改税和 1988 年财政承包制三次重大的改革与调整,各地发展经济的积极性大大提高,地方可以留存很大比例的财政收入,中央政府经常收不抵支、宏观调控能力明显不足。

为了扭转中央政府财力的不足和维持宏观经济的稳定,1994 年国务院发布了《国务院关于实行分税制财政管理体制的决定》,对财政体制进行了重大调整,改革的主要内容是将所有税种划分为中央税、地方税、中央与地方共享税。为保证中央税及时足额入库,中央政府还改革了税收的征收、上解次序,建立国家税务局专门征收国税,同时规范和调整了中央与地方事权,建立了较为合理的政府间返还机制,硬化了地方各级政府的预算约束。图 0-1 为1978—2019 年中央与地方财政收入占国家财政总收入比重的变动趋势,结合图 1-1 可知,1994 年分税制改革之前中央财政收入占国家财政总收入的比重一直呈下降趋势,1994 年之后中央财政收入所占比例迅速得到提升,虽然2011 年之后有所下降,但一直维持在 45% 以上。分税制改革保证了中央财政收入的稳定增长,在增强中央政府调控国家整体经济发展的能力,以及激励地方政府促进经济发展等方面起到了积极的作用。

然而 1994 年分税制改革只是涉及了财政体制收入方面的税种划分,地方政府的支出责任却没有获得与其收入比例相适应的变革,虽然中央政府采取了保障地方收入不少于 1993 年收入基数的政策①,但是图 0-2 显示,1994—

---

① 中央政府从专享税和分享税中取得的收入如果超过了分税制改革前的收入,则将多出的部分返还给地方政府以保障地方政府在实行分税制后的实际收入不低于该地区 1993 年的水平,对于超出 1993 年基数的收入,中央与地方按照 7∶3 的比例分成。

2018 年地方政府财政支出在政府总支出中所占的比重高于中央财政支出,且两者之间差距呈逐渐增大趋势,截至 2014 年该比重已经达到 85.1%,可以想见,在税收立法权高度集中于中央的前提下,地方收支比例的不平衡必然在多个支出方面加剧了地方政府尤其是基层政府的财政负担压力,致使其通过税收优惠、减免收费、税款递延等方式变相降低实际税率吸引资本等流动性生产要素,增加政府财政收入,政府间的税收竞争由此激烈地蔓延开来。这一行为推动了中国经济的快速增长,但同时也在一定程度上造成了环境污染。

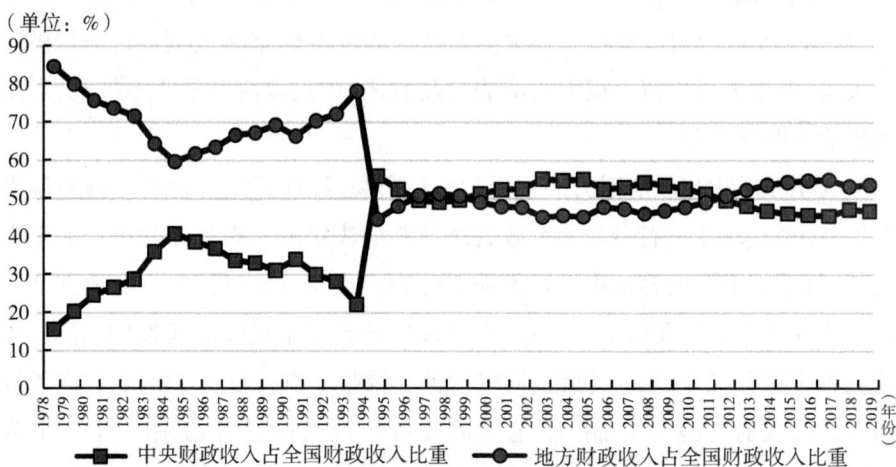

图 0-1　1978—2019 年中央和地方政府财政收入比重

资料来源:笔者根据历年统计年鉴计算得出。

(二)中国省级政府税收竞争的主要形式

1994 年分税制改革后,中央政府逐步统一税权,税收优惠政策得到了有效遏制。然而,一方面,地区间针对资本等流动性要素的争夺愈演愈烈;另一方面,严峻的经济增长压力迫使地方政府寻求一些更为有效的竞争手段,进而加剧了地方政府竞争。各地政府为了增加本地税基,保护已有的税源,出台了各种税收优惠等政策。具体来说,我国地区间税收竞争可以分为以下三种形式:一是税收优惠,二是财政返还,三是其他形式。

1. 税收优惠

税收优惠长期以来是各级地方政府税收竞争的主要方式,是税法赋予征

（单位：%）

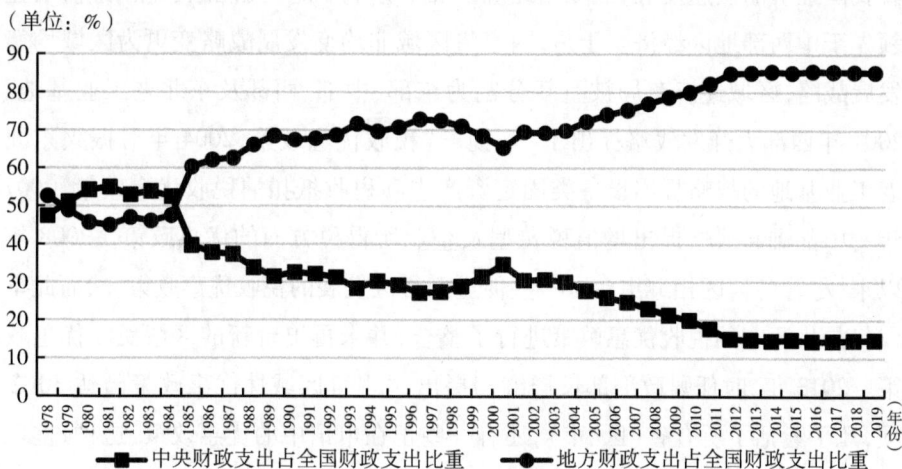

图 0-2　1978—2019 年中央和地方政府财政支出比重

资料来源：笔者根据历年统计年鉴计算得出。

税对象的特殊的鼓励和照顾。1994 年分税制改革之后，为了统筹区域发展、促进国家经济的快速增长，中央制定了各种税收优惠政策，按照影响范围可以分为两种：一种是各地方政府普遍有权实施的税收优惠政策，另一种是为了实现特定目的、对特定地区实行特殊的税收优惠政策。从地方政府的实际行为看，主要有五种税收优惠：一是在"两税"合并之前，外资可以享受优惠税率；二是为了鼓励产业升级，规定对高新技术企业给予税收优惠；三是为了鼓励出口，给予各地区出口退税的税收优惠；四是规定创业企业和中小企业可以享受税收优惠；五是规定符合国家产业政策的，可以享受企业税收优惠（郭杰和李涛，2009）。从具体的操作方法上看，我国地方政府常用的税收优惠措施包括税收减免、税收扣除、互抵盈亏、纳税延期、加速折旧、税收抵免等。因此，地方政府会通过税收优惠等措施改变实际税率来进行税收竞争。

随着我国经济与社会的发展，我国税收优惠政策不断被调整与完善，主要体现在以下三个方面：其一，外资企业的所得税优惠高于内资企业，导致内资企业税负较高。2008 年"两税"合并之前实行的两套所得税法引致外资企业税收优惠较多，带来内资企业生产成本的增加及其盈利能力的降低，阻碍了我国民族产业的发展。其二，区域性税收优惠向中西部倾斜，并逐渐被淡化。随着我国经济的快速发展,区域间经济发展十分不平衡,东部沿海地区经济明显领先于中西部地区经济。于是,国家将区域非均衡发展战略变更为区域均衡发展战略,区域经济布局被重新分割为东部、中部、西部及东北老工业基地。2001年西部大开发战略提出了"一揽子"税收优惠政策,2004年对振兴东北老工业基地的战略提出设备类固定资产进项税收抵扣的税收优惠政策,2007年对中部崛起战略提出增值税转型及企业所得税方面的优惠政策。2008年以来,尽管各地区相继出台了一些促进经济区发展的税收优惠政策,然而此举仅仅是将原有的税收优惠政策进行了整合,并未再出台新的区域税收优惠政策。2013年,时任财政部部长楼继伟提出:"现行区域性优惠政策已达30多项,几乎囊括了所有省(区、市),还有一些正在申请中的优惠政策,这种过多、碎片化的税收优惠政策严重影响了国家税制的规范性及市场的公平性,原则上不再出台新的区域税收优惠政策。"①其三,产业性税收优惠政策导向明显。在经济发展初期区域税收优惠政策可以吸引流动性要素流向特定地区,在我国非均衡区域经济发展战略中起到了较为重要的作用,然而该类税收优惠政策违背了税收中性原则,引致地区间税负差异较大,加剧了地区之间的贫富差距的扩大,无法体现我国产业结构调整的战略方向。因此,2008年《中华人民共和国企业所得税法》实施,明确规定,"国家给予重点扶持和鼓励发展的产业等企业所得税优惠",引导税收优惠的重心从区域转向产业,极大地遏制了地方政府利用税收优惠展开横向税收竞争。2015年5月国务院出台的《国务院关于税收等优惠政策相关事项的通知》(国发〔2015〕25号)规定如下:"各地区、各部门今后制定出台新的优惠政策,除法律、行政法规已有规定事项外,涉及税收或中央批准设立的非税收入的,应报国务院批准后执行;其他由地方政府和相关部门批准后执行,其中安排支出一般不得与企业缴纳的税收或非税收入挂钩。"②由此可以看出,国家税收优惠政策已趋于规范。2018年国税和地税合并,将在税收征管体系上进一步理顺关系,在征管过程中实施的变相

---

① 《消除机制体制弊端 建立现代财政制度——财政部部长楼继伟详解深化财税体制改革思路》,新华网,见 http://news.xinhuanet.com/politics/2013-11/20/c_118226239.htm。

② 《国务院关于税收等优惠政策相关事项的通知》,中华人民共和国财政部网站,见 http://www.mof.gov.cn/zhengwuxinxi/zhengcefabu/201505/t20150511_1230136.htm。

税收优惠将被逐步取缔,未来税收竞争的主要形式将发生变化。

2. 财政返还

财政返还是指地方政府根据外来投资企业的投资规模和上缴税金的情况,按一定比例由地方财政出资向企业返还全部或部分上缴的税金。财政返还更多地体现了地方政府通过财政支出或者补贴的方式将所征收的税收返还给企业,其实质是通过降低企业税收负担吸引资本流入,主要目的在于减少没有享受其他税收优惠政策的企业的税收负担,显然是属于地方政府税收竞争的一种方式。

2001年前,财政返还中一个典型的优惠政策即为企业所得税"先征后返"(也称列收列支)。该政策是指各地税务部门对企业先按33%的法定税率征收所得税,然后再由地方财政部门将一定比例(通常返还18%)的所征税额返还给企业,因此企业的实际税率较低,地方政府之所以实行"先征后返"的所得税优惠政策,主要是为了让那些无法享受到税收优惠政策的企业获得与其他企业相同的中央政府认可的优惠税率(吴联生和李辰,2007)。一般而言,各地财政返还政策中的返还标准并不相同,近年来部分地区政府的财政返还政策具体情况如表0-1所示。从表1-1可以看出,企业所得税"先征后返"政策主要实施日期在2000年之前,这是因为国务院于2000年1月11日颁布了《关于纠正地方自行制定税收先征后返政策的通知》,明确规定各地区自行制定的税收先征后返政策,从2000年1月1日起一律停止执行。①

财政返还虽然在吸引外资方面取得了一定的成效,但是也存在一些问题:首先,助长了企业的投机行为,容易引致一些外来企业在本地优惠政策期满后搬迁到其他地区继续享受税收优惠;其次,造成本地享受不到财政返还税收优惠政策的企业税负高于外地由于优惠政策而搬迁来的企业;其次,财政返还减少了政府的可支配收入,阻碍了政府公共产品的提供,进而可能扭曲政府公共支出结构,恶化地区环境质量;最后,财政返还破坏了公平竞争的市场经济规

---

① 《国务院关于纠正地方自行制定税收先征后返政策的通知》,中华人民共和国中央人民政府网站,见 http://www.gov.cn/gongbao/content/2000/content_60600.htm。

则,扭曲了资源配置,造成了效率损失,恶化了市场环境。

表0-1 部分地区财政返还政策

年份	文件	规定
1996	《湖北省关于地方企业所得税等税收减免和财政返还的规定》	对外贸企业征收所得税,实行先征后退;对科研中试产品的所得税经批准实行先征后返
1999	《厦门市外商投资企业增资地方税收财政返还实施办法》	凡达到规定标准的企业均可以享受下列税收返还: 当年所得税返还金额=(当年缴纳的企业所得税-1996年缴纳的企业所得税)×返还比例; 企业所得税财政返还比例,第一年和第二年为100%,第三年到第五年为50%
2000	《北京市外贸企业所得税返还实施办法》	北京市外贸企业按税收条例等有关规定缴纳"国有外贸企业所得税",财政局按照征税科目的实际收入的70%直接返还给企业

3.其他形式

除上述税收优惠及财政返还政策外,地方政府为了招商引资也采取了其他一些税收竞争形式,比如在制定地区行业发展政策时,对本地区内各类开发区、经济特区、经济区的企业实行收入全留或增量返还、费用减免的优惠政策,近年来各级各类开发区、自贸区等如雨后春笋般设立,虽然对就业、出口和经济增长有促进作用,但是也同样会造成一些问题,对于非规范性税收竞争策略形成在横向竞争中的占比逐渐增加的现象,学界应给予充分关注。

(三)中国环境污染面临的严峻问题

随着我国经济的快速增长,环境污染问题日益突出。很多新兴污染物质已经开始逐渐渗透到人们的生活中,而且有些污染物质的污染周期较长,不但损害了当代人们的身体健康,甚至会对下一代人的健康产生威胁。在我国,大气污染、水体污染以及土壤污染较为突出,尤其是雾霾污染,不但影响范围广、发生频率高,而且治理难度大。根据中国2016年的《中国环境统计年鉴》显示,从2000年到2015年,中国工业废水排放总量从194.2亿吨增加至199.50亿吨,工业废气排放总量从138145亿立方米增加到685190亿立方米,增长率高达396%,其中,工业二氧化硫排放量在2000年为1612.5万吨,在2015年为 1556.74 万吨。图 0-3 显示了从 2000 年至 2015 年我国工业废水、废气和固体废弃物排数量。从图 0-3 中可以看出,工业废气和工业固体废弃物排放量虽然部分年份有所下降,但是整体呈上升趋势。而工业废水的排放总量从 2000 年至 2006 年逐年上升,但其从 2006 年开始呈现逐年下降的趋势。2017年《中国生态环境状况公报》显示全国 338 个地级及以上城市环境空气质量达标的比例仅为 29.3%,有 26 个城市优良天数比例甚至低于 50%。几乎无使用功能的劣 V 类水质的占比仍高达 8.3%,黄河、淮河、松花江和辽河流域均存在不同程度的污染,环境污染问题形势依然严峻。①

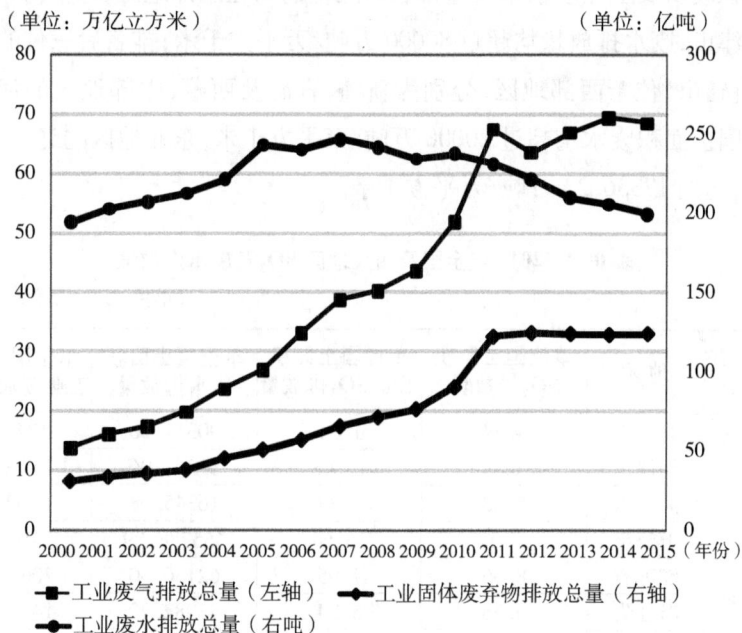

图 0-3　2000—2015 年我国工业"三废"排放情况

(四)中国环境污染的区域差异性

我国是一个地域辽阔的国家,地区间经济基础、文化背景、资源禀赋差异很大。尤其是改革开放以来,尽管我国的经济取得了令世界瞩目的巨大成就,

---

① 《2017 中国生态环境状况公报》,中华人民共和国生态环境部网站,见 http://www.mee. gov.cn/hjzl/zghjzkgb/lnzghjzkgb/ 。

与此同时区域环境污染问题日趋严重。为了更好地考察地区间的环境污染差异,本书将全国按照地理位置分成了四大区域:东部地区、中部地区、西部地区及东北地区。① 表0-2 给出了2015 年四大区域二氧化硫及废水排放量。从表1-2 中可以看出:单位国土面积 SO_2 及工业 SO_2 排放量排名前三位的省(自治区、直辖市)均在东部地区,即上海市、天津市及山东省,SO_2 排放量均超过10 万吨/万平方千米;排名后三位的省(自治区、直辖市)位于西部地区,分别为新疆、青海及西藏;中部地区的山西、河南 SO_2 排放量均超过7 万吨/万平方千米;东北地区的辽宁省 SO_2 排放量最高,达到6.46 万吨/万平方千米。单位国土面积废水及工业废水排放量排名前三位的均在东部地区,即上海市、北京市及天津市,废水排放量均超过80000 万吨/万平方千米;排名后三位的省(自治区、直辖市)位于西部地区,分别为新疆、青海及西藏;中部地区的河南、安徽单位国土面积废水均超过20000 万吨/万平方千米,东北地区的辽宁省排放量最高,达到17336.33 万吨/万平方千米。

表0-2　2015 年全国及四大地区 SO₂ 及废水排放量

(单位:万吨/万平方千米)

区域	地区	单位国土面积 SO_2 排放量	单位国土面积工业 SO_2 排放量	单位国土面积废水排放量	单位国土面积工业废水排放量
东部地区	北京市	4.24	1.31	90317.26	5344.05
	天津市	16.45	13.68	82307.96	16790.27
	河北省	5.83	4.37	16345.68	4953.16
	上海市	27.12	16.64	355788.89	74506.35
	江苏省	8.35	7.95	62130.30	20642.70
	浙江省	5.38	5.24	43382.20	14735.30
	福建省	2.82	2.64	21405.67	7561.75
	山东省	10.17	8.14	37327.20	12429.33
	广东省	3.77	3.61	50640.17	8969.72
	海南省	0.95	0.93	11506.76	2023.24

---

① 东部地区包括北京、天津、河北、上海、江苏、浙江、福建、山东、广东及海南;中部地区包括山西、安徽、江西、河南、湖北及湖南;西部地区包括四川、重庆、贵州、云南、西藏、陕西、甘肃、青海、宁夏、新疆、广西及内蒙古;东北地区包括:辽宁、吉林及黑龙江。

区域	地区	单位国土面积SO$_2$排放量	单位国土面积工业SO$_2$排放量	单位国土面积废水排放量	单位国土面积工业废水排放量
中部地区	山西省	7.47	6.01	9683.47	2757.07
	安徽省	3.69	3.23	21586.62	5495.08
	江西省	3.30	3.22	13952.00	4775.75
	河南省	7.15	5.72	27092.94	8113.06
	湖北省	3.06	2.61	17432.50	4489.83
	湖南省	2.84	2.46	14957.48	3661.33
西部地区	重庆市	6.02	5.19	18201.58	4316.40
	四川省	1.49	1.30	7116.81	1492.65
	贵州省	5.02	3.52	6635.47	1716.12
	云南省	1.54	1.38	4561.39	1208.76
	西藏	0.00	0.00	49.03	4.01
	陕西省	3.87	3.15	8848.53	1985.79
	甘肃省	1.46	1.20	1719.79	481.03
	青海省	0.21	0.16	328.65	118.69
	宁夏	5.42	4.60	4852.27	2491.36
	新疆	0.49	0.39	624.70	177.51
	广西	1.83	1.68	9568.09	2750.13
	内蒙古	1.12	0.96	1007.83	325.03
东北地区	辽宁省	6.46	5.80	17336.33	5542.67
	吉林省	2.02	1.68	7050.44	2154.00
	黑龙江省	0.99	0.61	3230.33	791.52

资料来源：2016年《中国环境统计年鉴》。

表 0-3 给出 2015 年我国四大区域固体废弃物排放量。从表 0-3 中可以看出：西部地区面临的固体废弃物污染较为严重。首先，2015 年西部地区一般工业固体废弃物贮存量高达 29326 万吨，占全国总量的近一半；其次，西部地区的一般工业固体废弃物倾倒丢弃量达到了 39.69 万吨，占全国总量的

71%,远高于东中部地区;最后,西部地区在危险废弃物贮存量上高达684.98万吨,占全国总量的84.5%,这些均表明西部地区对固体废弃物的治理较为滞后。

表0-3　2015年我国固体废弃物处理利用情况　　（单位:万吨）

地区	一般工业固体废物产生量	一般工业固体废物综合利用量	一般工业固体废物贮存量	一般工业固体废物倾倒丢弃量	危险废物产生量	危险废物综合利用量	危险废物贮存量
全国	327079	198807	58365	55.75	3976.11	2049.72	810.30
东部	85468	65746	2231	1.15	1571.34	970.13	85.7
中部	85228	56924	9354	5.04	573.14	407.79	37.17
西部	111069	58816	29326	39.69	1628.11	590.73	684.98
东北	45314	17323	17452	9.86	203.48	81.09	2.46

资料来源:2016年《中国环境统计年鉴》。

二、研究目的与意义

(一)研究目的

本书选择我国地区间税收竞争对环境污染的影响及其传导机制作为研究的落脚点,旨在通过理论分析和实证研究,揭示税收竞争影响不同属性环境污染(外溢性与非外溢性)的路径及其作用机制,以期为减少地区环境污染的税收政策制定提供理论支撑和实践指导。

具体来说,本书的研究目标主要有两个:一是在哈吉亚尼斯(Hadjiyiannis,2014)以及汤玉刚和苑程浩(2010)的研究基础上,将省级政府税收竞争的策略性变量表征为税收征管效率,首先,在不考虑政府环保支出预算的假设条件下考察了税收竞争通过资本流动对环境污染的影响;其次,在资本不流动的假设条件下分析了税收竞争通过环保支出对环境污染的影响;最后,进一步放松资本不流动与政府环保支出不存在的假定,对税收竞争影响环境污染的效应及两条作用渠道——资本流动和环保支出进行了系统梳理。据此提出一个税收竞争影响环境污染的途径与作用机制的理论假说体系。并以近年来各地区税收竞争、资本投入量、环保支出和环境污染数据为案例,实证检验了税收竞争引起的资本流动、环保支出变化以及同时通过这两个传导机制对环境污染的影响,从而深刻地揭示税收竞争影响环境污染的规律和内在机理。二是基于产出距离函数的随机前沿分析方法(SFA)对税收竞争的代表变量——税收征管效率进行定量测度,以提供一种定量表征税收竞争指标行之有效的方法。为科学评价税收竞争强度提供新思路,以达到完善我国税收竞争制度、改善环境质量、促进我国区域经济与环境全面、协调发展的目的。

(二)研究意义

随着工业化进程的加快,工业"三废"排放量逐年上升,生态环境质量不断下降,可以说,环境污染问题已经严重阻碍了中国经济的可持续发展。《中共中央关于制定国民经济和社会发展第十四个五年规划和二〇三五年远景目标的建议》提出要"增强全社会生态环保意识,深入打好污染防治攻坚战。继续开展污染防治行动,建立地上地下、陆海统筹的生态环境治理制度。强化多污染物协同控制和区域协同治理,加强细颗粒物和臭氧协同控制,基本消除重污染治理。"[①]在此背景下,研究税收竞争对环境污染的影响,对经济和环境协调发展提供有效的政策建议,具有重要的理论和现实意义。

1. 理论意义

税收竞争理论是经济学的一个重要分支,学者们对其最初的研究结论依赖于许多严格的假设,这些假设包括资本同质、对资本征收一次性总付税、税收竞争不存在溢出效应、生产要素土地或劳动力不能自由流动等,随后这些研究假设逐渐被放宽,使税收竞争模型对真实世界的理解和诠释不断深入。但以上研究将政府环保支出视为外生给定的,并未讨论环保支出的预算来源,这等于割裂了税收竞争与环保支出的互动关系。本书将学者们未考虑的环保支出纳入税收竞争影响环境污染的理论模型中,从理论上形成了较为完整的框架体系,有助于进一步丰富税收竞争理论。同时,国内有关税收竞争影响环境污染的研究大多集中在二者的直接相关性分析,主要解决的是"是什么"的问

题,而对于税收竞争影响环境污染的途径和作用机理鲜有涉及,即对"为什么"等深层理论问题尚待澄清。本书从资本流动和环保支出双重视角出发,通过构建理论模型和实证研究明晰税收竞争影响环境污染的传导机制,在完善环境污染理论研究体系的同时,提供了一个从税收经济学和公共经济学相关理论分析环境问题的新视角。

2. 现实意义

中国经济取得巨大成就的同时,地区间税收竞争也有所加剧,致使环境污染问题依然十分严重,阻碍了中国经济与社会的可持续发展。因此,深入研究税收竞争影响环境污染的两条作用渠道——资本流动和环保支出,从中探索税收竞争引致环境污染问题的症结所在,据此提出规范税收竞争秩序的对策,对于完善我国财政体制改革、调整产业结构、改善环境质量、促进中国经济可持续发展具有重要的现实意义。与此同时,我国目前环境污染治理工作迫在眉睫,系统规制税收竞争以遏制环境恶化成为一种必然的现实选择,因此税收竞争指标的合理选取是实践的重要环节之一,而目前对于如何选取合适的税收竞争指标一直是一个比较有争议的话题。本书提出运用随机前沿分析方法(SFA)对企业所得税及增值税的税收征管效率变化规律进行定量分析,以有效评价我国地方政府税收竞争的程度,这对完善中国财税体制以规范地方政府间税收竞争行为、消除地区间税收差别待遇、营造更加公平的税收政策环境具有重要的实践指导意义,其对遏制环境污染的现实意义也蕴含其中。

三、研究思路与方法

(一)研究思路

本书通过如下思路和步骤实现研究目标:第一步,根据我国地方政府税收竞争及环境污染的现实状况,提出研究的问题。第二步,通过对国内外有关税收竞争的文献进行梳理,分析国内外税收竞争的研究成果及其存在的不足之处,进一步提出研究切入点。第三步,在税收竞争和环境污染的理论基础上,构建税收竞争影响环境污染的传导机制。研究选取的分析角度有两个:一是从税收竞争单独影响资本流动、环保支出予以分析。二是从税收竞争综合影响资本流动和环保支出双重视角予以分析。第四步,根据理论分析框架,实证检验了资本流动及环保支出是否为税收竞争影响环境污染的传导机制。首先根据理论分析框架及税收竞争现状,确定税收竞争的代表性指标,随后采用随机前沿分析方法测算了 2007—2016 年我国 28 个省(自治区、直辖市)的税收竞争:企业所得税及增值税的税收征管效率,为实证研究税收竞争影响环境污染做好准备;然后分别检验了资本流动及环保支出是否为税收竞争影响环境污染的传导机制。第五步,在第四步实证检验的基础上,验证了税收竞争同时通过资本流动和环保支出而对环境污染产生的影响方向。第六步,为了检验前期研究结果的稳健性,更换税收竞争指标,并采用 2007—2016 年 30 个省(自治区、直辖市)①的数据进一步研究税收竞争和雾霾污染的关系。

本书在最后提出了完善规范省级政府税收竞争秩序的对策建议,并对研究的前景予以展望,以便今后更深入地进行相关研究。

(二)研究方法

本书的研究过程严格遵守"提出问题—文献述评—建立理论研究框架—实证研究—解决问题"的逻辑思路,针对不同的问题采取了适合的研究方法:

1. 文献归纳法

本书收集了近年来国内外关于财政分权、环境联邦主义、税收竞争存在性、税收竞争对资本流动、公共支出及环境污染影响的相关文献,进行分析、归纳和总结,通过厘清上述理论的发展脉络,剖析税收竞争、环境污染的发展现状,结合选定的研究对象,找到本书的理论突破口。

2. 定性分析与定量分析相结合

定性分析是指对事物之间因果逻辑关系的质的分析,而定量分析则是对因果逻辑关系的量度分析,包括数量分析和数据分析。本书在对相关文献进行述评的基础上,定性分析了税收竞争通过资本流动和环保支出对环境污染的影响机制。同时基于 2007—2016 年我国各地区相关面板数据使用随机前沿分析方法对税收竞争的代表变量企业所得税税收征管效率和增值税税收征管效率进行了测算,精确地反映了目前我国企业所得税及增值税税收征管效率的现状、影响因素及变化趋势。

---

① 样本中未包含西藏自治区。

3. 理论研究与经验研究相结合

理论研究是指从概念出发,经过判断和推理从而认识事物的本质和规律的思维方法。而经验研究则是回答"是什么"和"能不能"的问题,着重对理论分析的结论进行经验检验。本书在对税收竞争与环境污染进行概念辨析的基础上,将地方政府税收征管效率考虑在内,应用外部性理论、税收竞争理论等,采用一般均衡分析和比较静态分析方法,对税收竞争影响环境污染的两条作用渠道——资本流动与环保支出进行了系统梳理,并结合中国发展现状提出相关的理论假说体系。在采用数理或者逻辑分析得出相应结论之后,采用计量经济学的方法进行实证研究是十分必要的。在实证方法选择方面,本书第二章使用随机前沿分析方法(SFA)对税收竞争的代表变量企业所得税和增值税税收征管效率进行了测算,精确地反映了目前我国地方企业所得税及增值税税收征管效率的现状、变化趋势及其一些影响因素。在第四、五、六章中,相比于非外溢性污染物,外溢性环境污染溢出效应明显,故而分别运用系统广义矩阵估计方法和动态空间杜宾方法研究了税收竞争对非外溢性及外溢性环境污染的影响及其传导机制。

四、内容安排

本书共分为八章,各章的主要内容安排如下。

第一章,税收竞争与环境污染的理论分析。第一节税收竞争研究综述,作为本书研究的理论准备,本节研究的目的在于对现有国内外已有税收竞争以及税收竞争与环境污染关系的研究成果进行梳理和总结,以找出研究切入点。首先对税收竞争的研究现状进行综述,主要从税收竞争存在性、税收竞争成因、税收竞争对资本流动、经济增长及财政支出的影响五方面进行综述。第二节税收竞争影响环境污染相关文献综述。首先对税收竞争与环境污染关系的研究现状进行总结,在肯定既有研究成果的基础上指出研究中还存在的一些不够完善之处,继而确定本书的研究切入点。第三节核心概念界定。对本书中提到地方政府税收竞争与环境污染的两个重要概念进行界定以确定本书的研究方向与目标。第四节税收竞争与环境污染理论渊源。首先从财政分权理论、公共选择理论和政府竞争理论对省级政府税收竞争的原因进行了理论解释;然后从公共品理论和外部性理论两个方面分析了环境污染的原因。第五节税收竞争对环境污染影响机制的理论分析。本节的研究目的在于构建税收竞争影响环境污染的理论分析框架,为后文的实证研究提供理论基础。首先应用外部性理论、税收竞争理论等,在动态一般均衡模型的模型框架下,将税收竞争导致的实际税率、资本流动和跨界污染纳入模型中,分析了税收竞争通过资本流动影响环境污染的作用机理。该部分的主要关注点是税收竞争如何通过资本流动影响环境污染;接着对税收竞争通过环保支出对环境污染的影响进行分析,该部分的主要关注点是税收竞争如何通过环保支出影响环境污染;最后将环保支出纳入已构建的模型中,从税收竞争影响资本流动、环保支出双重视角构建税收竞争影响环境污染的机制,以期能够从一个独特的、综合的、符合国情的多维视角来探索这一影响。

第二章,省级政府税收竞争指标的测度。第一节确定地方政府间税收竞争的策略变量为增值税和企业所得税税收征管效率。第二节分析了影响增值税和企业所得税税收征管效率的因素。第三节为税收征管效率的研究方法选择和数据来源。第四节和第五节采用随机前沿分析方法分别实证测算了2007—2014年我国28个省(自治区、直辖市)增值税和企业所得税税收征管效率,为后文的实证研究提供数据支撑。

第三章,税收竞争对资本流动影响的实证研究。第一节是对税收竞争和资本流动的相关数据进行简单的统计描述。第二节是实证方法选择和模型设定,首先对主要数据进行平稳性检验,然后利用系统 GMM 模型对我国税收竞争与本地和邻近地区资本流动的关系进行计量检验。第三节是实证结果及分析。

第四章,税收竞争、资本流动与环境污染的实证研究。该章的研究目的在于检验资本流动是否为税收竞争影响环境污染的主要作用传导途径。第一节是变量的选择和数据处理。第二节采用空间计量的方法检验了 2007—2014年我国28个省(自治区、直辖市)外溢性污染物(二氧化硫)空间相关性。第三节是实证分析,首先构建实证模型,然后对相关数据进行平稳性和协整性检验,接着运用动态空间杜宾面板模型及动态面板模型分别检验税收竞争对外溢性污染物(二氧化硫)和非外溢性污染物(固体废弃物)的直接影响;在此基础上,运用阿西莫格鲁(Acemoglu,2003)给出的用于识别渠道相对重要性的方法,证实了资本流动是税收竞争影响环境污染的主要渠道。

第五章,税收竞争、环保支出与环境污染的实证研究。第一节检验税收竞争对环保支出的影响及效应。第二节借鉴温忠麟和叶宝娟(2014)传导机制检验规则分两个层面检验环保支出是否为税收竞争影响环境污染的传导机制。

第六章,税收竞争、资本流动、环保支出与环境污染的实证研究。第一节是变量选择。第二节是模型设定,由于资本流动和环保支出是税收竞争影响环境污染的主要渠道,首先将资本流动和环保支出作为控制变量纳入税收竞争对环境污染的直接影响模型中,然后加入税收竞争与资本流动交互项及税收竞争与环保支出交互项检验税收竞争对环境污染的间接影响。第三节是实证结果及分析。

第七章,税收竞争与雾霾污染的实证研究。近几年,雾霾污染日益严重,为了更加全面地研究税收竞争与环境污染的关系,本章更换税收竞争和环境污染指标,采用2007—2016年30个省(自治区、直辖市)的面板数据验证税收竞争与雾霾污染的关系。第一节实证分析了税收竞争对环保支出的影响机制。第二节从环保支出角度实证检验了税收竞争对雾霾污染的作用机理。

第八章,规范地区间税收竞争的政策建议。第一节是对本书的主要实证分析结果进行总结。第二至三节分别从建立地区间良性竞争关系、规范税收优惠政策、改革现行政府机构考核制度、深化现行财税体制改革、提高资本准入门槛角度提出完善规范地区间税收竞争的政策建议。

五、本书的创新点

本书主要对税收竞争影响环境污染的传导机制进行理论分析与实证研究,与已有的研究相比,本书的创新之处归纳起来主要有以下三点。

第一,构建了一个研究财政分权下省级政府税收竞争对环境污染影响机制的理论分析框架。中国省级政府税收竞争是为了吸引资本流入以促进本地经济发展,但激烈的税收竞争导致过低的均衡税率和政府环保支出有效供给的不足,进而间接带来各地区环境质量的恶化。本书在中国财政分权制度背景下,建立了一个包含生产者、消费者、中央政府及地方政府的一般均衡模型,依次从资本流动、环保支出及资本流动与环保支出双重视角刻画了税收竞争对不同属性污染物的作用机制。发现:(1)在不考虑政府环保支出的情况下,税收征管效率通过改变本地及邻近地区资本投入量而影响该地区外溢性环境污染;税收征管效率越低,本地资本投入量越多,非外溢性环境污染排放量越大。(2)在不考虑资本流动的情况下,政府环保支出是政府间税收竞争对环境污染影响的作用传导途径。(3)在同时考虑资本流动和环保支出的情况下,税收征管效率通过改变本地资本投入量、本地政府环保支出及邻近地区资本投入量、邻近地区政府环保支出四个渠道影响外溢性污染物;而税收征管效率通过改变本地资本投入量及本地政府环保支出两个渠道影响非外溢性污染物。本书弥补了目前文献囿于税收竞争对环境污染的直接影响而忽略了其传导机制的不足。

第二,采用基于产出距离函数的随机前沿分析方法(SFA)对税收竞争的代表变量——税收征管效率进行了定量测度。研究表明:(1)各个地区企业所得税和增值税税收征管效率虽然是波浪式上升,但平均水平依然偏低,反映出我国省级政府税收竞争激烈。(2)广东、天津和山西的企业所得税税收征管效率在前三位,而湖南、甘肃和青海省则位于后三位;江苏、广东和浙江的增值税税收征管效率排在前三位,而河南、青海及湖南则排在后三位,这意味着东部沿海地区省级政府税收竞争程度较弱,而中、西部地区省级政府税收竞争程度较强。本书既弥补了现有文献在税收竞争指标选取的不足,也提供了一种定量表征该指标行之有效的方法,为科学评价税收竞争强度提供了新的思路。

第三,基于我国省际样本数据的研究验证了全文的理论推论。首先利用2007—2014年我国28个省(自治区、直辖市)的面板数据,分别检验了环保支出和资本流动是否为税收竞争影响环境污染的主要渠道,然后基于环保支出和资本流动双重视角检验了税收竞争对环境污染的影响机制及效应。实证结果表明:(1)本地资本投入量是税收竞争作用于环境污染的一个主要渠道,邻近地区资本投入量是推高二氧化硫排放量的次要渠道。(2)环保支出是税收竞争影响环境污染的主要渠道。(3)税收征管效率的下降增加了本地资本投入量、减少了本地政府环保支出,以至于增加了外溢性污染物(二氧化硫)和非外溢性污染物(固体废弃物)的排放量,同时减少了邻近地区资本投入量、增加了邻近地区政府环保支出,以至于减少了外溢性污染物(二氧化硫)排放量。与已有文献相比,本书在模型选取过程中不仅考虑了环境污染作为被解释变量的空间滞后项,而且将资本流动、环保支出、税收竞争这些主要解释变量的空间滞后项纳入其中,从而将现有关于税收竞争影响环境污染的研究拓展至空间维度。

第一章 税收竞争与环境污染的 理论分析

第一节 税收竞争研究综述

国内外学者围绕税收竞争这一研究主题,运用现代经济理论的分析框架,作出了广泛而具有成效的探索,积攒了大量的、富有价值的研究成果。归纳和梳理与本书研究内容相关的文献是一项富有现实意义的工作。鉴于本书的研究目的,本章将首先从税收竞争存在性、税收竞争成因、税收竞争影响资本流动、税收竞争影响经济增长、税收竞争影响环保支出不同角度分别对已有的关于税收竞争的研究进行总结,找出其可能存在的不足,以明确本书的逻辑起点和理论基础。然后关注税收竞争影响环境污染的相关文献,以期为本书的研究提供较为完整的借鉴思路。在文献综述中,每部分力图做到对我国地区税收竞争影响环境污染的文献充分考量,以使本研究能够充分汲取已有研究成果的经验,在理论层面聚焦有价值的研究方向,在实践层面关注迫切需要解决的问题。

一、税收竞争的基本类型

西方学界对于税收竞争有一种狭义的解释:税收竞争是指各地区通过竞相降低有效税率或实施有关税收优惠等途径,以吸引其他地区财源流入本地区的政府自利行为。广义的税收竞争则是针对诸如资本、技术、人才以及商品等流动性资源而展开的广泛的多种形式的税收竞争。从全球范围来看,可以把税收竞争分为三类:一是国家与国家之间的税收竞争,即国际税收竞争;二是同一国家内部不同层级政府间的税收竞争,即所谓的纵向竞争;三是同一国家内部同一层级政府(或部门)间的税收竞争,也就是国内学者研究最多的横向竞争。本书研究的对象正是我国省级政府间的横向税收竞争,以下无特殊说明,均以税收竞争代替。

二、税收竞争存在性及成因分析

(一)税收竞争存在性研究

对于企业和居民来说,税收是一种负担。在资本和劳动可自由流动的情况下,税负越重,劳动力和资本会流出;反之,劳动力和资本则会流入。为了发展本地经济,吸引资本和劳动力的流入,一个辖区政府会在分析邻近辖区税收政策之后选择最优的税收政策,其他辖区政府也会有类似考虑。可预测的结果是各个辖区之间策略博弈引致某些税种存在策略互补,某些税种存在策略替代。① 从 20 世纪 90 年代开始,国外关于税收竞争的研究备受关注,成果相对比较丰富。其中绝大部分文献都支持税收竞争假说,即税收竞争为策略互补。早期关于税收竞争的实证研究来自美国的拉德(Ladd,1992),运用1978—1985 年美国 94 个县的税收以及财产税数据,实证研究表明:相邻地区的税负每提高 1%,会引致本地区税负显著提高 0.59%,相邻地区财产税的税负每提高 1%,会引致本地区财产税税负显著提高 0.45%。凯斯(Case,1993)等基于美国各州 1970—1985 年的所得税有效税率研究发现,邻近辖区税收负担上升 1%,会引致本辖区税收负担提高 0.6%。贝斯利和凯斯(Besley 和Case,1992)则以美国各州 1960—1988 年销售税、个人所得税和公司所得税数据为例,指出邻近辖区税收负担上升 1%,会带来本辖区税收负担显著提高0.2%。后续的文献都是基于上述三篇文献展开,并开始利用欧洲数据展开研究(见表 1-1)。大部分研究结论支持税收竞争存在策略互补,有一些文献支持税收替代,如赫蒂奇和温纳(Hettich 和 Winer,2005),当然也有些文献发现

---

① 本地与邻近地区税收策略互动系数大于零表示税收竞争为策略互补,小于零表示税收竞争为策略替代。

了混合结果,如布雷特和平斯克(Brett 和 Pinske,2000)、罗克(Rork,2003)。

表 1-1　部分国外学者关于税收竞争存在性检验的研究

相关文献	数据来源	主要结论:本地与邻近地区税收策略互动系数
海因德尔斯和武切伦(Heyndels 和 Vuchelen,1998)	比利时各直辖市个人所得税和财产税	0.5—0.7
布特纳(Büttner,2001)	德国 1980—1996 年城市地方营业税	0.05
布雷特和平斯克(Brett 和 Pinske,2000)	加拿大不列颠哥伦比亚省	混合结果,取决于所选取的权重矩阵和模型
布鲁克纳和萨韦德拉(Brueckner 和 Saavedra,2001)	美国波士顿地区 70 个城市财产税	显著为正
雷韦利(Revell,2001)	英国 19 世纪 80 年代非都会区财产税	0.4—0.5
奥莱(Olle,2003)	西班牙巴塞罗那财产税、交通工具税	财产税 0.389,交通工具税 0.333
罗克(2003)	美国各州烟草税、燃油税、个人所得税、销售税及企业所得税	反应系数为 -0.24—0.64,取决于税种。
阿勒桑和埃尔霍斯特(Allersand 和 Elhorst,2005)	荷兰城市财产税	0.35
赫蒂奇和温纳(2005)	美国各州所得税	-0.6
甘加沙留(Kangasharju,2006)	芬兰所得税	0.303
雷多亚诺(Redoano,2007)	西欧 17 国 1970—1999 年公司所得税	反应系数为 0.267—0.75,取决于不同权重
埃德马克和阿格伦(Edmark 和 Agren,2008)	瑞典所得税	0.745
菲尔德和鲁里矣(Feld 和 Reulier,2009)	瑞士 1984—1999 年 26 个县个人所得税	0.42—1.07
德尔加多和梅厄(Delgado 和 Mayor,2011)	西班牙财产税、机动车辆税	财产税 0.3—0.5,机动车辆税反应系数不显著
利提凯宁(Lyytikainen,2012)	芬兰房产税	反应系数不显著

国内对地方政府税收竞争存在性的研究起步较晚,主要是在借鉴国外税收竞争理论的基础上采用空间计量经济学的方法实证检验了税收竞争的存在

性。陈晓等(2003)的研究测算了上市公司1996—1999年各年度分地区实际所得税率,研究发现实际税率明显低于法定税率,地区之间税收竞争行为存在。沈坤荣和付文林(2006)运用空间滞后模型检验了1992年和2003年中国省际税收竞争,结果表明,由于我国特定的工业化阶段及较大的地区间经济差距,各地区地方政府间的税收竞争是策略替代型,这一结果与国外多数文献结果相反。由于截面数据存在遗漏变量、偶然性等缺陷,部分学者基于面板数据方法研究了我国地方政府税收竞争的存在性。张宇麟和吕旺弟(2009)以1994—2007年各省(自治区、直辖市)人均税收收入数据作为研究对象,采用空间计量实证分析方法,发现地理相邻并且经济发展水平相近的省份之间的税收竞争容易发生,且为策略互补型。郭杰和李涛(2009)利用1999—2005年各地区地方税负水平,采用空间计量模型分析了地方政府税收竞争问题。结果显示,地方政府在增值税、企业所得税、财产税方面的税收竞争类型是策略互补性,而具有策略替代性的税收则为营业税和个人所得税。吴俊培和王宝顺(2012)认为,地方政府之间存在绝对税收竞争和相对税收竞争,绝对税收竞争主要发生在地税之间,而相对税收竞争发生在共享税之间。并通过实证研究发现省级政府间营业税、个人所得税、城市维护建设税和房产税的税收竞争是策略替代型,而增值税及地方企业所得税的税收竞争是策略互补性。邓子基和唐文倩(2012)利用省级面板数据考察了地方政府间横向税收竞争类型,发现地方政府间的税收竞争在同期是策略互补型,而地方政府与其他竞争地区上一年的税收竞争为策略替代型。杨龙见和尹恒(2014)以营业税为研究对象,利用空间计量模型分析了中国县级政府的税收竞争行为,发现相邻地区税收竞争是策略互补型;同时异质性政府税率存在差异,与富裕地区相比,贫穷地区的实际税率较高。龙小宁等(2014)基于2000—2006年我国县级面板数据的研究发现:各县的企业所得税及营业税的税收竞争类型为策略互补;与内资企业税率竞争相比,县级政府在外资企业税率的竞争程度较高;县级政府与地级市内邻县的税收竞争程度较低,而与地级市外邻县税收竞争程度较高;内陆省份的县在与邻近县城税收竞争程度较高。马蔡琛和郑改改(2014)认为,我国各省的总体税收、企业所得税及个人所得税收竞争类型为策略互补型。省际增值税和营业税不存在税收竞争。潘孝珍和庞凤喜

(2015)以我国各省企业所得税名义税收优惠和实际税收优惠数据展开实证研究,发现企业所得税收竞争为策略互补型,而且与实际税收优惠相比,企业所得税名义税收优惠的竞争程度较为激烈。

通过对国内外税收竞争检验研究综述可以发现,国外学者主要以发达国家为样本运用空间计量模型检验了税收竞争,发现地区间策略互补型的税收竞争普遍存在。国内学者关于税收竞争检验的研究是在借鉴西方学者研究的基础上,通过构建税收反应函数,运用空间面板计量模型中空间滞后项的系数符号和显著性来判断税收竞争存在与否。若空间滞后项系数为正,则税收竞争为策略互补型;若空间滞后项系数为负,则税收竞争为策略替代型。由于使用的样本时间及税种不同,学者们得出的结论并不一致,这些研究结论表明地区间税收竞争关系依据税种差异而不同。国外学者主要关注的是国家间的税收竞争,而国内地方政府间的税收竞争则存在两个明显的不同:一是没有政治和法律的壁垒,资本和人口的流动性更强,因此税收竞争更容易吸引地方政府的关注;二是中央政府通过财政转移支付将各个地区联系起来,这使各个地区参与税收竞争的积极性与国家间的税收竞争又不尽相同。因此,考虑中国特殊的国情,对我国税收竞争的策略性进行更为细致的研究具有必要性。

(二)税收竞争成因研究

税收竞争理论是建立在公共选择学派的非市场决策理论、财政联邦主义的财政分权理论和演进主义的制度竞争理论的基础上的。因此,税收竞争成因分析多是基于上述理论进行的。公共选择理论认为各级政府的行为在一定程度上都变现出"经济人"特征,尽管相比其他市场主体其行为活动上具有一定的特殊性,但政府行为同样要受到"用脚投票"机制的约束,因而赋予了各级政府的竞争意识,即追求公共效率的提高,谋求社会利益最大化。税收竞争成为政府间竞争的策略性工具,得到了广泛的应用。财政联邦主义则认为分权对于发挥财政的资源配置职能来说是合理的,但这种多级财政体制为税收竞争提供了必要的前提。地方政府作为独立的利益实体,为了更高的政治支持率,自然围绕经济资源和税收资源进行竞争。演进主义理论则认为社会活动规则是由主体间的博弈竞争产生的,竞争是市场秩序的维护者,竞争的优胜劣汰能够产生优良的社会规则。税收竞争作为政府竞争的重要内容,其意义不仅在于税收策略是各级政府获得经济资源及税收资源的工具,更在于它是高效率制度的发现者和维护者。从制度经济学的"诺斯悖论"来看,税收竞争更容易成为转型期的制度选择,成为财政分权制度完善的外部条件。

国内大多学者采用定性分析的方法分析了税收竞争产生的原因。邱丽萍(2000)将税收竞争产生的因素分为制度因素和制度外因素。制度因素表现为不同辖区间相对独立的课税权,非制度因素则表现为地方利益的驱动。薛刚等(2000)强调放权让利及不彻底的分税制的作用,认为放权让利将一部分决策权下放给地方政府,进而促使其拥有了部分实现地区经济增长的资源配置权而引致税收竞争,同时不彻底的分税制导致税收收入向中央集中而财政支出任务向下压,进而引起收不抵支,地方政府通过税收竞争吸引资本流入本地成为其必然的选择。谭祖铎(2000)的研究表明,地区政府难以从辖区内获得足够的财政收入以支持为实现辖区居民社会福利最大化及经济效率最大化所需要的公共支出,故而地区间税收竞争就产生了。石文雅(2003)认为,税收竞争的根源在于不完善的分税制、不科学税收计划的刚性、超税收的财政需求以及官僚自身利益的最大化。黄春蕾(2003)提出分权性经济体制改革、市场经济改革、税收优惠政策、税权划分及税收征管分别是政府间税收竞争的主体、客体、制度及体制因素。杨志勇(2003)提出地方政府税收立法权的缺失、税收与公共支出的不对称性及不同级别政府间税收收入划分的不规范性是引起中国政府间税收竞争产生的原因。陈明艺(2005)认为,我国各种形式的税收竞争由以下三个方面的因素引起:地方政府基本的税收立法权的缺失、公共财政体制的不健全以及政府间财政关系的不稳定性。刘晔和漆亮亮(2007)指出,中央与地方财权与事权的不匹配、不规范的转移支付制度的财税体制、法制基础薄弱及民主监督机制不健全的政治文化传统均是恶性税收竞争产生的原因。

在税收竞争成因的研究方面,国外学者研究较少,国内学者研究成果较为丰富,认为地区间税收竞争的产生是许多因素综合作用的结果,包括财政分权、法治状况、政府间财政关系、转移支付制度、民主监督机制等。

三、税收竞争影响经济增长的研究

经济增长是物质和人力资本、技术和制度环境等综合作用的结果。一般认为,税收和经济增长关系较为复杂。一方面,政府的高税负减少了本地资本和劳动力流入量,不利于地区经济增长;另一方面,地区的高税负会引致地区公共品供给水平的提高,带来外部经济,减少了企业平均成本,提高了企业产出,有利于地区经济增长。因此,税收与地区经济增长的关系是不确定的。虽然中央对地方的名义税率是一致的,但是由于中国的财政分权引致了地区间税收竞争,使地区间实际税负存在差异,导致各地区税收对经济增长的影响不同。国外学者已经发现了地区税收竞争的证据,国内现有文献也发现我国存在地区间税收竞争,正因如此,针对税收竞争与经济增长的研究备受关注。

国外学者贾德(Judd,1985)较早关注税收竞争对经济增长关系,并特别强调资本所得税税收竞争与经济增长负相关;拉津和育恩(Razin 和 Yuen,1999)建立一个内生增长模型,在假设资本完全流动的情况下,得出如下结论:税收竞争会引致各国人均增长率趋同,并且各国资本所得税税收竞争进行到底。劳舍尔(Rauscher,2005)认为,对利维坦政府而言税收竞争对经济增长的效应是不确定的。

国内学者沈坤荣和付文林(2006)肯定了财政分权对于经济增长的激励效应,但是也关注到了日益凸显的税收竞争会激化对经济增长所产生的负面影响,即地方税收竞争引发的地方保护、市场割据和重复建设等经济扭曲,危及经济的可持续发展。面板数据实证分析结果表明,税收竞争对经济增长的效应不仅仅取决于单纯的税率竞争,公共服务竞争在促进经济增长方面的作用正在提升。李涛等(2011)研究了我国 29 个省(自治区、直辖市)1998 —2005 年税收竞争与经济增长关系,认为税收竞争会引起本地实际税负的下降,进而促进了本地经济增长;就不同类别税收的竞争而言,增值税负、企业所得税负及地方费类收入与地方经济增长的关系是相反的。从理论上看,税收竞争对经济增长同时存在正负效应,一方面,税收竞争导致要素从高税负地区流出,使该地区经济增长率下降;另一方面,税收竞争影响政府公共供给水平,带来外部经济,导致企业平均成本曲线下降,激励企业提高产出,提高经济增长率。谢欣和李建军(2011)通过1999—2008年全国省际面板数据分析后认为:总体来看地方政府间税收竞争有利于经济增长。进一步分税种分析税收竞争与经济增长关系时发现营业税、企业所得税、资源税和财产税类的税收竞争显著地促进了经济增长,个人所得税、城建税等的税收竞争显著地抑制了经济增长,增值税对于经济增长的作用则并不明显,这可能与增值税主要由国税局征收且为价外税具有"中性"特征的原因有关。崔治文等(2015)以我国31个省(自治区、直辖市)的数据为例,实证研究了税收竞争对经济增长率的效应,结果表明资本税(包括企业所得税、营业税、增值税)竞争对经济增长具有显著的正增长效应,而劳动税和消费税竞争对经济增长有显著的负增长效应。万晓萌(2016)根据内生增长理论实证研究认为税收竞争可以促进经济发展,但由于各地区经济发展程度不一,对不同地区的影响差距很大,对于欠发达地区税收竞争对经济增长的促进作用并不显著。

部分国内外文献并没有研究税收竞争与经济增长二者之间的直接相关性,而是讨论了税收竞争影响经济增长的途径和作用机理。国外学者凯辛(Kessing,2009)研究发现,东道国为了在税收竞争中吸引到更多的FDI,会减少政府部门的运行成本,提高运行效率以增加对FDI的吸引力,进而促进了经济增长。克劳塞姆和施密特-艾森洛尔(Krautheim 和 Schmidt-Eisenlohr,2011)研究了一个大国和一个"避税天堂"之间的税收竞争。在这个大国,异质性的公司选择将利润转移到国外。结果显示:企业异质性程度越高,这两个国家间的税收竞争越激烈,最终导致大国均衡低税率及大国税基大量流出,本国税收收入减少,抑制了本国经济增长。比尔布劳尔(Bierbrauer,2013)假设劳动力可完全自由流动,政府对高技能劳动力征税,对低技能劳动力补贴,导致政府通过下调税率进行税收竞争,进而引起政府税收收入减少,公共物品供给量减少,从而抑制了经济增长。

国内学者杨晓丽和许垒(2011)实证分析认为,地方政府税收竞争并不能有效影响外资企业的投资决策,但会降低FDI的准入门槛,影响FDI的质量,不利于发挥FDI经济增长效应,阻碍了经济增长。周业安等(2012)认为,地区间税收竞争与地区创新显著负相关。陈博和倪志良(2016)理论分析认为税收竞争通过调整生产要素配置、吸引国内外资本及影响政府部门三个作用机制对经济增长产生影响,并基于我国 1995—2014 年省级面板数据,将税收竞争指数作为门限变量,结果表明,地区间税收竞争对经济增长的影响存在非线性,当税收竞争指数低于第一个门限值时,东部、中部及西部的税收竞争促进了经济增长;而当其超过第一个门限值时,东部、中部及西部的税收竞争对经济增长的促进作用减弱了。刘清杰和任德孝(2019)发现,税收竞争对经济的刺激效应随着经济发展水平的提高而逐渐减弱,甚至有可能转向抑制,具体到我国当前的现状,他们认为各地区经济发展水平出在第二和第三门限区间,逐底税收竞争抑制了东部地区的经济增长,对中西部的作用则比较模糊。肖叶和贾鸿(2017)则基于门槛效应模型从产业结构的差异性出发研究了税收竞争对中国 271 个地级及以上城市经济增长的影响效应,结果显示税收竞争对本地经济增长的促进作用按照以服务业为主的城市、工业化为主的城市、农业为主的城市的顺序逐渐减弱。

国外学者关于税收竞争与经济增长关系的研究成果较为成熟,较多的文献研究了财政分权与经济增长的直接关系,而没有明确讨论政府竞争与经济增长的关系。尽管如此,一些研究仍然发现财政分权必然导致政府竞争,而政府竞争会影响到经济增长。但结论并不一致,这可能是数据和指标选择不同使得同一问题的研究结论存在差异。国内对税收竞争影响经济增长的研究主要通过建立计量模型来探讨,研究结论存在分歧。大多数学者认为税收竞争促进了经济增长,部分学者提出税收竞争阻碍了经济增长,还有部分学者认为税收竞争与经济增长的关系由具体税种而定,有些税种竞争促进了经济增长,而有些税种竞争则阻碍了经济增长。同时很多文献间接讨论了税收竞争与经济增长的关系,即税收竞争通过吸引国内外资本、影响生产要素(资本、劳动力、技术等)的配置和政府部门行为间接作用于经济增长。

四、税收竞争影响资本流动的研究

税收竞争的理论渊源起始于蒂伯特(Tiebout,1956),虽未提税收竞争,但实际上强调了税收竞争对促进地方政府提高公共产品效率的重要作用。蒂伯特模型假定如下:地方政府提供不同税收和公共支出,居民可以自由流动;结果显示,如果居民对地方政府所提供的税收及支出政策组合不满意,可以选择离开该地区,即"用脚投票",以约束地方政府收支行为,最终促使各地政府征收较少的税收而提供最优的公共服务。

作为最早直接研究税收竞争的学者,奥茨(Oates,1972)提出与蒂伯特相反的税收竞争效应,即税收趋劣竞争(racing to the bottom)。奥茨(1972)认为,吸引资本流入的唯一方式是竞相降低税率,因而均衡税率为无效率的低税率,此时地方财政收入减少,公共产品供给减少。佐德罗和米什科夫斯基(Zodrow 和 Mieszkowski,1986)及 Wilson(1986)将奥茨理论进行了严格的正式化,即 ZMW 模型。其研究假设如下:存在很多同质辖区,每个辖区的人口和土地是固定的;市场完全竞争;居民偏好是一致的;市场中存在一种产品,这种产品是由资本和劳动力生产,资本是完全流动的但是劳动力不可流动;每个辖区征收资本税和人头税,税收用来提供公共产品和服务,其目标是最大化本地居民福利。发现如果地区辖区数量非常大,资本供给完全有弹性时,政府如果对流动性等资本要素征收税,这些税都将被转嫁到非流动性要素上。地区间税收竞争会导致均衡低税率以及较低的公共服务水平。后续的研究在威尔逊(Wilson,1986)、佐德罗和米什科夫斯基(1986)这两篇文献的基础上放松了研究假设条件,将模型扩展为不完全信息条件下税收竞争模型。布科维斯基(Bucovetsky,1991)和威尔逊(1991)分析了地区经济规模不同情况下地区间税收竞争对社会福利的影响。研究结果发现:如果地区经济规模相同,他们面临相同的减税和福利损失;在地区经济规模有差异的情况下,小规模地区降低税率所带来的税收收入的减少小于大规模地区税基流入所带来的税收收入的增加,这使得规模相对较小的地区总是有很强的动机降低税率,由此带来规模小的地区税收收入的增加及福利的改善。布鲁克纳(1998)保留了 ZMW 模型中资本完全流动但劳动力不可流动的假设,允许居民可以选择投资地及居住地;但其均衡点依然是过低的税率及较低水平的公共支出。

金等(King 等,1993)构建了一个动态税收竞争模型,并将企业生产率的不确定性纳入该理论框架内。同时将地区竞争与资本流动的博弈分为两个阶段,假设企业每阶段的投资区位选择由一个拍卖机制决定。研究结果发现,均衡时资本流动选择是有效率的;如果将假设条件放宽,允许参与竞争的每个地区在拍卖之前进行基础设施投资,那么地区间的均衡投资水平是有差异的,企业会选择在基础设施投资高的地区落户。托马斯和沃拉尔（Thomas 和 Worrall,1994）认为,税收优惠可能会造成地方财力不足,其原因是企业预期地方政府会在将来不信守承诺而对其征收较高税率,因此税收优惠并不一定可以吸引资本流入。李（Lee,1997）假定资本流动分为两个阶段,第一个阶段资本完全流动,第二个阶段资本不完全流动,同时存在交易成本。他的结论是:如果资本交易成本小,资本可以流动并且均衡税率与标准模型一致,公共产品供给不足;如果交易成本大,公共产品会提供过多。由于资本流动具有沉淀成本,这对资本的跨区流动自然有很大影响。

怀尔德森（Wildasin,2000）考虑了资本调整成本,采用动态博弈方法分析了税收竞争与资本流动的关系,认为地方均衡税率与资本需求弹性相关,资本流动的调整期越长,地方政府均衡税率就越高。齐西莫斯等（Zissimos 等,2008）运用两阶段博弈模型解释了传统高税率地区如何在市场逐渐一体化的情况下依然征收高税率。怀尔德森（2011）通过建立比较动态模型考察了税收竞争与地区间资本存量调整的关系,结果显示资本存量的调整成本取决于地方政府的税收政策。

国内学者关于税收竞争与资本流动关系的研究起步较晚,部分学者在借鉴国外文献的基础上结合中国国情实证检验了二者的关系。与蒂伯特的理论不同的是,在中国,"用脚投票"不是取决于社区民众,而是取决于生产性投资者（包括 FDI）。为了扩大本地税基,地方政府把招商引资视作推进经济发展的重要手段。国内学者关于地区间税收竞争与资本流动的文献大多基于资本形成总额和外商直接投资两个视角来考察。阳举谋和曾令鹤（2005）基于 MacDougall-Kemp 模型考察了税收竞争与地区资本流动的关系,结论是税收竞争会引致资本的非效率配置。王丹等（2005）假定降低税率和招商引资是政府参与税收竞争的手段,运用非合作静态博弈模型分析了税收竞争与招商引资的关系,发现投资利润受非税因素影响较大时,降低税负并不能有效地吸引资本流入。周克清（2006）认为,地区间资本税收竞争手段包括税收优惠、土地供给价格、资本利润率及其他形式,税收竞争的效果主要表现在资本分布、外资分布、金融信贷资金分布及市场资本分布不平衡。张晏（2007）构造一个包含公共基础设施、环境等初始禀赋差异的 FDI 税收竞争模型,分析了两个不同地区 FDI 的竞争及其效率含义,讨论了中央政府在社会福利最大化的情况下而可能采取的措施,研究表明,中国地方政府为吸引 FDI 而进行的减免税的税收竞争导致地方财政收入陷入"囚徒困境",而如果中央政府采用最小化社会福利损失的税收政策,则可以减少地方政府竞争的损失。康锋莉(2008)研究了税收竞争对 FDI 的影响,认为税收竞争不能显著影响外资选址。李永友和沈坤荣(2008)的实证研究结果显示:在经济落后地区,辖区间竞争的主要手段是税收竞争和非税收入竞争,而在经济发达地区,地区间的竞争策略是税收竞争和财政支出竞争。地方政府间的策略性财政政策不但影响了地区的经济增长,而且也降低了 FDI 的增长绩效。胡志勇等(2013)以福建省 2000—2011 年九个地市为研究对象,分析了地市间税收竞争对资本流动的影响,结果显示资本流动与税收竞争正相关,同时市场潜力、劳动力成本、市场开放度均与税收竞争正相关,而拥挤成本与资本流动呈显著负相关。薛钢和王笛(2013)以我国八大经济区域为研究对象,发现税收竞争对 FDI 的流入效应存在差别。税收竞争是黄河中游地区和长江中游地区吸引外商直接投资的主要手段,而在其他地区,税收竞争则不是其主要手段。而在我国地区间的引资竞争不可能仅仅局限于吸引外商直接投资,对国内资本的竞争也是非常激烈的,如付文林和耿强(2011)考察了税收竞争与地区投资的关系,结果显示增值税负与固定资产投资负相关,营业税负与固定资产投资正相关。王凤荣和苗妙(2015)基于 2009—2011 年国内上市公司收购非上市公司事件数据,从企业异地并购的视角,采用 Logistic 计量模型分析了税收竞争与企业异地并购的关系,结果发现地区间税收优惠手段显著地影响了企业异地并购,而当考虑区域环境因素时,税收优惠不再显著影响企业异地并购,因此,环境是企业异地并购的主要原因。刘穷志(2017)分析了税收竞争、资本外流与投资环境的关系,发现企业所得税税负越重,地区资本外流就越严重,但是如果投资环境改善,资本会回流。

由此可见,税收竞争的资本流动效应是公共经济学研究的热点问题之一,主要集中在资本形成及外商直接投资方面的研究,但并未考虑税收竞争对资本流动的微观传递效应。同时,这些研究仅关注税收竞争与资本存量的关系,而忽略了公共支出竞争。现实中支出竞争与税收竞争有时存在一定的互动性,地方政府同时可以使用税收优惠实现目的,也可以通过改变公共支出结构完成目标,且二者有时是共存的,因此仅研究税收竞争与资本存量的关系是不完整的。

国内外少量文献涉及了税收竞争及财政支出竞争与资本存量关系的研究。欣德里克斯和佩拉尔塔(Hindriks 和 Peralta,2008)通过构建两阶段博弈模型,将税收竞争和公共支出竞争纳入该模型中,并假设经济中资本总量不变并且资本可以自由流动,分析了税收竞争与公共支出竞争的交互作用,发现在不存在均等化转移支付的条件时,均衡税率及均衡的财政支出都偏低;而存在均等化转移支付的条件时,均衡状态下的税率和公共支出水平可以改进所有地区的社会福利。皮雷蒂和扎纳吉(Pieretti 和 Zanaj,2011)研究发现,当资本流动成本较低时,小辖区可以通过提供较高水平公共服务而不是降低税负来吸引资本流入。而当资本流动成本较高时,小辖区的占优策略行为则为降低税负。豪普特迈耶和米特迈耶(Hauptmeier 和 Mittermaier,2012)以德国1998—2004 年市级数据为例,研究了地区间财政竞争策略。发现当邻近地区降低税率时,本地区政府不但会降低税率而且会通过高水平公共服务来吸引资本流入;当邻近地区提供较高水平公共服务时,本地政府也会提高本地区公共服务水平来留住企业。

国内学者朱翠华和武力超(2013)借鉴并拓展了欣德里斯和佩拉尔塔(2008)及蒙普特迈耶和米特迈耶(2012)的理论模型,利用我国 2006—2010年 253 个地级市相关数据,实证分析了政府间的竞争关系,发现当周边地区降低税率时,本地区政府将通过降低税率或提高公共支出水平以吸引争夺流动资本;但该文并未涉及财政竞争的引资效应。唐飞鹏(2016)通过在地方财政竞争博弈的理论模型中引入在地方政府治理能力,研究了财政竞争与资本流动的关系;并通过对中国 31 个省(自治区、直辖市)的相关面板数据进行实证检验,结果显示,在高治理能力地区公共支出竞争可以招揽资本,而在低治理能力地区税收竞争则可以有效吸引资本。

总之,在已有的国外学者关于税收竞争与资本流动关系的研究中,动态税收竞争、规模不对称地区间税收竞争以及考虑经济集聚因素的税收竞争与资本流动关系的研究占据了其中的主要部分,并且取得了许多重要的成果;而较少将土地、劳动力、资金成本、市场规模等因素纳入其理论模型中。国内学者则主要集中在税收竞争资本流动、外商直接投资及外商直接投资增长绩效方面的研究;但并未考虑税收竞争对资本流动的微观传递效应,同时这些研究仅关注税收竞争与资本流动的关系,而忽略了公共支出竞争。现实中支出竞争与税收竞争有时是存在一定的互动性,地方政府既可以使用税收优惠实现目的,也可以通过改变公共支出结构完成目标,且二者有时是共存的,因此仅研究税收竞争与资本流动的关系是不完整的。

五、税收竞争影响财政支出的研究

有关税收竞争对公共支出的影响的研究起始于蒂伯特(1956),他认为税收竞争会促使地方政府提供更优质的公共服务。而奥茨(1972)提出与蒂伯特(1956)相反的结论,即税收竞争会减少公共产品供给。佐德罗和米什科夫斯基(1986)及威尔逊(1986)将奥茨(1972)理论进行了严格的理论推导之后得出与 Oates 相同的结论。

除了关于税收竞争对于公共支出总量的研究之外,部分学者开始关注税收竞争对公共支出结构的影响研究。基恩和马尚(Keen 和 Marchand,1997)开创性地分析了税收竞争与财政支出结构的关系,他们假设资本的流动性较大,而劳动力的流动性较小,政府之间为了争夺资本,会增加基础设施等生产性的公共支出,而减少有利于居民福利的教育、环保、卫生等公共服务支出。钱和罗兰(Qian 和 Roland,1998)与基恩和马尚(1997)观点类似,财政竞争促使政府基础设施投资的边际区域价值大于边际社会价值,进而使得基础设施建设投资支出增加,而公共服务支出减少。松木(Matsumoto,2004)和布鲁克纳 2004)将政府支出分为两类:公共服务支出和公共投资支出。并且假设消费者效用函数中包含以消费者为导向的公共支出,公共投资可以吸引资本流入,其结论是税收竞争会导致政府支出偏重基础建设支出而忽视民生支出。温纳(2012)利用 18 个 OECD 国家 1980—2000 年的数据实证分析了税收竞争对财政支出结构的影响,结果发现在税收竞争背景下政府的公共支出更偏好于生产性支出,与基恩和马尚(1997)的结论一致。

与国外相比,国内关于税收竞争与公共支出结构的研究较晚。乔宝云等

（2005）利用我国 1979—2001 年面板数据,从省级层面验证了财政分权与政府社会福利(以小学义务教育为例)的关系,研究结论为:地方政府间财政竞争引起了地方政府社会福利支出的不足。张军等(2007)研究发现,中国各地区基础设施投资增长过快的主要原因是中央向地方财政上的分权。徐现祥等(2007)在分析了省长(书记)任职交流和经济增长之间的关系之后,认为在以经济绩效为主政绩观和财政体制安排下,省长交流后,通常采取在流入地大力发展第二产业、重视第一产业、忽视第三产业的方针以推动该地的经济增长。这种产业发展取向无疑不利于环境质量的改善。

　　傅勇和张晏(2007)的实证研究结果显示:财政分权与政府竞争的交互项对政府基本建设支出有显著的正向影响,而对科教文卫支出的影响显著为负,即政府的竞争强度每提高 1%,财政分权就会促使基本建设支出增加 0.95%,科教文卫支出减少 0.62%。郑磊(2008)选取 1997—2005 年我国 30 个省(自治区、直辖市)的面板数据实证研究了财政分权与政府竞争对政府教育支出比重的影响,认为政府之间的标尺竞争和财政分权与地方政府教育支出显著负相关。郑尚植(2011)通过构建理论模型发现在中央政府制度安排合理的假设条件下,地区间税收竞争不会对政府的公共支出结构产生扭曲作用。亓寿伟和王丽蓉(2013)研究了总体税收竞争对政府各项支出的影响,指出税收竞争会扭曲公共服务公共水平,同时也讨论了各个税种的税收竞争与政府公共支出的关系,认为增值税、企业所得税与财产税竞争引致公共服务支出水平的提高,而营业税、个人所得税与城市维护建设税竞争则扭曲了公共支出。冷毅和杨琦(2014)基于序贯博弈模型,理论分析了财政竞争与公共支出结构的关系,结果表明:财政竞争会导致公共服务支出不足以及基础设施建设支出的增加。蒲龙(2017)实证分析了我国县级政府 2000—2006 年税收竞争与财政支出结构的关系,发现税收竞争会显著降低政府的社保支出,但是不会对建设支出产生显著影响。张华利用中国 284 个城市的面板数据评估了环境支出对环境污染的影响。结果发现,地区间环境支出存在显著的标杆竞争,地方政府在污染治理过程中存在"搭便车"倾向,使环境支出不足以有效遏制环境污染,地方政府在环境支出上也存在竞次的趋势,而造成这种局面的原因是政府竞争。

关于财政竞争与公共支出的研究方面,国外学者一般考虑地方政府多样化的目标函数及要素流动性的强弱,同时假设市场经济体制完善,并以税收竞争为核心构建理论模型,相当数量定性和定量的研究已经涌现,研究成果较为丰富。但部分学者将财政竞争作为外生变量,很难发现地方政府间财政竞争动态演变的过程及其与公共支出结构的内在联系。国内文献则倾向于将地方政府考核机制或经济增长纳入政府的目标函数,借鉴西方公共选择学派的思想来考察我国地方政府考核机制对地方政府行为的约束。

第二节　税收竞争影响环境污染相关文献综述

一、环境污染治理的集权与分权之争

环境联邦主义理论是财政联邦主义理论的一个新兴分支,起始于 20 世纪 70 年代,其理论渊源来自马斯格雷夫(Musgrave,1959)和奥茨(1972),主要关注的问题是一国的环境决策权如何在各层次政府间最优地划分,即全国各地的环境事务及环境标准应该由联邦政府统一管理和制定,州政府只负责执行中央政府的命令(集权);各地的环境事务及环境标准由州政府根据其辖区的情况自主管理和制定,联邦政府只是起到管理全国性环境事务的作用(分权)。部分学者认为,环境保护政策的制定应该集权,斯图尔特(Stewart,1977)认为,集权可以更好地解决污染跨界问题。当某一地区水污染跨区域时,本地政府很少有激励去消除其对邻近地区产生的负外部性,与地方政府相比,中央政府可以制定一些全国性财政政策解决这一问题。奥格斯(Ogus,2004)提出,集权可以避免地区环境规制差异引致的地区竞争对经济所造成的扭曲。首先,不同的地区环境规制会导致环境规制严厉的地区将不合格产品拒之门外,这种贸易壁垒会引致消费者和生产者的福利损失;其次,环境规制严厉的地方政府会处于政府竞争劣势,同时企业会给本地政府施加压力,要求地方政府将竞争地区生产的产品赶出去,因为这些产品没有承担损失本地环境的成本;再次,本地企业可能会以损失环境为代价寻求缓解环境规制负担;最后,集权能够发挥中央政府的管理、人员培训及技术获取的规模经济优势,避免溢出效应的潜在成本。

一些学者认为环境保护政策的制定应该分权。理由是:其一,不同地区在资源禀赋、生态环境和厂商的技术状况等方面的差异会引致地区环境治理成本以及环境质量水平需求的不同,分权化会促使地方政府根据本地的具体情况自己制定环境政策,以较好地保持本地环境质量和经济发展的平衡,有利于社会福利的增进。其二,中央政府的"一刀切"环境政策会出现信息不对称、信息传递不及时及信息失真等现象,这将会对中央政策大打折扣。其三,在环境政策分权的背景下,地方政府部门竞争能够提高政府运作效率,防止权力滥用。

环境保护分权与集权之争的一个焦点问题是地方政府分权监管环境是否会产生"逐底竞争"现象,导致环境质量下降,一些学者围绕这一问题进行了理论和实证分析,理论分析方面并没有得出统一的结论。一方面,传统环境联邦主义认为分权会出现"逐底竞争"现象,促使地方政府放松环境规制标准,造成环境的恶化(Cumberland,1980,1981;Esty,1996)。威尔逊(1999)及洛瑞(Lowry,1991)提出,地方政府竞争会通过放松环境标准而不是税收方式来吸引企业进入该地区,这种竞争最终会导致环境质量的恶化,即逐底竞争(race to the bottom)。另一方面,部分学者认为分权引起的地区间竞争不但不会导致逐底竞争,而且可能导致竞争到顶,促使地方政府环境规制标准更严格,引致地方环境质量的改善(Revesz,1992;Butler 和 Macey,1996;Glazer,1999)。除此之外,奥茨和施瓦布(Schwab,1988)分析了地方政府分权监管环境背景下,为了吸引资本并提高本地工人工资,地方政府竞争对环境质量的影响,结果表明,异质地区之间的政府竞争可能会导致本地环境政策的扭曲,带来环境质量的恶化,而同质地区之间的竞争会引致社会最优水平的环境质量。而小川(Ogawa)和怀尔德森(2009)在奥茨和施瓦布(1988)模型的基础上引入资本引起的跨界污染问题,分析了在分权的体制下如果地方政府意识到资本引起的污染存在溢出效应,政府竞争会引起地方环境质量的改善,即逐顶竞争(race to the top)。威瑟根和哈尔塞母(Withagen 和 Halsema,2013)指出税收竞争会带来严格的环境政策。

随着财政分权理论的发展,部分学者对早期财政分权理论提出了质疑。

他们指出地方政府可能不会考虑本地居民社会福利最大化,而考量自己的利益。霍姆斯特伦和米尔格罗姆(Holmstrom 和 Milgrom,1991)指出,因为地方政府为本地区内居民提供多种服务,故而以 GDP 为主政绩考核机制会促使地方政府主要领导干部更加关注本地区经济发展水平。席尔瓦和卡普兰(Silva 和 Caplan,1997)的研究表明,由于部分联邦制国家的地方政府不考虑邻近地区社会福利,或者由于本地政府造成的环境污染会由中央政府的转移支付进行治理,因此地方政府就可能倾向于采取高污染的发展经济行为。劳万和林德拉尔(Ljungwang 和 Linde-Rahr,2005)对中国的研究表明,经济发展落后地区更容易以牺牲环境为代价来吸引外资。昆斯和尚格伦(Kunce 和 Shogren,2007)指出,当劳动力和资本均可自由流动时,由于改善本地区环境质量所带来的收益小于资本流出带来的经济损失,因此,为避免资本从本地区流出至实施较低水平环境标准的地区,地方政府会趋向于放松环境监管标准,导致地区间环境规制方面的逐底竞争。由此可见,无论是从理论研究还是从实证研究均没有发现分权体制下的地区间竞争一定会导致逐底竞争的出现。

环境联邦主义理论在 40 多年的发展历程中涌现了大量的研究成果,但对于环境保护分权是否会引起政府间竞争进而导致环境质量的恶化这一问题并未达成一致,故而需要更进一步寻求具有说服力的实证证据对其验证;同时环境污染外溢性问题由于其现实的复杂性对研究者和政策制定者提出了挑战。部分学者提出一个地区的环境污染与其邻近地区的污染物排放高度相关。地区间污染溢出在实践中普遍存在,比如水污染、空气污染、酸雨问题等。由于其本身的复杂性,地区间污染溢出对政府的环境管理带来了严峻的挑战。早期学者斯图尔特(1977)认为,环境政策的集权化可以解决这种污染外溢问题,因为中央政府会考虑污染对所有地区居民社会福利的损害。席尔瓦和卡普兰(1997)指出,当环境污染存在溢出效应时,分权体制下地方政府为了吸引外资,放松环境监管标准而选择高污染排放水平,从而会导致环境质量的恶化。

支持分权的学者小川和怀尔德森(2009)将奥茨和施瓦布(1988)的模型进一步深化,强调了资本流动引起的跨界污染问题,并假设地区偏好和生产技术同质,结果发现分权会带来环境质量的改善。艾希纳和伦克尔(Eichner 和

Runkel,2012)在小川和怀尔德森(2009)模型的基础上将资本供给弹性纳入其分析框架,费尔和卡芬(Fell 和 Kaffine,2014)将资本退出和政府减排行为纳入小川和怀尔德森(2009)的理论模型,艾希纳和伦克尔(2014)借鉴小川和怀尔德森(2009)的理论模型,假设政府实行的是扭曲的一次总付税,世界污染排放不是一成不变的,其结果均与小川和怀尔德森(2009)的结论相反,即环境分权会带来环境质量的恶化。

哈吉亚尼斯等(2014)将政府污染治理投入考虑在内,研究了在特定条件下国际间税收竞争对环境污染和社会福利的影响,认为税收竞争导致的均衡税率会通过影响资本流动和政府污染治理投入而影响环境污染和社会福利。在该模型中,假设只有两个国家(本国和邻国),这两个国家自由贸易,社会中资本总额不变,这就造成两个国家对"流动性资本"的竞争,本国称为资本输入国,邻国称为资本输出国。政府对流动性资本征收资本税 ρ,对其他非流动性要素征收其他税 μ。国家收益函数为 $R(k)$,政府的预算约束条件是政府税收收入与环境治理投入相等,即 $p_g g = \mu R(k) + (\rho - \mu) k R_k(k)$,其中 p_g 为政府减排的单位价格,g 为减排量。本国均衡税率较低时,会通过改变本国资本存量和政府减排投入进而改变本国的环境质量和社会福利。

二、税收竞争影响环境污染的研究综述

鉴于理论研究结论的不一致,促使部分学者从实证方面寻求环境分权引起地方政府竞争进而对环境质量影响的证据。李斯特和格金(List 和 Gerking,2000)对里根总统时期环境管制分权进行了实证检验,并没有发现逐底竞争的现象。伍兹(Woods,2006)认为,美国各州政府竞争中环境规制容易引发逐底竞争。原因是:当本地区实行较严格的环境规制时,资本会流入竞争地区,本地环境污染会因为其外溢性而不会减少,因此地方政府倾向于降低环境规制,而与其他地区共同承担环境污染的成本。弗雷德里克松和米利米特(Fredriksson 和 Millimet,2002)利用美国各州 1977 — 1994 年面板数据实证检验表明当邻近地区污染减排成本较高时,本辖区的减排成本也会有所提高,而当邻近地区为较低的减排成本时,对本辖区的减排成本影响并不大,因此无法得出明确的结论。波托斯基(Potoski,2001)发现,《清洁空气法案》实施前后

大部分州之间资本竞争的逐底竞争现象并不明显,政府并没有因为地区经济增长的压力而降低环境标准,与此相反,在本地居民的诉求下部分州设置的环境标准比国家水平高,即表现出逐顶竞争。劳万和林德拉尔(2005)对中国的研究表明,经济发展落后地区更容易以牺牲环境为代价来吸引外资。沃格尔(Vogel,2009)以美国汽车排放标准为例,指出政府竞争可能会带来较为严厉的环境标准。总而言之,这部分文献基本都认为在地方政府追求本地居民社会福利最大化的假定情况下,财政分权可以满足居民对本地环境质量的要求(贝斯基和科特,2003;法盖,2001)。

国内对地方政府竞争与环境污染的关系的研究较晚,并主要以实证研究为主。杨海生等(2008)以我国 31 个省(自治区、直辖市)1998—2005 年数据为例,实证分析了我国地方政府间环境竞争,发现地区环境污染严重的原因是地区之间工业污染治理投入及环境监管强度存在攀比式竞争,本地与邻近省份进行标尺竞争。徐鲲等(2016)以我国 30 个省(自治区、直辖市)1998—2012 年的数据为例,实证研究了地方政府竞争对环境质量的影响,结果发现地方政府竞争恶化了区域环境质量。由于地方政府竞争主要包括税收竞争和支出竞争,这启示后来的学者开始关注税收竞争在环境污染中的作用。崔亚飞和刘小川(2010)详细考察了中国省级政府间税收竞争对二氧化硫、固体废弃物及废水的影响,他们的研究表明:中国省级政府在税收竞争中对环境污染治理采取了差别化的"骑跷跷板"策略,较好地治理了固体废弃物和废水污染,但放松了对工业二氧化硫排放的监管。刘洁和李文(2014)基于空间面板数据模型考察了地方政府税收竞争和环境质量的关系,得到的结论是:地方政府间税收竞争对环境污染的负面影响体现在两个方面,一方面,导致地方政府间争相降低税率,这会使环境污染的负外部性得不到补偿,降低税收效率,而税负降低会促进污染排放量的增加,反过来降低环境质量;另一方面,税收竞争还会间接影响地方政府的环境政策力度,使地方政府在废水减排方面降低努力。姚公安(2014)通过面板模型考察了 2008—2012 年中国 31 个省(自治区、直辖市)税收收入、行政收费与工业"三废"的关系,结果表明,地方政府间的税收竞争引致辖区税收收入增长的同时恶化了环境质量。而且,受地区经济发展水平和财政压力的影响,横向税收竞争引起的环境效应也存在明显的地区差异性,西部地区单位 GDP 带来的工业"三废"的排放量明显高于中部和东部地区。踪家峰和杨琦(2015)利用中国 271 个地级市 2003—2010 年的面板数据,研究了地方征税情况与环境污染的关系,发现本地环境污染排放与本地实际税率显著负相关,而与其他地区加权的实际税率显著正相关。贺俊等(2016)以财政分权为通道,将我国划分为东、中、西部,分区域比较了税收竞争对环境污染的影响,结果与姚公安(2014)的研究结果不尽一致:东部地区税收竞争可以改善环境污染,而中、西部地区税收竞争则恶化了环境质量。李香菊和赵娜(2017)在将污染物分为外溢性与非外溢性污染物的基础上,实证分析了税收竞争对环境污染的影响及其传导机制,结果表明:本地区资本存量是税收竞争推高污染物排放量的一个主要渠道,而邻近地区资本存量则是税收竞争推高外溢性污染物(二氧化硫)排放量的一个次要渠道。陶欣欣和周端明(2017)认为,安徽省各地方政府为了留住本地区工业企业而选择税收优惠或者减税的政策,最终会导致地区环境污染严重。然后实证研究了安徽省皖北、皖南和皖中三个地区税收竞争与环境污染的关系,发现皖北地区税负水平与环境污染显著负相关。张根能等(2017)通过对中国 29 个省(自治区、直辖市)的相关面板数据,实证研究了全国及东中西部税收竞争对工业废气排放量的影响,结论为:全国及中部地区的税负水平与地区工业废气排放量显著正相关,而东部及西部地区的税负水平与环境污染显著负相关。蒲龙(2017)选取我国 282 个地级市的相关数据,实证研究了税收竞争对工业"三废"的影响,结果表明,全国的税收竞争每增加 1%,工业废水排放量和工业废气排放量分别显著降低 0.11% 和 0.46%。分区域来看,中东部地区的税收竞争与工业废水及废气的排放量显著负相关,而在西部地区税收竞争与工业"三废"排放量的关系不显著。周林意和朱德米(2018)重点研究了税收竞争的空间邻近效应对环境污染的影响。他们再次证明邻近地区实际税率水平降低会使本地的环境污染水平下降,并且发现这种邻近效应是污染企业迁移表现出"亲市场环境"和"亲空间距离"的特性,即在同等条件下,污染企业在进行市场决策时首要考虑的是市场环境,其次才是与迁移目的地之间的距离,由此提出区域环境治理的重要性。田时中(2019)等采用极值熵值法从税收总量和税收结构的角度评估了税收竞争对环境污染的影响,发现从税收总量来看,地方政府之间的税收竞争抑制污染排放,符合"趋优竞争",而从税收结构上看,企业所得税竞争抑制环境污染,而增值税竞争加剧污染。而且税收竞争对环境污染的影响存在明显的地区差异,东部地区税收竞争对污染影响不显著,而中西部地区则较为显著。税收竞争与环保政策相互影响的结果是抑制了环境污染。张华(2019)对 274 个地级市 2005—2013 年的数据分析结果则支持环境污染的"趋劣竞争",在实施营改增之前地方政府主要通过营业税进行竞争。上官绪明和葛斌华(2019)对我国 278 个地级市 2007—2016 年的税收竞争和雾霾污染的关系进行了研究,结果表明税收竞争增加了本地雾霾污染,且具有正向空间溢出效应。

在税收竞争影响环境污染的相关研究中,国外学者研究的焦点集中在财政分权、地方政府竞争与环境污染之间关系,理论模型主要以环境联邦主义理论为主,经验研究的模型非常丰富。相对来说,国内则主要根据中国国情借鉴国外理论模型和实证方法研究这二者的关系,大部分学者的研究成果支持税收竞争恶化了环境质量的"趋劣"观点,少量学者认为财政分权、税收竞争与环境污染的关系不显著,甚至有少量文献发现财政分权、税收竞争对遏制当地环境质量恶化起到了积极的作用。但对税收竞争影响环境污染的途径和作用机理鲜有涉及,并且很少在理论模型和经验研究中考虑税收竞争对不同属性污染物影响的差异。再者,由于税收竞争本身属于空间关系,而环境污染无论是从外溢性角度还是从污染的策略性关系来看,都存在空间关联,目前关于二者关系的实证研究大多采用传统计量模型,较少考虑其空间相关性。

三、文献评述及研究切入点

(一)文献述评

我国学者关于税收竞争对环境污染的影响研究时间较短,尤其是关于税收竞争对环境污染传导机制的研究很少,文章通过梳理和总结相关文献,以期为本书的研究提供良好的理论启示与实证奠基。

20 世纪 50 年代以来,国外主流经济学家开始关注税收竞争与环境污染的关系,理论框架主要以环境联邦主义和财政分权为主,理论模型分析较为丰富,同时在实证分析方面积累了大量的高质量研究成果,主要有以下两个特征:一是除了关注税收竞争对环境污染的影响外,同时还研究了税收竞争存在性,税收竞争对资本流动、公共支出的影响等;二是研究方法方面,无论是有关税收竞争与环境污染关系的研究,还是对税收竞争存在性及税收竞争与资本流动、公共支出关系的研究,多采用面板回归法及空间回归方法进行研究。

相对来说,国内学者对此问题的关注相对较晚,大量研究出现在 2007 年之后,主要沿袭了西方学者的理论及实证分析方法,从模型设计到理论阐释均有待完善。通过对比国内外财政分权、环境联邦主义、税收竞争存在性及税收竞争与环境污染的研究文献和现状,笔者发现国内部分文献对税收竞争与环境污染关系的研究存在以下不足之处。

一是未能深入系统地剖析税收竞争与环境污染关系的作用机制。税收竞争对环境污染的效应,进一步涉及税收竞争通过资本流动及公共支出等对环境污染的具体影响,但这种机制是否会影响环境污染以及如何影响? 这些问题相关文献研究较少,因此有待于加强和完善这方面的研究。

二是对税收竞争指标选取与测度存在一定的偏差。现有文献关于税收竞争指标一般选取广义或者狭义税收负担衡量,而这些指标虽然与税收竞争有一定的联系,但都是一个间接指标,因为实际税负水平只能体现地区经济发展水平、税收征管能力、贸易开放程度、地方政府开展税收竞争等多种因素影响的最终结果,无法准确反映地方政府开展税收竞争的真实状况。

(二)研究切入点

通过对国内外相关文献的总结分析,本书认为,上述研究的不足之处是本书试图解决和完善的问题,根据我国税收竞争和环境污染的现状,系统深入地分析税收竞争对环境污染的影响及其传导机制。具体来说,研究切入点主要有两个。

一是地方政府企业所得税及增值税税收征管效率研究。由于实际税率=法定税率×税收征管效率(汤玉刚和苑程浩,2011),而我国地方政府没有税收立法权,即各个地区法定税率不变,各地方政府主要通过改变税收征管效率、变相税收优惠等影响实际税率,故而将税收征管效率作为税收竞争的衡量指标。目前增值税和企业所得税是我国企业缴纳的最主要的两个税种(吕冰洋等,2016;汪茂昌等,2017),因此,围绕对资本流动有直接影响的增值税和企业所得税的竞争,必然构成中国地方政府税收竞争的主要形式(李涛等,2011)。故而资本税收竞争指标应选取企业所得税及增值税税收竞争。研究运用基于产出距离函数的 SFA 方法来测算企业所得税及增值税的税收征管效率以作为税收竞争指标,合理评估不同地区税收竞争的相对程度是第一个切入点。

二是沿不同的路径分析税收竞争对环境污染的影响。本书从提升地区环境质量、提高社会总体福利的角度,将资本流动和环保支出变量引入税收竞争与环境污染关系的理论分析框架下,科学探寻税收竞争对环境污染的影响及其传导机制。可以预见,这样的路径有利于系统地考察税收竞争影响环境污染这一复杂的过程,提出关于避免地区间恶性税收竞争的对策也能够在一定程度上有效地改善环境质量,提高社会福利。

第三节　核心概念界定

本书主要研究地方政府税收竞争如何影响环境污染。由于地方政府税收竞争中包含较为复杂的内容以及环境污染含义的多样性,如果概念界定不清晰的话,可能导致研究方向与目标的偏离,本节将主要对所涉及的几个核心概念进行界定。

一、省级政府税收竞争

(一)地方政府

由于国内外学者对地方政府所指的对象看法不同,因此至今并没有一个统一的概念。《国际社会科学百科全书》认为:"地方政府一般可以认为是公众的政府,它有权决策和管理一个较小地区内的公众政治,它是地区政府或中央政府的分支机构。地方政府在政府体系中是最低一级,中央政府为最高一级,中间部分就是中间政府(如州、地区、省政府等)。"《美利坚百科全书》认为:"地方政府在单一制国家是中央政府的分支结构;在联邦制国家是成员政府的分支机构。"《布莱克维尔政治学百科全书》将地方政府定义为权力或管辖范围被限定在国家的一部分地区内的一种政治结构,经过长期的历史发展,在一国政治机构中处于隶属地位,具有地方参与权、税收权和诸多责任。

国内学者周平(2010)指出,《中外政治制度大辞典》认为地方政府包括广义地方政府和狭义地方政府,广义的地方政府对应于中央政府。因此,他认为地方政府是除了中央政府以外的各级政府。狭义的地方政府则是指直接治理一个地域及其居民的一级政府,即基层政府。与之相对应的则是在中央政府与地方政府之间的中间政府,称为区域政府。徐勇和高秉雄(2013)认为,地方政府是由中央政府为治理国家一部分地域或部分地域某些社会事务而设置的政府单位,我国的地方政府是指由人民代表大会与人民政府组成的一个政府单位。张文礼(2009)明确指出,地方政府在单一制国家是由中央政府依法设置,在联邦制国家由准中央政府依法设置、行使部分国家权力、治理国家一部分地域或部分地域某些社会事务的地方各级行政机关。2015年修订的《中华人民共和国地方各级人民代表大会和地方各级人民政府组织法》第54条明确规定地方各级人民政府是地方各级人民代表大会的执行机关,是地方各级国家行政机关;全国地方各级人民政府都是国务院统一领导下的国家行政机关,都服从国务院。根据《中国统计年鉴2016年》的数据,目前我国的行政区域划分为:(1)全国分为省、自治区及直辖市;(2)省、自治区分为自治州、县、自治县、市;(3)自治州分为县、自治县、市;(4)县、自治县分为乡、民族乡、镇;(5)直辖市和较大的市分为区、县;我国现有31个省、直辖市和自治区(除了港澳台之外);334个地级区划,其中包括291个地级市;2850个县级区划,其中包括361个县级市、921个市辖区、1397个县以及117个自治县;39789个乡镇级区划,其中包括20515个镇、11315个乡、7957个街道办事处。本书研究的地方政府包含省、自治区以及直辖市政府。

(二)税收竞争

税收的概念是各级政府为满足其执行政府职能的物质需要,依据国家法律法规的标准与范围强制性地按照一定的比例对社会经济活动主体的收入所征收的费用。税收竞争是当今经济学界的一个热点话题。但是,不同的学者对税收竞争定义却有所不同。根据研究的需要,不同学者对税收竞争作了多种概括。佐德罗和米什科夫斯基(1986)认为,地方政府税收竞争是指地方政府降低税率或者改变公共服务水平的行为。明茨和塔尔青(Mintz 和 Tulkens,1986)将税收竞争定义为一个政府通过改变自己及其他政府的相对税率进而影响其他政府的税收收入的行为。

国内学者谭祖铎(2000)明确指出,税收竞争是指辖区政府采用税式支出的方式用以吸引其他地区资源的流入以扩大税基增加地方财政收入,或者在不增加本地居民实际税负的前提下采用输出税负的方式以获得其他地区税收收入。薛钢等(2000)与陈晓等(2003)指出,地方政府为了争夺流动性资源所采取的优惠措施用以降低有效税率的行为称为税收竞争。周克清(2003)将税收竞争定义为政府间为了提高本地区的经济发展水平和社会福利,运用税收手段争夺经济资源和税收资源的一种行为。

王宇熹和黄解宇(2005)提出,地区间税收竞争是指各地区政府采用竞相降低有效税率、出台相关税收优惠等措施的税收手段以吸引其他地区的资本等流动性要素流入本地。蒋荣富等(2006)将税收竞争概念理解为:为了吸引经济资源,不同的政府主体采取竞相降低有效税率或实施税收优惠政策的竞争策略。邓力平(2006)认为,税收竞争是某一国家或地区通过减税、降低税负、制定税收优惠政策、提供避税港等政策性行为,来吸引其他国家具有较强流动性的税基,比如资本、商品和人口要素。贾康等(2007)指出,税收竞争是不同的政府主体运用减免税等优惠措施吸引资本及其他要素流入本地区,或将本地税负转嫁给其他区域而展开的竞争。刘晔等(2007)明确指出,税收竞争不仅包含税收手段,而且包含非税收手段。

关于税收竞争的分类,学者们从不同的角度进行了很多划分,政府间税收竞争研究的重要代表人物之一威尔逊(1986)将税收竞争划分为三类:(1)广义税收竞争。是具有独立行动能力的政府设定非合作性税制的一种行为。(2)中义税收竞争。在广义税收竞争概念上添加了一个假设条件,即政府的税收政策不但要影响流动性税基,而且要影响政府间税收收入分配。如果某一地区设定某种税制不能影响政府间的税收收入分配,则不构成政府间税收竞争。(3)狭义税收竞争。狭义的税收竞争将上级与下级政府的竞争排除在外,仅仅包括地区间税收竞争。蒋荣富和毛杰(2006)认为,税收竞争的主体包括不同的国家政府和同一个国家内部的不同地方政府。从竞争主体和区域的角度划分,税收竞争包括国际税收竞争和国内税收竞争。这二者的区别主要体现在以下三个方面:其一,参与主体不同。国际税收竞争的参与者是不同国家的政府,或是拥有独立税收主权的地区政府;而国内税收竞争则发生在一国之内。其二,税收竞争形式不同。国际税收竞争的手段是关税和国际避税(邓力平,2009)。而国内税收竞争手段是减免税、财政返还及地方通过一些措施,增加在基础设施支出而减少一般公共服务水平的支出,同时减少应该收取的费用(杨志勇,2003)。其三,税收协调的难易程度不同。因为中央政府可以依靠高于地方政府的某些税后管理权限,抑制恶性竞争,因此国内税收竞争较易协调,而国际税收竞争由于各个国家国情不同,较难协调。

黄春蕾(2004)和周克清(2005)按照政府级别将国内税收竞争划分为横向税收竞争和纵向税收竞争。横向税收竞争则指不具有隶属关系的政府及政府部门间的税收竞争,纵向税收竞争表现为上级政府与下级政府间的税收竞争。在我国,各省(自治区、直辖市)以及省级以下各级政府之间的税收竞争为横向税收竞争,中央政府与地方政府间的税收竞争则为纵向税收竞争。

吴俊培和王宝顺(2012)又将税收竞争分为绝对税收竞争和相对税收竞争两种类型。绝对税收竞争主要是地方税之间的竞争,如资源税、个人所得税等,是依靠扩大绝对量的方式来增加实际的税收收入,主要与地方的市场化程度有关。相对税收竞争主要是通过共享税之间的竞争,主要依靠提高规模效应的方式实现地方税收收入的提高,主要与地方的规模经济效率相关。我国省级地方政府之间同时存在绝对税收竞争和相对税收竞争,且主要是相对税收竞争。

从税收竞争法律有效性角度来看,国内税收竞争又包括合法税收竞争和有害税收竞争(蒋富荣,2006)。国内合法税收竞争产生的原因是国家制定的区域性税收优惠政策或者各地在国家税法规定的地方税权范围内制定的差别税收优惠政策;而当税权高度集中在中央,税收法治又不完善时,就会引发制度外税收竞争。黄春蕾(2004)将我国合法税收竞争分为两类:一是由国家制定的区域性税收优惠政策所引起的地区之间的税收竞争;二是各地区根据本地经济发展水平及财政收入状况,在国家税法规定的地方税权范围内,为吸引资本流入、促进本地经济快速发展而制定差别税收政策引发的税收竞争,税收竞争中使用的手段包括差别税率、减免税、不同的起征点、差别税目及不同的纳税期限等。

综合考虑上述学者的研究,本书将税收竞争界定为:某个地区的政府为了当地经济发展或者居民福利最大化,通过税收手段吸引其他地区要素(主要是资本)流入本辖区,以此引发不同地方政府之间的竞争。需要说明的是,由于现有数据的约束,本书主要研究省(直辖市、自治区)级政府的横向税收竞争。

二、环境污染相关概念

(一)环境

不同学者对环境有着相似的理解,但在具体表述上存在差别。杨云彦和陈浩(1999)将环境理解为围绕着人的空间以及其中一切可以影响人的生活与发展的各种天然的与人工改造过的自然要素的总称。环境具有提供资源、吸收废物及提供直接效用三个功能。韩洪云(2012)将环境定义为围绕着人的全部空间以及其中一切可以影响人的生活与发展的各种天然的与人工改造过的自然要素的总称。而环境科学中的环境包括自然环境和社会环境。自然环境是直接或间接影响到人类的一切自然形成的物质及其能量的总体;社会环境是人类在自然环境的基础上,通过长期有意识的社会劳动所创造的人工环境。《中华人民共和国环境法》第二条明确规定:本法所称环境,是指影响人类生存和发展的各种天然的和经过人工改造的自然因素的总体,包括大气、水、海洋、土地、矿藏、森林、草原、湿地、野生生物、自然遗迹、人文遗迹、自然保护区、风景名胜区、城市和乡村等。从相关研究文献看,可以概括为三种观点,第一种观点认为,对自然资源的开发和利用属于自然资源经济学,而自然资源经济学是环境经济学的一个分支;第二种观点认为,环境本身就是一种资源,应该将环境污染与治理问题划归自然资源经济学;第三种观点认为,环境经济学与自然资源经济学为两个彼此独立的经济学分支,针对不同问题,可以进行独立研究。

本书基于研究命题考量,将环境界定为环境保护与污染治理。这样选择的理由在于:其一,新中国的第一个环境保护的法律《中华人民共和国环境保护法(试行)》颁布于 1979 年 9 月,它的诞生是缘于我国经济快速发展所带来的环境污染问题日趋严重,而且已经危及了经济发展和国民的生活质量,当时制定的《中华人民共和国环境保护法》就是从治理"三废"(废水、废气和废渣)开始的,以后无论是中央还是地方政府,陆续出台和颁布的所有环境政策、法规均是在此基础上进行完善和改革的。其二,就环境问题而言,在一个国家、区域的不同经济增长阶段,其应该面临的环境问题是不一样的,其所应该解决的核心问题也是不同的。例如,在发达国家,环境问题主要是由消费者的高消费引起的,表现形式为工业污染物占总污染物排放量的比重降低,同时生活污染物排放量占比增加;而发展中国家的环境问题,则主要是由于经济的快速增长、工业化和城市化加速所带来的"三废"污染物排放量增大;非洲等较为贫困的地区,环境问题主要是由生态退化引起的,结果又导致贫困问题。要解决不同根源的环境问题,所需要的方法和对策应该是不一样的。例如,我们依据自然资源经济学和环境经济学来解决同一原因形成的环境问题,可能得到的结果就会有很大差异,现实意义也就不同。其三,我国的环境问题产生的根本原因是经济的快速发展和以工业化、资源型重污染产业为主导的城市化进程的推进,这已是社会各界的共识。

(二)环境污染

环境污染一般是指人类在生活和生产过程中向环境大量排放废弃物,超过了环境的容量,导致环境的生态平衡受到严重干扰,使动植物和人类受到危害的现象(覃成林,2007)。关于环境污染的分类,学者们根据研究需要进行了不同的分类。按照污染的环境要素,环境污染包括向大气中排放过量的废气和粉尘造成大气污染;向水体中排放过量的废水及其他废弃物造成水体污染。按照污染的物质要素,环境污染包括化学污染、放射性污染、生物污染、噪声污染、热污染、"三废"污染等;按照污染与人类活动的关系,环境污染可以分为生产性污染和生活性污染,生产性污染又包括工业环境污染、农业环境污染、交通运输污染等(杨云彦,1999)。

本书将环境污染界定为人类在生活和生产过程中向环境大量排放的"三废"污染。

第四节　税收竞争与环境污染理论渊源

一、税收竞争理论渊源

(一)财政分权理论

财政分权是财政学领域的一个重要的专业术语,从分权衍生而来,具体是指中央政府为了鼓励地方政府积极参与地方社会管理,为社会提供更好的社会福利等公共产品,赋予地方政府一定的财权(税收权力)和事权(财政支出责任范围),允许其自主决定每年的预算支出规模和结构(杨灿明和赵福军,2004)。

财政分权理论从不同的假设出发,对政府治理的机制提供了一个初步的解释。根据地方政府提供公共产品和公共服务的不同动机,财政分权理论包括第一代财政分权和第二代财政分权。一般认为,财政分权理论始于蒂伯特(1956),经过马斯格雷夫(1959)、奥茨(1972)等的拓展和补充,形成了第一代财政分权理论。该理论也称为财政联邦主义,主要是以古典经济学的理论为基础,研究在不同层级政府间政府职能如何进行合理划分的问题,古典经济学认为公共品的供给会由于市场失灵的存在而出现"公地悲剧",致使公共品的社会供给不能达到最优,因此政府应具有供给公共物品的职能,但古典经济学将政府看成一个总体,并未讨论不同层级政府如何供给公共物品的问题。第一代财政分权理论认为,由于公共物品具有地域性的特征,与中央政府相比,地方政府更靠近辖区居民,在获取居民对公共物品的偏好信息方面具有比较优势,故而,通过财政分权和职责分工,由地方政府提供本地公共物品而由中央政府提供全国性公共物品有助于财政资源使用效率的提高和社会福利的改进。

蒂伯特(1956)对财政分权理论提出以下几个关键假设:居民可以自由流动、不同的地方政府可以制定不同的税率和公共品供给政策、消费者对各个地区的税收和公共品政策具有完全信息、政府活动不存在外溢性。他认为由于每个地区提供的税收和公共支出服务在数量和结构上有所不同,人们对公服务的需求偏好存在差异,因此消费者的偏好可以"用脚投票"表示出来,例如,有些人偏好高税负、高公共服务的社区,而有些人偏好医疗服务好的社区等,均衡时同一偏好的居民会居住在相同社区,居民偏好和政府公共支出之间达成完美的匹配,社会福利最大化得以实现。马斯格雷夫(1959)指出,政府职能包括资源配置职能、宏观经济稳定职能和收入再分配职能,并将这三种职能在中央和地方政府之间进行了划分。中央政府主要负责宏观经济稳定职能和收入再分配职能,因为地方政府负责这两个职能容易因外溢效应而失效。中央政府和地方政府同时负责资源配置职能,中央政府生产全国性公共产品,地方政府生产地方性公共产品。他还认为,中央与地方政府的分税可以实现中央与地方政府的分权。奥茨(1972)在蒂伯特模型的基础上,比较了由中央政府和地方政府提供公共物品的效率,结果发现如果一个国家公共物品只由中央政府提供,那么居民需求的偏好只能"用手投票",而如果一个国家公共物品的提供由中央和地方政府分工,则居民需求的偏好既能"用手投票",还能"用脚投票",因此,相比于中央政府,地方政府改善地方公共服务的积极性更大。因此他认为全国性的、相同的公共产品应由中央政府提供,而如果地区居民需求偏好存在较大差异,那么地方政府供给公共物品更有效率。由此可见,蒂伯特的思想可以看作政府间税收竞争理论的起源,而奥茨把该模型拓展到资本的流动,从而勾勒了税收竞争的理论雏形。这一理论渊源隐含这样的逻辑:税收竞争是财政分权的必然结果,而财政分权是税收竞争的前提和基础。

第一代财政分权理论的假设前提是地方政府为"仁慈的公共利益的守护者",这一假设受到一些学者的质疑,因此在继承第一代财政分权理论核心思想的基础上,20 世纪 90 年代以后,温加斯特(Weingast,1995)、钱和罗兰(1998)、钱和温加斯特(1997)结合转轨国家的实践,提出了第二代财政分权理论。该理论也被称为市场维护型财政联邦主义,强调央地分权及辖区间对资本等流动性要素的竞争可促使地方政府构建友善的商业环境,促进地区经济增长(杨其静,2010)。与第一代财政分权理论不同的是,"市场维护型联邦主义"强调了政治制度的重要作用,将激励理论和机制设计引入其分析框架,认为地方政府类似于企业经理人,有自己的物质利益。政府官员只要缺乏约束就会出现寻租行为,所以一个有效的政府结构应该实现上级政府官员对下级地方政府官员提供的激励和约束,从而督促地方政府推行上级政府的政策和施政目标。第二代财政分权理论强调了设立地方税会对地方政府产生激励作用,即当地方政府能够获得经由该地区繁荣的经济活动而产生的较大份额的税收收入时,它们更有可能提供促进本地经济及社会发展的公共物品。虽然第二代财政分权理论提出了财政分权与经济增长之间存在正相关关系(林毅夫和刘志强,2000;张晏和龚六堂,2006),但部分学者认为财政分权会损害地区间社会福利,引发地区间发展失衡和地方保护主义(蔡和特瑞斯曼,2005;周黎安,2004)。

以上文献将当代西方财政分权理论发展历程轮廓大致勾勒出,虽然我国不同于西方国家的国情,决定了不能照搬这些理论,但是这些理论为深入认识财政分权的利弊以及如何适当分配中国的政府间财政收支责任提供了具有参考价值的理论依据。纵览我国财税体制的改革,贯穿着中央和地方财权与事权分配格局的博弈。从1949年新中国成立到1979年的30年间,我国财政体制主要实行中央政府"统收统支"。改革开放初期实行的"财政包干"制度又导致了中央财政吃紧和地方减免企业税收、虚报亏损等截留中央税款的现象,这促生了分税制的重大改革。分税制兼顾了中央财政收入和地方政府的积极性,在一定程度上的确起到了积极作用,但随着经济形势的不断发展和宏观调控的需要,其弊端也逐渐显露。为此,国家在2002年启动了企业所得税征管体制改革,将企业所得税由地方税转为共享税。2012年又进行了营改增尝试,增值税逐步取代营业税。2016年5月,我国全面施行"营改增",营业税退出历史舞台。2018年7月,国税和地税机构正式合并,标志着深化财税改革迈出重要一步。

(二)公共选择理论

公共选择理论起源于20世纪70年代中期,该理论将主流经济学中对人类行为的分析范式引入政治制度中对政府行为的分析,把政府视作生产者纳入公共选择模型之中,假设政府的行为符合"经济人"模式,即政府官员在政治市场的行为目的在于追求个人利益最大化。同时,公共选择理论认为人类社会包括经济和政治两个市场,在政治市场上,需求者是选民,供给者是政治家。由于存在信息不对称，政府官员利用其特有的身份地位和掌握的权力，用提高公共服务的价格、降低公共服务的质量等方式，变相地谋取更多的个人利益。

在政治市场中，各行为主体的目标是不一致的。选民的目标是选出代表自己利益的政治家，以改善自己的各种状况。其投票与否以及投谁的票取决于自己的成本收益，投票给选民带来自己状况的改善，而选民投票与否以及如何投票需要选民去收集与之相关的信息，收集信息需要成本，同时选民也会意识到由于选民数量较多，自己的那一票不会对最终结果产生影响，故而理性的选民为了减少成本是不会去收集信息，最终结果是选民们不会去为自己的偏好投票。作为理性人的政治家从事政治活动的目的是追求自身利益的最大化，即政治支持最大化，该政治支持最大化具体体现为选票最大化。因此，政治家和执政党力图制定的是能为他赢得更多选票而不是失去更多选票的政策。政府官员则是由政党任命的公共政策的执行人，在政治市场中的作用十分重要，其目标是效用最大化，该效用包括他所在机构的规模、工资、社会名望、权力及地位等。

公共选择学派从不同的角度对地区间税收竞争的效率问题进行了考察，认为地区间税收竞争是有效的。布伦南和布坎南（Brennan 和 Buchanan，1980）指出20世纪70—80年代学者们提出税收竞争有害论，原因是学者们有着共同的假设：即参与竞争的各地区禀赋及居民偏好相同，各地区政府参与税收竞争的目的都是追求本辖区内居民福利最大化。但是，如果从政治经济学的角度看，地区税收竞争可以完全作为一种公共选择的补充机制，对自利政府进行制约，迫使其征最少的税、提供最好的公共产品及服务。托马斯在观察了美国的政治界和州际政府公共政策后认为，民主制度本身并不足以使得政府可以最大限度满足公民的需求，实际上美国的许多州都缺乏竞争，即使在竞争比较激烈的州，代表选民意愿的公共政策也常常难以实行，因此，政府间竞争是完全必要的，可以成为一种辅助机制以约束一国政府的行为。

公共选择理论对于理解税收竞争有两点启示：一是每个政府从自身的利益出发追求辖区福利最大化的动机，是政府间税收竞争的内在动力。二是政府追求福利最大化的决策过程多是基于自身利益而非辖区居民利益，而居民

"用脚投票"引致的税收竞争行为对政府决策的随意性施加了限制。

(三)政府竞争理论

政府竞争理论来自蒂伯特(1956)。后续的研究者尝试把产业组织理论的原理和模型应用到政府间关系中,逐步形成了一套相对完整的"辖区竞争理论"。其后的发展经历了三个阶段:第一阶段是早期的政府竞争理论,这些理论主要是对蒂伯特模型的拓展;第二阶段运用博弈论、信息经济学理论及内生增长理论研究政府的财政竞争对资本流动的影响,进而探讨其对经济增长的影响。部分文献将选民的集体选择因素引入文献从而建立了标尺竞争理论。第三阶段主要是运用空间计量经济学对政府间竞争存在性及其程度进行检验。具体来说各个阶段的政府竞争理论特征如下。

第一阶段:早期政府竞争理论。政府竞争出现的条件是早期政府间竞争关注的首要问题。蒂伯特(1956)明确提出,地方政府竞争存在的条件是辖区间居民是自由流动的,存在多个政府。博因(Boyne,1996)认为,政府竞争产生的三个前提条件是,必须存在一个碎片化政府结构,即有大量的地方政府,这是构成政府间寡头竞争或者其他市场结构的前提;如果高一层级的政府鼓励创新和多元化,那么竞争能够得以改进;如果地方政府严重依赖地方收入资源,那么竞争就得以强化。政府竞争是否会带来效率的改进在早期理论中产生了诸多争议。早期最基本的政府竞争理论来自两个模型,一个是蒂伯特(1956)模型,另一个是奥茨(1972)模型,这两个理论出现了相对立的结论,蒂伯特(1956)强调地区政府竞争可以改善政府效率;而奥茨(1972)则关注到了政府竞争可能会带来政府支出水平的低效率以及过低的均衡税率。在这些模型的基础上,沃尔科夫(Wolkoff,1992)进一步分析了地区为了吸引资本流入而展开政府补贴的竞争,强调了补贴的重要性。布雷顿(Breton,1996)比较系统地讨论了不同形式的辖区竞争,但不够深入。

第二阶段:早期政府竞争理论的发展。在早期政府竞争理论的基础上,许多学者开始在产业组织模型、增长模型基础上研究某个方面的政府竞争,并逐渐将这一理论细化。在现有文献中,大多数学者将财政竞争划分为三类:横向财政竞争、纵向财政竞争和标尺竞争。横向财政竞争的思想来自蒂伯特(1956),认为无论是劳动力还是资本,均会影响一个地区的税基,由于劳动力和资本的可流动性,地方政府会通过恰当的税收和支出政策来吸引居民和企业,这就引发了地区间竞争。随后,佐德罗和米什科夫斯基(1986)及威尔逊(1986)建立了正式模型讨论了这一问题,认为如果一个地区提高本地资本税率,就会引致其他地区资本存量的增加,进而促使其他地区在税收竞争中获益。然而,每个辖区的政府并没有意识到这种正的外部效应,只关心本地消费者的福利。故而地区之间的税收竞争最终导致较低的均衡税率以及较低的财政支出水平。后续的研究进一步放松了该模型相关假定,获得了一些有意义的结论。

纵向财政竞争是指不同层级政府之间的竞争。当某一层级政府的政策对其他层级政府的预算产生影响时,不同层级政府之间行动的纵向外部性就产生了。纵向竞争的效应取决于不同的假定条件,基恩(1998)认为,如果对不同层级政府间竞争采用斯塔克尔伯格模型,那么纵向竞争导致的效率扭曲会得到改进。

标尺竞争被称为基于信息的横向财政竞争,该模型基本思想来自施莱弗(Shleifer,1985),随后贝斯利和凯斯(1992)在一个政治代理模型中完善了该思想。他们认为,在一个民主制国家,地方政府官员是由选民直接选举的,但选民与政府官员之间存在信息不对称,导致选民很难评价政府官员的政策和绩效。而自利的官员就可以利用私人信息从事机会主义行为,从而获得政治租金。在这种情形下,选民通过将本地政府与其他地方政府官员的政策和绩效进行比较,以判断本地政府官员的政策,故而其他地方政府官员的政策和绩效就成为标尺。很明显,地方政府间标尺竞争有助于改进地方政府的绩效,随后很多学者致力于这一竞争模式的研究,如沙尔特格尔和库特尔(Schaltegger和Kuttel,2002)、博尔迪尼翁(Bordignon,2004)。这些研究的共同结论是:其一,由于标尺竞争的存在,本地政府首脑会特别关注邻近地区政府首脑的政策,因此,如果某个地方政府试图调整其税收或者支出政策,必然受制于其他地方政府该类政策。即地方政府之间会产生策略互动。其二,假设地方政府存在自利行为,劳动力和资本均可以自由流动,那么地方政府之间就很难进行合作,这意味着地方政府竞争最好在一个非合作博弈的理论模型中展开。

第三阶段:政府间竞争存在性及其程度的检验。上述模型的研究从不同的角度和不同的假设条件讨论了各种形式政府竞争的效应,但这些理论预测是否有效,还取决于经验研究所提供的证据,而传统计量模型无法检验参与人之间的策略互动,因此,在政府竞争理论的拓展过程中,必须寻找到一种新的研究方法解决这一难题。20 世纪 80 年代发展起来的空间计量经济学从政府税收竞争、政府支出竞争及政府标尺竞争三个方面对政府的策略性互动进行了深入研究。

二、环境污染理论渊源

环境对人类的生存与发展意义重大,负外部性是环境污染问题产生的主要经济根源,国外对环境污染理论基础的研究,集中在公共产品理论和外部性理论。

(一)公共品理论

19 世纪 80 年代,由于奥地利和意大利学者萨克斯、潘塔莱尼奥、马尔科夫和马左拉等的贡献,使公共物品论建立在边际效应价值论的基础上,成为一种系统的理论。而现代经济学意义上的公共品最初是由林达尔正式提出,后由萨缪尔森等加以系统化发展。萨缪尔森(Samuelson,1954、1955)首次将物品区分为"私人消费品"和"集体消费品",其中"私人消费品"具有如下特征:$x_j = \sum_{i=1}^{n} x_j^i$。也就是说,物品 x_j 的总量等于每一个消费者 i 所拥有或消费的该物品消费数的总和。而"集体消费品"则是 $x_{n+j} = \sum_{n+j}^{i}$,即对于任何一个消费者 i 来说,他为了消费而实际可以支配的公共物品的数量是该公共物品的总量 x_{n+j}。

萨缪尔森界定的是同时具有非竞争性和非排他性的纯公共物品。所谓非竞争性是指对某一公共产品的产出水平,增加额外一个人的消费,该产品不会引起产品成本的任何增加,即消费者人数的增加所引起的物品边际成本核算为零,所谓非排他性,是指只要某一社会存在公用物品,就不能排斥其他人消费该种产品。萨缪尔森只讨论了私人物品和纯公共物品两个极端的情况,而忽视了两个极端中间的情况。公共选择学派布坎南认为新古典经济学只是以产权私有为基础,而几乎没有对共有产权进行研究,所以忽视了对两个极端情况之间物品的研究。他从共有产权这一角度对物品的集体供给方式进行了研究,指出"俱乐部物品"应该涵盖从纯私人物品到纯公共物品的所有情况。布坎南认为"俱乐部物品"意味着任何一个公共物品都不是独立于其他物品而存在的,均与某一机构有着关系,是组织机构内部的公共物品。对于内部成员来说,该组织机构的公共物品均具有"消费的非竞争性和非排他性"的特征,而对于该组织机构的外部成员来说,这些公共物品的特征表现为"消费的竞争性和排他性"。因此,与公共物品有关系的则为一个由各种社会机构构成的完整的组织系列,在这个系列中,最小的公共机构可以由两个人组成,最大的公共机构可以由全球性组织构成。在这两级之间,排列着从小到大的各种社会机构,而每一个机构都有自己的公共物品。故而,公共物品的"公共性"应该是和某个机构有关系的。

环境污染具有公共物品的非排他性和非竞争性,比如,空气污染在带给一个人的损害时并不会减少对另外一个人的损害,这是非竞争性;在一个空气受到污染的地区,也很难排除某一个人不吸入受污染的空气,这是它的非排他性。

(二)外部性理论

假设市场是完全竞争的,生产者承担产品的所有生产成本以及收益,消费者需要购买该类产品的全部成本并应得到这种产品的所有收益。然而,现实中并不是所有市场都是完全竞争市场,故而,就会出现生产者可能没有承担全部生产成本,而生产者并未得到所有收益的现象,这种现象被称为"外部性"。事实上,外部性理论起源于西奇威客和马歇尔两位学者对正外部性的探讨。"灯塔问题"是由西奇威客首次提出,之后学者们用这个问题来解释外部性,马歇尔则创造性地提出"外部经济"和"内部经济"两个概念。随后,庇古(Pigou,1920)发展了外部性思想,认为经济活动经常会带来私人边际成本与社会边际成本、私人边际净收益与社会边际净收益的差异,市场不能起到优化各种资源配置的作用。庇古采用灯塔、交通、污染等一些社会问题作为案例解释并证明了自己的观点以及其提出的理论,认为外部性反映一种传播到市场机制之外的经济效果,该效果改变了接受厂商产出与投入之间的技术关系,这种效果要通过政府的税收或补贴来解决。至此，静态的外部性理论框架基本成形，"庇古税"逐渐成为政府干预并消除经济活动外部性的理论依据。

1924年奈特开创性地拓展了"外部性"理论研究的研究思路，并将庇古所提出的道路拥挤问题重新审视，认为缺乏稀缺资源的产权界定不清晰是"外部不经济"的真实原因，他认为可以采用赋予私人稀缺资源产权来解决这一问题，这一思想为产权理论发展奠定了一定的基础。1960年新制度经济学奠基人科斯提出了交易成本概念，虽然没有定义外部性，却将奈特的视野进行了拓展，指出由于交易中存在交易成本，即使重新界定稀缺资源的产权也不能克服外部性问题。科斯对产权界定问题的研究得出的科斯定理就是通过对现实中存在的典型环境污染问题案例总结出的。经过科斯等经济学家的努力，产权经济学逐渐成形，交易成本、产权成为外部性研究的又一经典理论工具。

总体而言，外部性既包括外部经济又包括外部不经济。外部经济又称为正的外部性，意思是一个经济主体的经济活动给其他经济主体所带来的额外收益；而外部不经济又称为负的外部性，意思是一个经济主体的经济活动给其他经济主体所带来的额外成本；环境污染是一种典型的外部不经济现象。

第五节　税收竞争对环境污染影响机制的理论分析

一、税收竞争、资本流动与环境污染的理论分析

（一）税收竞争对资本流动影响的理论分析

从理论上来说，税收竞争对资本要素的影响体现在以下两个方面。其一，税收竞争促进了国内资本的形成。地方政府为了弥补国内资本短缺，运用税收优惠等不产生任何执行成本的税收竞争手段吸引流动性要素资本，以至于降低了资本税率，进而提升了资本的税后利润率，吸引了大量的外商直接投资涌入国内，增加了社会资本总量。其二，税收竞争促进了地区间资本流动。由于税收优惠政策的地区差异性，致使部分地区在资本税收竞争中处于优势地位，进而引致资本流入均衡税率较低的地区，促进了资本在不同地区间的流动。

　　资本流动包括国际资本流动与国内资本流动,而国内外学者对资本流动的研究主要集中在国际资本流动。国际资本流动根据资本流动的具体方式可分为外商直接投资(FDI)、外国证券投资和国际贷款。由于 FDI 具有长期性、稳定性和生产性的特点,因而大量文献对税收竞争影响国际资本流动的研究也集中在外商直接投资上。国外学者汉斯(Hines,1993)通过考察美国的税收激励政策对外商直接投资区位选择的影响,发现较高的州平均实际税率对流入该州的 FDI 有重要影响,实际税率越高,外商投资流入就越少。赛德米赫拉德斯基和克拉扎尔(Sedmihradsky 和 Klazar,2002)研究了波兰、捷克、斯洛伐克和匈牙利税收竞争与外商直接投资的关系,发现国际税收竞争会影响外商直接投资流动。德姆维奇和埃德芬(DeMooij 和 Ederveen,2005)在总结外商直接投资与税收关系的相关文献的基础上,计算了外商直接投资税率弹性,结果表明东道国税率每减少 1%,外商直接投资将上升 3.3%。国内学者樊丽明(2002)在回顾和总结了中国对外商投资企业的税收政策之后,发现税收优惠明显地吸引了外商投资,促进了中国经济增长。然而该研究仅为理论分析,缺乏实证验证,不能充分说明中国对外商投资企业的税收政策在吸引外商直接投资的有效性。孙俊(2002)利用中国 28 个地区 1985—1999 年数据,对外商直接投资的影响因素进行了研究,发现税收优惠政策一直是地方政府吸引外资的最主要因素。李永友和沈坤荣(2008)基于财政视角实证研究发现降低企业所得税实际税率可以吸引更多的外资流入本地。由此可以看出税收对资本流动具有非常直接的影响作用。

　　在对资本税收竞争进行研究时,欧茨(Oates,1972)是最早直接研究税收竞争的学者,后来经过佐德罗和米什科夫斯基(1986)及威尔逊(1986)的扩展,资本税收竞争模型逐渐被完善,佐德罗和米什科夫斯基(1986)所建立的模型被称为税收竞争基本模型。该模型的研究假设如下:

　　假定市场中存在 N 个相同的辖区,单个辖区都很小而无法影响整个地区;每个辖区的人口和土地是固定的;市场完全竞争;居民偏好是一致的;该市场中总量产出函数为新古典生产函数 $F(K,L)$,且规模报酬不变,技术水平一定,其中 K 为该市场中的资本总量,L 为劳动总量。假设资本是完全流动的但是劳动力不可流动;每个辖区征收资本税和人头税,税收用来提供公共产品和

服务,其目标是最大化本地居民福利。每个辖区的资本禀赋为 k,此时市场中资本总量表示为:

$$K = Nk \tag{1-1}$$

假设地区 i($i \in \{1, \cdots, N\}$)的收入函数表示为:

$$y_i = f(k_i) \tag{1-2}$$

式(1-2)表示地区 i 的收入是资本的函数,且满足 $f_{k_i}' > 0, f_{k_i}'' < 0$。政府对每单位资本征收税率为 t_i 的资本税,则资本 $k_i(r_i + t_i)$ 是关于资本税率 t_i 和税后资本收益率 r_i 的一个函数。由于竞争和资本流动性的存在,当达到最后均衡时,各地的资本税后收益率 r_i 都是相等的。此时:

$$r_i = f'_{k_i} - t_i \tag{1-3}$$

式(1-3)对 t_i 求偏导得 $f''_{k_i} \dfrac{\partial k_i}{\partial t_i} - 1 = 0$,则 $\dfrac{\partial k_i}{\partial t_i} = \dfrac{1}{f''_{k_i}} < 0$。由此可见,本地区税率提高,则资本存量减少,这就是资本税的扭曲效应。

当地居民的效用函数为 $U(c, g)$,其中 c 表示私人消费,g 表示居民消费公共产品的数量,这部分用政府的财政收入提供,来自资本税收收入。同时,假设整个经济体的资本供给量一定,为 $\bar{K}$,各个地区中的居民平等地享有资本量,则每个人的资本禀赋为 $\bar{k} = \dfrac{\bar{K}}{N}$,$N$ 表示地区总人口。因此,对于地区中每个居民来说,资本收益是 $r\bar{k}$,此时:

$$c = f(k_i) + r\bar{k} - t_i k_i - h \tag{1-4}$$

$$g = t_i k_i + h \tag{1-5}$$

其中,h 表示人头税,$t_i k_i$ 表示资本税,那么将式(1-4)和式(1-5)代入消费者效用函数 $U(c, g)$ 中,可得:

$$U(c, g) = U[f(k) + r\bar{k} - t_i k_i - h, t_i k_i + h] \tag{1-6}$$

由此可以看出,各地方政府采取税收优惠等措施进行税收竞争吸引资本流入,地区资本的变动会对本地消费者的效用产生影响。式(1-6)对 k 求偏导可得:

$$U'_k(c,g) = \frac{\partial U}{\partial c}\frac{\partial c}{\partial k_i} + \frac{\partial U}{\partial g}\frac{\partial g}{\partial k_i} = \frac{\partial U}{\partial c}(-kf''_k) + \frac{\partial U}{\partial g}t_i$$

由于 $f''_k < 0$，$U'_c(c,g) > 0$，$U'_g(c,g) > 0$，则 $U'_k(c,g) > 0$，表明在资本存量一定的情况下，地区政府对资本征税时，会导致该地区资本外流进而降低了该区域居民的福利水平。实际上，市场中的资本在地区间是流动的。怀尔德森（2000）假定地方政府追求的是居民利益最大化，并将资本的需求弹性考虑在内，在一个纳入资本调整成本的框架下分析了动态财政竞争下的最优地方税率问题。得出均衡最优税率是：$t = \dfrac{(1-\theta)r}{\rho\varepsilon}$。

其中，t 表示资本税率，ε 代表资本的需求弹性，ρ 为资本存量的衰减系数，θ 代表居民拥有的资本份额，r 表示利率。表 1-2 是不同参数假定下所模拟的最优资本税率的结果。

表 1-2　流动性要素的最优税率　　　　（单位:%）

本地居民资本所有权份额（θ）	调整的半衰期					
	0.5 年	1 年	2 年	5 年	10 年	20 年
情况 1:资本需求弹性 $\varepsilon = 1$						
0.00	3.61	7.21	14.43	36.07	72.13	100.00
0.25	2.71	5.41	10.82	27.05	54.10	100.00
0.50	1.80	3.61	7.21	18.03	36.07	72.13
0.75	0.90	1.80	3.61	9.02	18.03	36.07
1.00	0.00	0.00	0.00	0.00	0.00	0.00
情况 2:资本需求弹性 $\varepsilon = 1.33$						
0.00	2.71	5.41	10.82	27.05	54.10	100.00
0.25	2.03	4.06	8.12	20.29	40.58	81.15
0.50	1.35	2.71	5.41	13.53	27.05	54.10
0.75	0.68	1.35	2.71	6.76	13.53	27.05
1.00	0.00	0.00	0.00	0.00	0.00	0.00
情况 3:资本需求弹性 $\varepsilon = 4$						
0.00	0.90	1.80	3.61	9.02	18.03	36.07
0.25	0.68	1.35	2.71	6.76	13.53	27.05

本地居民资本所有权份额（θ）	调整的半衰期					
	0.5 年	**1 年**	**2 年**	**5 年**	**10 年**	**20 年**
0.50	0.45	0.90	1.80	4.51	9.02	18.03
0.75	0.23	0.45	0.90	2.25	4.51	9.02
1.00	0.00	0.00	0.00	0.00	0.00	0.00

从表 1-2 中可以看出，资本要素的需求弹性越大，最优资本税率就越低。比如当 $\theta = 0$、资本调整的半衰期为 10 年时，在资本的需求弹性值 $\varepsilon = 1$ 时，最优资本税率为 72.13%，而在资本的需求弹性值 $\varepsilon = 1.33$、$\varepsilon = 4$ 时，最优税率分别为 54.10% 和 18.03%。表 1-2 还表明，当征税的资本完全由本地居民所有时，无论资本弹性如何，最优资本税率均为 0；而当征税的资本完全由政府所有时，资本弹性较小时，最优资本税率为 100%。由此可以看出，本地居民拥有资本所有权份额越多，最优税率就越小。这说明一个追求本地居民利益最大化的地方政府需要依据企业在地区间调动资本能力的不同，对其执行有针对性的税收歧视。珍妮巴和彼得斯（Janeba 和 Peters，1999）通过构建一个博弈模型，分析了欧洲国家利息税竞争，发现欧洲各国存在税收歧视，对流动性较强的资本征收较低税率，而对流动性较低的资本征收较高税率。该结果背后的经济原因在于：一方面，对流动性资本征收高税率，会导致本地税基外流；另一方面，如果地区税负过轻，地方的财政收入不足，这会制约地方政府提供财政支出的能力。因此，为了保证财政支出不变，地方政府会对流动性较强的资本征收较低税率，而对流动性较低的资本征收较高税率。

本节将结合怀尔德森（1989，2000）的文献中关于财政分权体制下税收竞争模型的基本思想，对资本税收竞争进行进一步扩展。需要指出的是，与该文献不同的是，由于中国税收竞争的主要方式是税收优惠，因此本节将税收征管效率设定为地方政府间税收竞争的策略变量，具体模型建构如下。

假定市场中存在 N 个相同的地区，资本可以自由流动，而劳动力不能自由流动,在 i($i \in \{1, \cdots, N\}$)地区,代表性企业的生产函数是新古典生产函数表示为 $f(k_i)$, k_i 表示地区 i 的资本总投入。此时该生产函数连续可微且满足稻田条件即: $f'_{k_i} > 0, f''_{k_i} < 0$。假定资本在地区间流动是无成本的,税后净收益率为 r_i。

理论上,政府税权由税收立法权、征管权以及收益权组成(汤玉刚和苑程浩,2011)。自 1994 年分税制改革之后,我国中央政府拥有税收的立法权,而地方政府则拥有部分征管权和收益权。故而各区域政府通过实行一些税种的税收优惠政策以吸引资本流入,进而影响与之相关税种的税收征管效率。因此可以说税收征管效率是政府间竞争的策略变量(李涛等,2011)。虽然 2002 年所得税分享改革中央政府将征管权逐渐上移,但这并不意味着地方政府在实际税率上没有可控的空间。一般来说,中央政府制定法定名义税率,实际税率则和各地税务机关的税收征管效率有关。这说明,地方政府可以选择形式不同的税收优惠及税收减免措施等来影响各地实际税率的大小。因此,从这个角度来说,税收征管效率可被看作地方政府的可控变量,从而变为政府间税收竞争的代表变量。

故此假定全国统一的法定名义资本税率为 t ,对劳动力不征税。 i 地区地方政府资本税征管效率分别定义为 ρ_i ,并满足 $\rho_i \in (0, 1]$,则 $\rho_i t$ 反映的是 i 地区政府征收的实际资本税率,资本的净收益率为 r。

此时 i 地区企业的税后收益为:

$$\pi_i = f(k_i) - (\rho_i t + r_i) k_i \tag{1-7}$$

利润最大化的一阶条件为:

$$f'(k_i) - \rho_i t = r_i \tag{1-8}$$

式(1-8)表明,在资本完全流动的情况下,均衡状态下的资本净回报等于均衡的资本回报率。由于 $k_i = k(\rho_i t + r_i)$,此时:

$$k'_i = \frac{1}{f''_i} < 0 \tag{1-9}$$

资本市场中资本完全自由流动,在市场出清的条件下:

$$\bar{k} - \sum_i k_i (r + \rho_i t) = 0 \tag{1-10}$$

对式(1-10)求 ρ_i 偏导,得:

$$\frac{\mathrm{d}r}{\mathrm{d}\rho_i} = \frac{-k'_i}{\sum_j k'_j}t < 0 \qquad\qquad (1-11)$$

式(1-11)反映的是资本的税后净收益率对资本税税收征管效率的敏感程度,表明资本税收征管效率越高,资本的税后净收益率就越低。假设地区 i 资本需求弹性为 $\varepsilon_i = \dfrac{\partial \log k_i}{\partial \log(r + \rho_i t)}$,推出:

$$\frac{\partial k_i}{\partial \rho_i} = k'_i(t + \frac{\mathrm{d}r}{\mathrm{d}\rho_i}) = k'_i(t + \frac{-k'_i}{\sum_j k'_j}t) = t\frac{\varepsilon_i k_i}{r + \rho_i}\frac{\sum_{j \neq i} \dfrac{\varepsilon_i k_i}{r + \rho_i}}{\sum_j \dfrac{\varepsilon_i k_i}{r + \rho_i}} < 0 \qquad (1-12)$$

$$\frac{\partial k_j}{\partial \rho_i} = k'_j\frac{\mathrm{d}r}{\mathrm{d}\rho_i}t = t\frac{-k'_j k'_i}{\sum_j k'_j} = -t\frac{\dfrac{\varepsilon_j k_j}{r + \rho_j}\dfrac{\varepsilon_i k_i}{r + \rho_i}}{\sum_j \dfrac{\varepsilon_j k_j}{r + \rho_j}} > 0 \qquad (1-13)$$

式(1-12)和式(1-13)表明,如果本地政府提高资本税收征管效率,会引致本辖区内的资本投入量的减少,邻近地区资本投入量的增加。由此本书提出假说1:本地区地方政府降低税收征管效率会吸引较多的资本流入本地,同时会减少邻近地区资本投入量。

(二)税收竞争、资本流动与环境污染的理论分析

借鉴哈吉亚尼斯等(2014)的文献中关于财政分权体制下税收竞争模型的基本思想,根据中国独特的政治经济体制的现状,在动态一般均衡模型框架下,将环保支出及税收征管效率引入政府部门,分析了政府间税收竞争通过资本流动对环境污染产生的影响。需要指出的是,与该文献不同的是,本节考察的是我国地方政府税收竞争,同时根据中国地方政府税权的现状将税收征管效率设定为地方政府间税收竞争的策略变量,具体模型如下。

假定存在地方政府 i 和邻近地区地方政府 j ,生产用的资本可以在 i 地区和 j 地区之间自由流动, i 地区被称为资本流入地区, j 地区被称为资本流出地区。劳动力等其他生产要素不能自由流动。此时, i 地区和 j 地区总收益可分别表示为:

$$R(p,v,k) = \max_{x,z,k}\{p'x:(x,k) \in \varphi(v,k)\} \tag{1-14}$$

$$R^*(p^*,v^*,k^*) = \max_{x,z^*,k^*}\{p'x:(x,k^*) \in \varphi(v,k^*)\} \tag{1-15}$$

其中，p 代表商品的价格，并且外生给定，p' 代表转置的价格矩阵，$\varphi(v,k)$ 和 $\varphi(v,k^*)$ 分别代表 i 地区和 j 地区的生产技术，v 为 i 地区和 j 地区劳动等不可流动生产要素的禀赋向量，k 和 k^* 则分别表示 i 地区和 j 地区资本投入量，x 表示在资本和劳动等生产要素一定的情况下该地区的净产出水平；由于价格（p）和劳动等非流动生产要素（v）不变，此时可将 i 地区和 j 地区的收益简化为 $R(k)$ 和 $R(k^*)$，根据包络定理，i 地区和 j 地区的资本边际收益分别为 R_k 和 $R_{k^*}^*$，二者满足资本边际收益与资本负相关的条件，即 $R_{kk} < 0$、$R_{k^*k^*}^* < 0$。因为 i 地区和 j 地区分别是资本流入地区和资本流出地区，故此 i 地区资本投入量表示为 $k = \bar{k} + k^f$，j 地区资本投入量表示为 $k^* = \bar{k} - k^f$，而且满足 $dk = -dk^* = dk^f$。其中 $\bar{k}$ 代表 i 地区和 j 地区的资本禀赋，k^f 代表从 j 地区流入 i 地区的资本量。

接着，假定企业在 i 辖区和 j 辖区内的生产中同时向环境排放污染物 z 和 z^*。根据陆旸和郭路（2008）对污染函数性质的描述，污染物满足 $z_K > 0$，$z_{K^*}^* > 0$，即 z 和 z^* 的排放量同资本投入量正相关。本地的环境污染不仅会改变本地居民的效用，同时因为污染物外溢性而改变邻近地区居民的效用。各地区为了争夺资本进行税收竞争，当中央政府并没有环保支出的预算时，i 地区和 j 地区净污染排放量具体形式可表示为：

$$r = z + \theta z^* \tag{1-16}$$

$$r^* = z^* + \theta^* z \tag{1-17}$$

其中，θ、θ^* 分别为 i、j 地区间跨界污染溢出系数，$0 \leqslant \theta \leqslant 1$，$0 \leqslant \theta \leqslant 1$，$0 \leqslant \theta^* \leqslant 1$。

由于在我国税收征管效率是政府间税收竞争的策略性工具，因此假设中央政府制定资本税及对其他生产要素税种①的名义税率分别为 t_1、t_2，i、j 地区地方政府资本税及其他税税收征管效率分别定义为 ρ、μ、ρ^*、μ^*，并满

---

① 将对其他生产要素征收的税种统一为一个税种，并简称其他税。

足 ρ、μ、ρ^*、$\mu^* \in (0,1]$,则 ρt_1、μt_2、$\rho^* t_1$、$\mu^* t_2$ 代表的是 i 地区及 j 地区政府征收的实际资本税率和其他税率。

由于资本只在这两个地区之间流动,故而 i 地区和 j 地区资本税收收益相同,由此可得:

$$(1 - \rho t_1) R_k(k) = (1 - \rho^* t_1) R_{k^*}^*(k^*) \tag{1-18}$$

假设经济体中的所有家庭偏好相同并且独立,此时 i 地区和 j 地区家庭的支出函数为 $E^*(u^*, r^*)$、$E^*(u^*, r^*)$,表示家庭为了实现一个给定水平效用 u、u^*,对于一个给定水平的环境污染 r、r^* 所愿意支付的最小支出。其中 $E_u = \dfrac{\partial E}{\partial u}$、$E_{u^*}^* = \dfrac{\partial E^*}{\partial u^*}$,将其标准化为 1,代表收入边际效用的倒数。$E_r = \dfrac{\partial E}{\partial r}$、$E_{r^*}^* = \dfrac{\partial E^*}{\partial r^*}$ 表示家庭为了减少一单位污染所愿意支付的金额,且满足 $E_r > 0$,$E_{r^*}^* > 0$。

此时 i 地区家庭预算约束要求私人支出等于税后要素收入减去 j 地区资本在 i 地区的税后收益,故 i 地区收入支出恒等式为:

$$E(u, r) = R(k) - (1 - \rho t_1) k^f R_k(k) \tag{1-19}$$

由于 j 地区是资本流出地区,因此 j 地区收入支出恒等式为:

$$E^*(u^*, r^*) = R^*(k^*) + (1 - \rho t_1) k^f R_k(k) \tag{1-20}$$

式(1-16)至式(1-20)包括 5 个内生变量(u,u^*,r,r^*,k),4 个政策变量(ρ,μ,ρ^*,μ^*)和 4 个外生变量(θ,θ^*,t_1,t_2),将式(1-16)代入式(1-19),式(1-17)代入式(1-20),计算一般均衡模型的结果如下:

$$\begin{bmatrix} 1 & 0 & D_k \\ 0 & 1 & D_{k^*}^* \\ 0 & 0 & H \end{bmatrix} \begin{bmatrix} du \\ du^* \\ dk \end{bmatrix} = \begin{bmatrix} t_1 k' R_k \\ -t_1 k' R_k \\ t_1 R_k \end{bmatrix} d\rho + \begin{bmatrix} 0 \\ 0 \\ t_1 R_{k^*}^* \end{bmatrix} d\rho^* \tag{1-21}$$

其中,

$$D_k = E_r(Z_k - \theta z_{k^*}^*) + (1 - \rho t_1) k^f R_{kk} - \rho t_1 R_k$$

$$D_{k^*}^* = E_{r^*}^*(-Z^*_k + \theta^* z_k) - (1 - \rho t_1) k^f R_{kk} + \rho^* t_1 R_{k^*}^*$$

$$H = (1 - \rho t_1) R_{kk} + (1 - \rho^* t_1) R_{k^* k^*}^*$$

由式(1-21)可以得到:

$$\frac{\mathrm{d}k}{\mathrm{d}\rho} = \frac{R_k t_1}{H} < 0 \tag{1-22}$$

$$\frac{\mathrm{d}r}{\mathrm{d}\rho} = \frac{\mathrm{d}k}{\mathrm{d}\rho}(z_k - \theta z_{k*}^*) = \frac{R_k t_1}{H}Z_k - \frac{R_k t_1}{H}\theta z_{k*}^* \tag{1-23}$$

$$\text{当 } \theta = 0, \frac{\mathrm{d}r}{\mathrm{d}\rho} = \frac{\mathrm{d}k}{\mathrm{d}\rho}Z_k = \frac{R_k t_1}{H}Z_k < 0 \tag{1-24}$$

式(1-23)表明,当 $0 < \theta < 1$ 时,资本税收竞争对环境污染的影响可以分解为 $\frac{R_k t_1}{H}z_K$ 和 $-\frac{R_k t_1}{H}\theta z_{K*}^*$ 两个效应。这两个效应系数的符号和大小共同决定了税收竞争对环境污染影响的总效应。一方面,地区间税收竞争引致的均衡低税率将增加本地区资本投入量,进而带来本地区污染排放量的增加,此为负向效应($\frac{R_k t_1}{H}z_K < 0$);另一方面,地区间税收竞争引致的均衡低税率减少了邻近地区资本投入量进而带来了邻近地区污染排放量的下降,环境污染的外溢效应促使从邻近地区流入本地区的污染排放量减少,此为正向效应($-\frac{R_k t_1}{H}\theta z_{K*}^* > 0$)。由此可知:

当 $\frac{R_k t_1}{H}Z_k < -\frac{R_k t_1}{H}\theta z_{k*}^*$ 时,则 $\frac{\mathrm{d}r}{\mathrm{d}\rho} > 0$,即正向效应大于负向效应,税收竞争会减少外溢性环境污染排放量。造成这一结果的原因是地区间税收竞争引致的均衡低税率带来本地区污染排放量的增加小于邻近地区资本投入量减少所带来的本地环境污染下降量。

当 $\frac{R_k t_1}{H}Z_k < -\frac{R_k t_1}{H}\theta z_{k*}^*$ 时,则 $\frac{\mathrm{d}r}{\mathrm{d}\rho} < 0$,即正向效应小于负向效应,税收竞争会带来更多外溢性环境污染。其原因是地区间税收竞争引致的均衡低税率带来本地区污染排放量的增加大于邻近地区资本投入量减少所带来的本地环境污染下降量。

式(1-24)表明,政府间税收竞争引致的均衡低税率增加了本地资本投入量进而带来更多的非外溢性环境污染排放量。因此我们提出假说 2 和假说 3。

假说2:在污染物是外溢性污染物的情况下,税收竞争对环境污染的影响通过本地资本投入量和邻近地区资本投入量两个渠道实现。其中,税收竞争通过本地资本投入量对环境污染的影响为负,而通过邻近地区资本投入量对环境污染的影响为正。税收竞争对环境质量的总效应最终取决于这两个效应之间的强弱。

假说3:在污染物是非外溢性污染物的情况下,税收竞争对环境污染的影响通过本地资本投入量这一个渠道实现。

二、税收竞争、环保支出与环境污染的理论分析

(一)税收竞争对环保支出影响的理论分析

地方政府支出是指通过使用资源向当地居民、企业提供各种类型的公共品,由于其具有某些非竞争性和非排他性特征,因此不可避免地会对邻近地区居民和企业产生溢出效应,市场机制提供公共产品时会失效,为了弥补这种缺陷,地方政府一般承担该类公共产品的供给。早期关于国际税收竞争对政府支出水平影响的研究表明:在资本可跨境自由流动的情况下,如果一个国家资本税率较高,就会增加投资的成本进而促使资本流入其他低税率国家。最终结果是,一个国家为了吸引资本流入本地,需要设置一个较低的税率同时提供较低水平的公共支出水平(佐德罗和米什科夫斯基,1986;威尔逊,1986)。上述研究认为政府支出包括两类:一类是投资性支出,如基础建设支出等,这类支出是为了改善本国的投资环境以吸引资本流入。因此,其主要获益者是投资者,这种政府支出被认为是企业的一种生产要素,因此企业的生产函数可以表示为 $F(Q,K,L,P)$,Q、P、L、K 分别表示土地、资本、劳动力、政府支出。另一类是有利于本国居民福利的政府支出,如教育、医疗等,这类支出不是企业的生产要素。研究表明,税收竞争会导致这两类政府支出水平效率的下降。

随后的财政竞争理论在上述理论模型的基础上开始关注税收竞争对政府支出结构的影响,基恩和马尚(1997)假定资本可以跨境流动,劳动力是不能自由跨境流动的,发现税收竞争会促使政府过多提供投资性支出,而较少提供改善居民福利的支出,过度的投资性支出和过低的改善居民福利的

支出都是缺乏效率的。即使政府对不能流动的劳动力征收其他税以弥补财政收入的不足,政府支出依然缺乏效率。松本(2000)假定资本和劳动力均可以自由流动,资本和劳动力是要素互补,居民效用函数为 $U(W + y, G)$,其中 W 表示居民工资率, y 表示居民从资本和土地取得的收入, G 则表示可使居民获益的政府支出,比如教育、医疗等支出。由此可以看出,增加居民福利的政府支出是构成居民效用函数的重要组成部分,增加这部分政府支出可以吸引居民流入本地。本地劳动力的增加可以吸引更多的投资,较大程度地减弱了地方政府提供较多投资支出而偏向于资本获利的动机。得出的结论依然是税收竞争会促使政府的支出处于缺乏效率的低水平状态。可以说,国外学者关于"税收竞争影响公共产品提供"这一问题的结论基本一致:即税收竞争会导致财政支出水平下降,尤其是社会福利性的公共产品提供不足。

我国地方政府虽然没有权力决定税种的开征及税率的设定,但是地方政府可以通过税收优惠、财政返还等手段降低实际税率进而改变税收竞争强度。一方面,实际税率越低,越能带来地区经济增长,拓宽税基,增加地区财政收入,进而带来地区财政支出的增加;另一方面,税收竞争强度越大,地区税收收入越少,地区财政支出就越少,此外,地方政府为拓宽税基而实行的税收优惠等政策加剧了地区间税收竞争强度,导致地区间流动性资源重新分配,地区之间重复建设、过度投资行为加剧,不利于政府税收收入的增加,带来地区财政支出的减少,这二者作用的强弱最终决定政府支出是否增加。故而从这个角度来看,税收竞争对政府环保支出的影响是十分重要的。

(二)税收竞争、环保支出与环境污染的理论分析

政府的环保支出是地方政府治理环境污染的重要手段之一,国内外学术界对地方财政支出与环境污染关系研究较少。伯纳乌和库比(Bernauer T.和Koubi V.,2006)采用 1971—1996 年世界 42 个国家财政支出规模和二氧化硫浓度面板数据构建回归模型,认为财政支出规模越大,环境污染越严重。伯纳乌和库比(2013)首先理论分析了地方政府不同目标下财政支出与环境质量的关系,结果表明,如果政府的目标为提高公共服务、矫正外部性,那么政府的

财政支出越高,环境质量越高;如果政府的目标为发展地区经济或者自我扩张,那么扩大财政支出规模对环境质量有着负面影响。然后以世界42个国家1971—1996年数据为研究样本,分析了财政支出与环境质量的关系,发现在控制行政效率和腐败程度等因素后,地区财政支出的提高会带来环境质量的恶化。洛佩兹(Lopez,2011)等通过构建一般均衡模型,对财政支出结构与环境质量的关系进行了研究,认为财政支出结构对环境质量的影响包括直接效应、污染—产出规模效应、污染—劳动替代效应、政府预算效应和政府监管效应五类效应。并以世界47个国家1980—2005年数据为例进行了经验分析,认为偏重于非生产性的财政支出结构有助于环境质量的改善。国内学者冯海波和方元子(2014)以我国286个城市2003—2011年的数据为研究样本,运用由增长方程和环境方程共同组成的动态面板模型实证检验了财政支出与环境质量的关系,结果表明,地方政府的财政支出并不能改善环境质量,财政支出对环境质量的影响取决于地区经济收入水平,具体来看,东部地区的财政支出规模越高,环境质量越好,而中东部地区的财政支出规模越高,环境质量越差。陈思霞和卢洪友(2014)理论分析认为,增加公共支出结构通过技术效应、消费者偏好效应和收入管制效应减少环境污染,而通过要素替代效应、经济规模效应和政府预算效应增加了环境污染。并以建构的理论模型为基础根据我国55个南方重点城市和57个北方重点城市2007—2009年数据验证了我国非经济性公共支出与环境质量的关系,发现增加非经济性公共支出可以提升环境质量,因为非经济性公共支出通过技术效应、消费者偏好效应和收入管制效应对环境质量的影响占主导地位。

为了更加清晰地看出在资本不流动的情况下,税收竞争通过环保支出对环境污染的影响,我们以前文的模型为基础,假设各地区环境污染的治理仅仅来自中央政府的环保支出预算,此时 i、j 地区净污染排放量分别为:

$$r = z - g + \theta(z^* - g^*) \tag{1-25}$$

$$r^* = z^* - g^* + \theta^*(z - g) \tag{1-26}$$

其中,g、g^* 分别表示地方政府环保支出所带来的污染减排量。

由于资本不流动,此时 $k' = 0$,i、j 地区资本禀赋分别为 k 和 k^*,各地区实际税率的变动不会改变地区资本存量。故而：$\dfrac{\mathrm{d}k}{\mathrm{d}\rho} = \dfrac{\mathrm{d}k^*}{\mathrm{d}\rho} = 0$。对式（1-25）求导得：

$$\frac{\mathrm{d}r}{\mathrm{d}\rho} = z_K\frac{\mathrm{d}k}{\mathrm{d}\rho} + \theta z_{K^*}^*\frac{\mathrm{d}k^*}{\mathrm{d}\rho} - \frac{\partial r}{\partial g}\frac{\partial g}{\partial \rho} - \theta\frac{\mathrm{d}g^*}{\mathrm{d}\rho} = -\frac{\partial r}{\partial g}\frac{\partial g}{\partial \rho} - \theta\frac{\partial r}{\partial g^*}\frac{\partial g^*}{\partial \rho} \quad (1-27)$$

由于资本要素不流动，在其他地区税率给定的情况下，本地政府环保支出来自本地资本税收收入，本地资本税收征管效率的变化不会改变其他地区政府环保支出。因此：

$$\frac{\mathrm{d}r}{\mathrm{d}\rho} = -\frac{\partial r}{\partial g}\frac{\partial g}{\partial \rho} \quad (1-28)$$

由式（1-26），本节针对性地提出假说4。

假说4：在资本不流动的情况下，政府环保支出是省级政府税收竞争对环境污染影响的作用传导途径。

三、税收竞争、资本流动、环保支出与环境污染的理论分析

为了深入地研究税收竞争对环境污染的影响机制，本节同时将资本流动和政府环保支出纳入理论分析框架中，考察税收竞争通过资本流动及环保支出对本地及邻近地区环境污染的影响。我们以前文的模型为基础，假设政府减排的单位价格为 p_g，政府将征收的税收全部用于污染减排[1]，i、j 地区政府预算约束分别表示为：

$$p_g g = \mu t_2[R(k) - kR_k(k)] + \rho t_1 kR_k(k) \quad (1-29)$$

$$p_g g^* = \mu^* t_2[R^*(k^*) - k^* R_{k^*}^*(k^*)] + \rho^* t_1 k^* R_{k^*}^*(k^*) \quad (1-30)$$

i 地区收入支出恒等式为：

$$E(u,r) = R(k) - \mu t_2[R(k) - kR_k(k)] - \rho t_1 kR_k(k) - (1-\rho t_1)k^f R_k(k)$$

整理后得：

$$E(u,r) = (1 - \mu t_2)R(k) + (\mu t_2 - \rho t_1)kR_k(k) - (1 - \rho t_1)k^f R_k(k) \quad (1-31)$$

---

[1]　税收收入部分用于污染减排的假设对结果没有任何影响，但增加了推导的难度。

j 地区收入支出恒等式为：

$$E^*(u^*, r^*) = (1 + \mu^* t_2) R^*(k^*) + (\rho^* t_1 - \mu^* t_2) k^* R^*_{k^*}(k^*) + (1 - \rho t_1) k^f R_k(k) \tag{1-32}$$

式(1-25)、式(1-26)、式(1-29)至式(1-32)包括 7 个内生变量（g，g^*，u，u^*，r，r^*，k），4 个政策变量（ρ，μ，ρ^*，μ^*）和 5 个外生变量（p_g，θ，θ^*，t_1，t_2），将式(1-25)代入式(1-31)，式(1-26)代入式(1-32)，计算一般均衡模型的结果如下：

$$
\begin{bmatrix}
1 & 0 & A & -E_r & -\theta E_r \\
0 & 1 & B & -\theta^* E^*_{r^*} & -E^*_{r^*} \\
0 & 0 & H & 0 & 0 \\
0 & 0 & \begin{matrix}(\mu t_2 - \rho t_1)kR_{kk} \\ (k) - \rho t_1 R_k(k)\end{matrix} & p_g & 0 \\
0 & 0 & \begin{matrix}(\rho^* t_1 - \mu^* t_2)k^* \\ R^*_{k^* k^*}(k^*) + \rho^* t_1 R^*_{k^*}(k^*)\end{matrix} & 0 & p_g
\end{bmatrix}
\begin{bmatrix}
\mathrm{d}u \\ \mathrm{d}u^* \\ \mathrm{d}k \\ \mathrm{d}g \\ \mathrm{d}g^*
\end{bmatrix} =
$$

$$
\begin{bmatrix}
t_1(k^f - k)R_k \\ -t_1 k^f R_k \\ t_1 R_k \\ t_1 k R_k \\ 0
\end{bmatrix} \mathrm{d}\rho +
\begin{bmatrix}
0 \\ -t_1 k^* R^*_{k^*} \\ -t_1 R^*_{k^*} \\ 0 \\ -t_1 k^* R^*_{k^*}
\end{bmatrix} \mathrm{d}\rho^* +
\begin{bmatrix}
t_2(kR_k - R) \\ 0 \\ 0 \\ t_2(R - kR_k) \\ 0
\end{bmatrix} \mathrm{d}\mu +
$$

$$
\begin{bmatrix}
0 \\ t_2(k^* R_{k^*} - R^*) \\ 0 \\ 0 \\ t_2(R^* - k^* R^*_{k^*})
\end{bmatrix} \mathrm{d}\mu^* \tag{1-33}
$$

其中，$A = E_r(z_K - \theta z^*_{K^*}) + (1 - \rho t_1) k^f R_{kk} - (1 - \rho t_1) R_k - (\mu t_2 - \rho t_1) k R_{kk}$，$B = E^*_{r^*}(z^*_{K^*} - \theta^* z_K) - (1 - \rho t_1) k^f R_{kk} + (1 - \rho^* t_1) R^*_{k^*} + (\mu^* t_2 - \rho^* t_1) k^* R^*_{k^* k^*}$，$H = (1 - \rho t_1) R_{kk} + (1 - \rho^* t_1) R^*_{k^* k^*}$。

由式(1-33)可以得到：

$$\frac{\mathrm{d}g}{\mathrm{d}\rho} = \frac{\partial g}{\partial \rho} + \frac{\partial g}{\partial k}\frac{\mathrm{d}k}{\mathrm{d}\rho} = \frac{t_1 k R_k}{p_g} + \frac{\rho R_k t_1 + (\rho t_1 - \mu t_2) k R_{kk}}{p_g}\frac{R_k t_1}{H}$$

$$= \frac{t_1 k R_k}{p_g} + \frac{\rho t_1^2 k R_k R_{kk}}{H p_g} + \frac{\rho R_k^2 t_1^2}{H p_g} - \frac{\mu t_1 t_2 k R_k R_{kk}}{H p_g} \qquad (1\text{-}34)$$

$$\frac{\mathrm{d}g^*}{\mathrm{d}\rho} = \frac{\partial g^*}{\partial k}\frac{\mathrm{d}k}{\mathrm{d}\rho} = -\frac{\rho^* R_{k^*}^* t_1 + (\rho^* t_1 - \mu^* t_2) k^* R_{k^* k^*}^*}{p_g}\frac{R_k t_1}{H}$$

$$= -\frac{\rho^* R_k R_{k^*}^* t_1^2}{H p_g} - \frac{\rho^* t_1^2 k^* R_{k^* k^*}^* R_k}{H p_g} + \frac{\mu^* t_1 t_2 k^* R_{k^* k^*}^* R_k}{H p_g} \qquad (1\text{-}35)$$

式(1-34)意味着本地区资本税收征管效率对本地政府污染治理投入的影响分为四部分。一方面，资本投入量不变的情况下，提高资本税收征管效率导致资本税收收入的增加，进而带来政府污染治理投入的上升。即 $\dfrac{t_1 k R_k}{p_g} > 0$；另一方面，由于资本可以跨区流动，较高的资本税收征管效率会减少本地区资本投入量，即 $\dfrac{R_k t_1}{H} < 0$，而资本投入量的减少通过三个传导机制影响资本税收收入和政府污染治理的投入。其一，由于资本投入量减少，企业为了维持原来的利润，增加了其他生产要素投入，进而提高了资本收益率，以至于带来资本税收收入和政府污染治理投入的上升，即 $\dfrac{R_k t_1}{H}\dfrac{\rho t_1 k R_{kk}}{p_g} > 0$。其二，资本存量降低，意味着资本的使用成本上升，降低了企业的利润，故而减少了政府资本税收收入和政府污染治理投入，即 $\dfrac{R_k t_1}{H}\dfrac{\rho t_1 R_k}{p_g} < 0$。其三，资本投入量的减少会引起本地区其他生产要素的相对充足，带来资本价格上涨，其他生产要素价格下跌，厂商会在有效替代范围内倾向于用其他生产要素来替代资本，则可能带来政府资本税收收入和政府污染治理投入的减少，即 $-\dfrac{R_k t_1}{H}\dfrac{\mu t_2 k R_{kk}}{p_g} < 0$。因此，提高资本税收征管效率对政府污染治理投入的影响依赖于上述两个方面共四种效应中以哪一种效应为主。

从式(1-35)可以看出,本地区资本税收征管效率对邻近地区政府污染治理投入的影响分为三部分。由于资本可以跨区流动,本地区较高的资本税收征管效率会增加相邻地区资本投入量,即 $-\dfrac{R_k t_1}{H} > 0$,而相邻地区资本投入量的增加通过三个传导机制影响本地资本税收收入和政府污染治理的投入。其一,由于资本存量增加,企业为了维持原来的利润,减少了其他生产要素投入,进而降低了资本收益率,以致减少了资本税收收入和政府污染治理投入,即 $-\dfrac{R_k t_1}{H} \dfrac{\rho^* t_1 k^* R^*_{k^* k^*}}{p_g} < 0$。其二,资本投入量增加,意味着资本的使用成本减少,从而提高了企业的利润,增加了政府资本税收收入和政府污染治理投入,即 $-\dfrac{R^*_{k^* k^*} t_1}{H} \dfrac{\rho^* k^* t_1 R_k}{p_g} > 0$。其三,资本投入量的提高会引起本地区其他生产要素的相对缺乏,带来资本价格下跌,其他生产要素价格上涨,厂商会在有效替代范围内倾向于用资本来替代其他生产要素,则可能带来政府资本税收收入和政府污染治理投入的增加,即 $\dfrac{R_k t_1}{H} \dfrac{\mu^* t_2 k^* R^*_{k^* k^*}}{p_g} > 0$。综上,在其他条件不变的情况下,税收竞争对政府环保支出影响的符号无法通过数理推导得出,需借助于实证检验。

为了考察税收竞争对本地环境污染的影响,对式(1-23)进行全微分,整理可得:

$$\frac{\mathrm{d}r}{\mathrm{d}\rho} = z_K \frac{\mathrm{d}k}{\mathrm{d}\rho} + \theta z_{K^*}^* \frac{\mathrm{d}k^*}{\mathrm{d}\rho} - \frac{\mathrm{d}g}{\mathrm{d}\rho} - \theta \frac{\mathrm{d}g^*}{\mathrm{d}\rho} \tag{1-36}$$

从式(1-36)可知,当 $0 < \theta < 1$ 时,地方政府间税收竞争会通过本地资本投入量、邻近地区资本投入量、本地政府污染治理投入及邻近地区政府污染治理投入影响本地区外溢性污染物排放量,但由于 $\dfrac{\mathrm{d}g}{\mathrm{d}\rho}$、$\dfrac{\mathrm{d}g^*}{\mathrm{d}\rho}$ 符号不能确定,因此地方政府资本税收征管效率对本地区环境污染的效应取决于本地区资本流动、其他地区资本流动、本地政府污染治理投入及其他地区政府污染治理投入。

当污染物具有非外溢性属性,即 $\theta = 0$ 时,本地政府增加资本税收征管效率通过影响本地资本流动行为及政府污染治理投入带来地区环境污染排放量的变化,但由于 $\dfrac{\mathrm{d}g}{\mathrm{d}\rho}$ 符号不能确定,因此地方政府资本税收征管效率对本地区环境污染的效应取决于本地资本存量及政府污染治理投入。综上所述,本书提出假说5和假说6。

假说5:在污染物具有外溢性属性的情况下,政府间税收竞争对本地区环境污染的影响通过本地资本投入量、政府污染环保支出及邻近地区资本投入量、邻近地区地方政府环保支出四个渠道实现(见图1-1)。

假说6:在污染物具有非外溢性属性的情况下,政府间税收竞争对本地环境污染的影响通过本地资本投入量及本地政府环保支出两个渠道实现(见图1-2)。

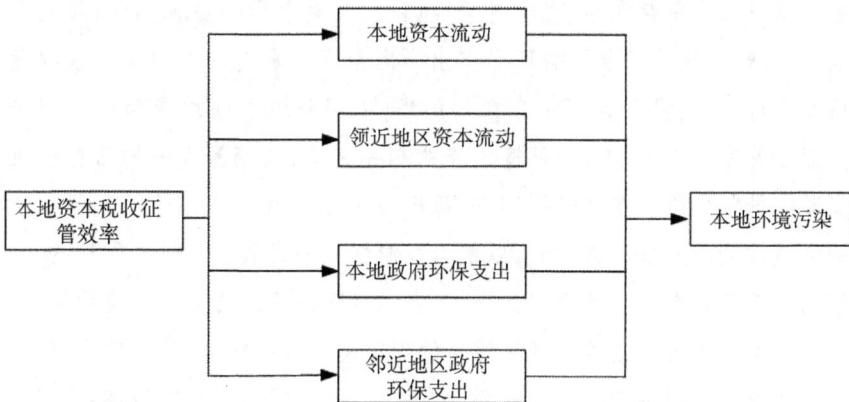

图1-1　污染物具有外溢性属性时税收征管效率与环境污染的关系

小　结

本章主要包括以下三大部分内容:第一部分是相关文献综述,第二部分是相关概念以及理论基础,第三部分是税收竞争对环境污染影响机制的理论分析。

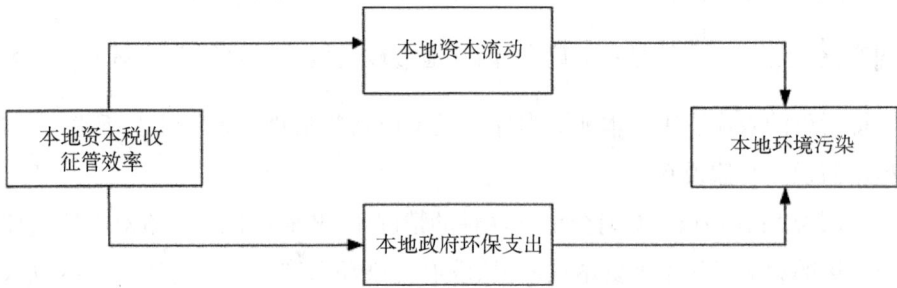

图1-2 污染物具有非外溢性时税收征管效率与环境污染的关系

　　国内外学者围绕着税收竞争这一研究主题,运用现代经济理论的分析框架,进行了广泛而具有成效的探索,积累了大量的、富有价值的研究成果。归纳和梳理与本书研究内容相关的文献是一项富有现实意义的工作。因此,本章首先从税收竞争存在性、税收竞争成因、税收竞争影响资本流动、税收竞争影响经济增长、税收竞争影响环保支出不同角度分别对已有的关于税收竞争的研究进行总结,找出其可能存在的不足,以明确本书的逻辑起点和理论基础。然后关注税收竞争影响环境污染的相关文献,以期为本书的研究提供较为完整的借鉴思路。在文献综述中,每部分力图做到对我国地区间税收竞争影响环境污染的文献尽力考量,以使本书能够充分汲取已有研究成果的经验,在理论层面聚焦有价值的研究方向,在实践层面关注迫切需要解决的问题。

　　接着阐述了税收竞争和环境污染的理论基础。一方面,从财政分权、公共选择和政府竞争理论三个方面对税收竞争的理论渊源进行综述;另一方面,从公共品理论和外部性理论两个方面对环境污染的理论渊源进行综述。根据地方政府提供公共产品和公共服务的不同动机,财政分权理论包括第一代财政分权理论和第二代财政分权理论。第二代财政分权理论在继承第一代财政分权理论核心思想的基础上发展起来,提出财政分权与经济增长之间呈正相关关系;但部分学者认为财政分权会损害地区间社会福利,引发地区间发展失衡和地方保护主义。公共选择学派从不同的角度对地区间税收竞争的效率问题进行了考察,认为政府间竞争是完全必要的,可以成为一种辅助机制以约束一国政府的行为。政府竞争理论的发展经历了三个阶段:第一阶段的政府竞争理论主要是对蒂伯特模型的拓展;第二阶段主要研究政府的财政竞争对资本流动的影响,进而探讨其对经济增长的影响;第三阶段主要是运用空间计量经济学对政府间竞争存在性及其程度进行检验。环境污染具有公共物品的非排他性和非竞争性,且环境污染是一种典型的外部不经济现象。

在动态一般均衡模型的模型框架下,将税收竞争导致的实际税率、资本流动和跨界污染纳入模型中,理论分析了税收竞争如何通过资本流动影响环境污染;然后在原理论模型基础上分析了不考虑资本流动的情况下税收竞争通过环保支出对环境污染的影响;最后将资本流动和环保支出同时纳入已构建的模型中,从资本流动和环保支出双重视角刻画了税收竞争对不同属性污染物的作用机制,得出以下结论。

第一,在不考虑政府环保支出的情况下,税收竞争对外溢性环境污染的影响通过本地资本投入量和邻近地区资本投入量两个渠道实现;其中,税收竞争通过本地资本投入量对环境污染的影响为负,而通过邻近地区资本投入量对环境污染的影响为正。税收竞争对环境质量的总效应最终取决于这两个效应之间的强弱;税收竞争对非外溢性环境污染的影响通过本地资本投入量这一个渠道实现。

第二,在不考虑资本流动的情况下,政府环保支出是政府间税收竞争对环境污染影响的作用传导途径。

第三,在同时考虑资本流动和环保支出的情况下,政府间税收竞争对本地区外溢性环境污染的影响通过本地资本投入量、政府污染环保支出及邻近地区资本投入量、邻近地区地方政府环保支出四个渠道实现;在污染物具有非外溢性属性的情况下,政府间税收竞争对本地非外溢性环境污染的影响通过本地资本投入量及本地政府环保支出两个渠道实现。

由此可以看出,税收竞争影响环境污染是一个综合的、系统的过程,这种作用力到底能从什么方向、多大程度影响我国环境污染,需要进一步证实。

第二章　省级政府税收竞争指标的测度

第一节　税收竞争指标的选取

在税收竞争相关问题的实证研究方面,寻找合适的衡量税收竞争的指标至关重要。目前,国内文献关于税收竞争指标的选取主要包括以下六类:第一类是广义税收负担,即预算内宏观税负和预算外收入占 GDP 比重(沈坤荣和付文林,2006),这类指标涵盖了地方政府财政收入的全部范畴。第二类是狭义税收负担,即地区本级财政收入的增值税、营业税、企业所得税、个人所得税、财产税等税收收入和费类收入占 GDP 比重(郭杰和李涛,2009)。第三类是将上述两种方法结合起来,考虑对资本流动有直接影响的税种的税收负担,包括所得税负担、流转税负担、增值税负担、营业税负担及地区总税负(付文林和耿强,2011;王凤荣和苗妙,2015)。第四类是企业所得税实际税率,即各地区地税部门征收的企业所得税收入占税基的比重(谢贞发、范子英,2015)。第五类和第六类则主要以税收优惠来度量税收竞争的强度。刘溶沧和马拴友(2002)、王蓓和崔治文(2012)及王佳杰等(2014)采用全国资本有效税率与地方资本有效税率之差代表税收优惠,以反映税收竞争强度的税度;潘孝珍和庞凤喜(2015)根据上市公司财务报表提供的会计科目,构造了企业所得税名义税收优惠和实际税收优惠指标,以作为企业所得税税收竞争的强度。

这些指标都存在一定的问题。首先,由于税收收入是实际税额,每笔税额都是有据可查的,而国内生产总值是由统计局负责核算的。因此,用实际发生额与统计核算值的比值反映税收负担的精确度是有局限性的;①相对来说,税收优惠能在一定程度上反映税收竞争的强度。现阶段地方政府间税收竞争主要表现在对优惠政策的争取,地方政府通过各种形式的税收优惠降低纳税人的税收负担以吸引资本进驻。钟炜、胡怡建(2007)通过问卷调查也发现税收优惠政策确实是影响资本流动的重要因素。因而税收优惠的程度在很大程度上反映了地方政府税收竞争的强度;然而,由于目前税式支出预算管理制度在我国尚未建立,税收优惠统计工作也尚未起步,因此该类数据的可得性较差。

在我国地方政府没有税收立法权和税率调整权,仅拥有有限的征管权,地方政府为了吸引外部投资,采用各种税收优惠等措施进而造成实际征管效率的变动(汤玉刚和苑程浩,2011)。从这个意义来说,征管效率是我国税收竞争的策略性工具,故而本书将税收征管效率作为税收竞争的度量指标。

另外,目前企业所得税和增值税是政府对企业实施税收优惠的主要税种,也是我国企业缴纳的最主要的两个税种(吕冰洋等,2016;汪茂昌等,2017),因此,围绕对资本流动有直接影响的企业所得税和增值税的竞争,必然构成地方政府税收竞争的主要形式(李涛等,2011)。基于以上考虑,本书最终选取企业所得税和增值税税收征管效率作为税收竞争的衡量指标。一个地区企业所得税和增值税税收征管效率越高,表明该地区企业承担的税负越重,省级政府间税收竞争程度越弱;反之,则表明该地区税收竞争程度越强。

第二节　企业所得税及增值税税收征管
效率的影响因素分析

国外关于税收征管效率的研究起始于 20 世纪 60 年代,国际货币基金组织和一些发达国家的经济学家开发出税柄法来评估各国的税收努力程度,与此同时,代表性税制法也被用于测量各国的理论税收收入能力。随后,包络分析法(DEA)及随机前沿分析法(SFA)也被逐渐使用。皮尔斯和瑟通(Piesse

---

① 统计核算值本身是统计数据,存在一定程度误差,用作分母则比值精确度有限。

和 Thirtle，2000）、杰哈（Jha，2000）分别运用包络分析法（DEA）和随机前沿分析法（SFA）评估了印度部分地区的税收征管效率。

杰哈（2000）与皮尔斯和瑟通（2000）不同的地方在于前者考虑了影响地方税收征管效率的主要因素。提拉和哈德逊（Teera 和 Hudson，2004）采用OECD 各国面板数据，研究发现公共支出、国家公债、一国经济结构等均是影响政府税收征管的主要因素。佩西诺和非诺切托（Pessino 和 Fenochietto，2010）以 96 个发达与发展中国家的面板数据为研究对象，发现经济发展水平、通货膨胀等 7 个因素均是影响各地区税收收入的主要因素。

国内学者吕冰洋和樊勇（2006）、崔兴芳和樊勇（2006）运用包络分析法研究发现我国各地区税收征管效率存在显著差异。解垩（2009）发现，我国税收征管效率较低的原因是规模无效率。王德祥和李建军（2009）采用我国1997—2005 年省际面板数据，实证分析后指出税务机构女性越多、36—45 岁年龄段工作人员越多，该地区税收征管效率就越高。陈工等（2009）指出，我国地区间税收征管效率差异较大，应提高各个地区经济效率和市场化指数。李建军等（2012）以我国 28 个省（自治区、直辖市）企业所得税面板数据为例，运用多种非参数方法计算了我国企业所得税税收征管效率，认为我国企业所得税税收征管效率地区差异较大，但是各地区均呈现波浪式上升的趋势。杨得前（2014）运用税柄回归法考察了税收征管效率和经济发展水平及财政自给率的关系，认为地区经济发展水平越高，税收征管效率越低，地区财政自给率越高，税收征管效率越高。胡祖铨等（2013）则认为，地区税收返还及均等性转移支付与该地区政府的税收努力负相关，而配套性转移支付与地区政府的税收努力则正相关。刘怡和刘维刚（2015）研究发现税收分享是影响地方政府税收努力的主要因素。李文（2014）理论分析了影响我国地方政府税收征管效率的因素，认为地方税名义税率、税基、转移支付、专项转移支付、地方政府偏好及地方非税收入均是影响地方政府税收征管效率的因素；但是该研究仅仅是定性论述了这些因素与税收征管效率的关系，并没有进行实证检验，结论的可靠性有待考证。

综上所述，国内外学者主要采用了四类研究方法（见表 2-1）研究了测算税收征管效率以及其影响因素，取得了较为丰富的研究成果，然而对我国具体税种税收征管效率及影响因素的相关实证文献较少。迫切需要对我国企业所得税及增值税税收征管效率变化情况及影响因素进行分析,为规范地区间税收竞争提供依据和指导,也为进一步深入研究税收竞争对环境污染的影响奠定基础。本部分将选择基于产出距离函数的随机前沿分析方法,对中国企业所得税及增值税税收征管效率进行分析,同时将在借鉴现有文献的基础上引入 12 个影响税收征管效率的因素,具体包括:贸易开放度、经济发展水平、地区财政支出规模、转移支付、财政自给率、人口密度、增值税与地方本级税收收入之比、地方本级企业所得税与地方本级税收收入之比、中央税收征管集权、新老企业之比、企业实际税收优惠及企业规模。

表 2-1 部分国内外学者关于税收征管效率与税收能力所使用的方法

使用方法	相关文献
税柄回归法	刘怡和刘维刚(2015);胡祖铨等(2013);杨得前(2014)
代表性税制法	杨得前(2014)
数据包络分析方法(DEA)	皮尔斯和瑟通(2000);吕冰洋和樊勇(2006);崔兴芳和樊勇(2006);解垩(2009)
随机前沿分析法(SFA)	杰哈(2000);佩西诺和非诺切托(2010);提拉和哈德逊(2004);王德祥和李建军(2009);陈工等(2009)

(1)贸易开放度。贸易开放度反映了一个地区市场对外开放的程度。一个地区对外贸易规模的扩大,会促进资本形成、提高资源配置效率、加快本地区技术进步及提升要素生产率,进而推动经济增长,最终会影响企业和个人行为。一方面,对外贸易活动带来经济社会环境的变化,如提高社会参与意识及企业纳税意识,进而减少了社会偷漏税事件的发生,这会引起地方政府税收征管效率的提升;另一方面,为了鼓励本地产品出口,地方政府会在国家政策允许的范围内出台一些出口优惠政策,比如改善税收服务效率,引致地方政府税收征管效率的提高。

(2)经济发展水平。一般而言,经济发展水平越高,表明该地区经济信息化程度越高,政府抵制偷漏税的技术越先进,从而有助于地方政府税收征管效率的提高。经济发展水平较高地区来自中央的转移支付较少,为了满足地区支出需要,就需要挖掘地方税收入,这在一定程度上也会促进税收征管效率提高。经济发达的地区税源较为集中,税务机关的征管成本较低,故而提高了地方政府的税收征管效率。

(3)地区财政支出规模。政府支出规模也是影响税收征管效率的一个主要因素。一方面,随着人民生活水平的提高,对于教育、环境保护等民生支出的需求也随之增加;另一方面,盲目追求经济增长的地方政府热衷于基础设施等改善投资环境的支出,可能会带来这类支出的超支(李文,2014),因此提高了地方政府的财政支出占全国财政支出的比重,在地方的财政收入不变的情况下,这种收支的不匹配加剧了地方财政的压力,为了避免或减少财政赤字,地方政府会提高其税收征管效率。

(4)转移支付。中央对地方的转移支付是财政分权体制的重要组成部分,其目的是解决外部性、调节收入分配及促进地区间基本公共服务均等化等。一般而言,转移支付越多,越能弥补地方政府的财力缺口,促使地方政府有能力为了吸引资本流入而展开税收竞争,从而降低地方政府的税收征管效率。

(5)财政自给率。财政自给率代表一个地区财政收入与财政支出的差额,该差额越小,表明地区财政自给率越高,意味着地区财政支出对中央政府补助依赖越小,越重视挖掘本地财源,这将激励税务机构加强对该地区的税务管理,提高地方政府的税收征管效率。

(6)人口密度。人力、资本和技术是经济发展不可或缺的三个要素,资本和技术不变的情况下,就业人数越多,越能创造更多的经济产出,进而扩大税基。人口密度越大,意味着地区公共服务需求越多,税收征管效率会随之提高;与此同时,人口密度越大,税收征管效率会因为征税部门税收管理任务的加重而降低。

(7)增值税收入占税收总收入比重。增值税占税收收入比重越高,表明增值税是我国税收收入的主要来源之一,税务部门也许会较为关注增值税税收征管效率的改善;与此同时,税收征管碎片化会带来税收征管效率的低下,增值税占税收收入比重越高,越能减少该税种的征管碎片化,提高税收征管效率。

(8)企业所得税占地方本级税收收入比重。企业所得税占税收收入比重越高,表明企业所得税是国家税收收入的主要来源之一,税务部门也许会较为关注企业所得税税收征管效率的改善;与此同时,税收征管碎片化会带来税收征管效率的低下,企业所得税占税收收入比重越高,越能减少该税种的征管碎片化,提高税收征管效率。

(9)中央税收征管集权。中央税收征管权集中意味着中央政府上收企业所得税征税权,其目的是限制地方政府间税收竞争导致的企业所得税流失,其对企业所得税税收征管效率的影响包括以下三个方面:首先,中央政府上收企业所得税征税权,会带来地方政府税收收入的减少,地方政府为了应付收不抵支的困难,会进一步提升企业所得税的税收征管效率;其次,中央政府上收企业所得税征税权会促使中央政府为地方政府提供更多的征管技术和征管信息,有助于提升企业所得税的税收征管效率(刘溶沧和马栓友,2002;王剑锋,2008);最后,中央政府上收企业所得税征税权造成地方政府分成比例减少,不利于提高企业所得税的税收征管效率。

(10)企业实际税收优惠。在我国,由于税收立法权几乎全部归于中央政府,各地法定税率较为统一。然而,地方政府为了吸引外部经济资源,可以运用各种税收优惠的形式展开税收竞争,进而导致地区实际税负与法定税负的不一致,进一步引致地区间实际税收优惠的差异。税收优惠直接影响地方财政收入,一方面,税收优惠越多,地方提高税收征管效率扩大税收收入的压力就越大;另一方面,税收优惠越多,意味着实际税率与名义税率的差距越大,这说明地方税收征管效率就会减弱。

(11)新老企业之比。一般来说,企业经营时间越长,越有可能雇用有专业水准较高的财务人员及配备较高水平的财务系统,从而提高了会计核算的规范性,有利于地方政府税收征管效率的提高。

(12)企业规模。企业规模直接反映了企业内劳动力、生产资料的集中程度以及会计核算的规范性。齐默曼(Zimmerman,1983)认为,企业规模越大,越容易受到公众的关注,税收征管效率就越高;西格弗里德(Siegfried,1972)则提出企业规模越大,税收筹划及政治游说的能力就越强,企业平均税率就越低,税收征管效率就较低。

第三节　税收征管效率的研究方法选择和数据来源

一、实证方法选择

在以往的文献中,关于税收征管效率的研究,主要采用如下四种方法,一是税柄回归法;二是代表性税制法;三是数据包络分析方法;四是随机前沿边界分析方法。

税柄回归法又称线性回归法,其研究始于 20 世纪 60 年代国际货币基金组织学者,基本原理是:某地区期望税收能力与税基存在内在关联,在税收制度相同的情况下,未来税收收入能力的估算选取最小二乘估计法,通过以往税基对税收收入能力的影响程度来计算。

代表性税制法通过对标准税基和标准税率的确定计算出标准税收收入,并以标准税收收入来推算理论税收收入能力。其计算方法简单、便于操作。但该方法只适用于地区经济发展水平相对均衡的区域。对于一些经济发展差异较大的地区,使用代表性税制法会错误估计单个地区的税收收入能力,代表性税制法使用标准税基和标准税率实质上是计算税收的平均水平,而非真正的税收收入能力。

数据包络分析法由查尔斯(Charnes)等首次在 1978 年提出,该方法主要用于在多投入多产出的情况下评价效率,并且不要求对数据进行无量纲化。决策单元的输入和输出数据是包络分析进行效率评价的主要依据。由于 DEA 是非参数法,与 SFA 相比,不能识别随机因素的影响,但是由于宏观经济数据存在统计偏误,由此造成 DEA 法测算出来的税收征管效率会出现偏差。

随机边界分析法是一种广泛应用于效率分析的参数估计模型,产生于 20 世纪 70 年代,并由艾格纳(Aigner,1977)以及米乌森(Meeusen,1977)提出,该方法已经被广泛应用于生产和管理领域。其基本原理是根据投入与产出的形成规律确定生产函数或成本函数,并将实际产出和潜在产出之间的差异分解为随机误差和效率误差,通过计量技术处理来寻找与观察到的实际产出相匹配的出现概率最大的效率损失值,在寻找到产生观察数据概率最大的效率损失值后即可形成最优产出(随机边界)估计。与上述三种方法相比,其优势主要是:其一,随机边界分析法通过将误差项分解为随机扰动项和效率误差项,把最优边界处理为随机的,并且可以允许存在数据统计误差以及不可控的随机冲击。其二,对数据精确度的要求远远低于数据包络分析。数据包络分析模型没有考虑随机误差,估算过程中将所有的数据统计误差均作为效率损失来对待,该方法对数据的离群值尤为敏感。相对来说,随机边界分析的优点是在正常统计误差的前提下仍可以有效衡量税收政策。考虑到我国数据统计工作起步较晚,统计数据的精确度和可靠性与国外发达国家相比还存在较大差距,借助随机边际分析可以容纳数据中的随机误差的优势。其三,随机边界分析法不但能测算生产效率,而且还可以分析影响生产效率的主要因素。

因此,本书使用巴蒂斯和科埃利(Battese 和 Coelli,1995)提出的利用面板数据同时能对生产函数和技术无效率函数的参数进行估计的随机边界分析法作为税收征管效率的评估方法。该模型的一般形式表示为:

$$y_{it} = f(x_{it}) \exp(v_{it} - u_{it}) \tag{2-1}$$

其中,y_{it} 表示在第 t 个时期第 i 个厂商实际产出;x_{it} 表示在第 t 个时期 $1 \times k$ 维要素投入向量,$f(x_{it})$ 表示生产函数,一般地该生产函数形式可以为柯布—道格拉斯生产函数,也可以表示为超越生产函数,v_{it} 表示随机误差项及其他随机变量,假定它服从零均值同方差的正态分布;u_{it} 表示与技术无效有关的非负随机变量,反映第 i 个样本的实际产出与理论最大产出之间的差距,一般假设服从半正态分布、指数分布、Gamma 分布及截断型的半正态分布,u_{it} 的函数形式表示为:

$$m_{it} = \delta z_{it} + w_{it} \tag{2-2}$$

其中,z_{it} 代表效率损失的解释变量,δ 是参数,代表 z 变量对技术效率的影响。δ 为正时表明 z 与技术效率负相关;反之,则表明正相关。w_{it} 服从截断型正态分布 $N(0, \sigma_u^2)$,截断点为 $-z_{it}\delta_0$。

i 厂商在时期 t 的生产技术效率表示为:

$$TE = \frac{E[f(x_{it})\exp(v_{it} - u_{it})]}{E[f(x_{it})\exp(v_{it} - u_{it} | u_{it} = 0)]} = \exp(-u_{it}) = \exp(-\delta z_{it} - w_{it})$$

$$(2\text{-}3)$$

显然这种技术效率测量在 0 和 1 之间。它代表第 i 个厂商在时期 t 的实际产出与完全有效厂商使用相同投入量所能得到预期产出之间的差别。

二、数据来源说明

鉴于我国铁路、邮电通信、民航运输、银行等企业所得税的纳税地点主要在北京和上海,我们没有考察北京、上海、香港、澳门、台湾及西藏的数据,主要选取其他 28 个省份 2007—2016 年的变量数据。再者中国税收优惠统计工作尚未起步,无法直接获得各地区历年实际税收优惠规模,本书借鉴潘孝珍和庞凤喜(2015)的核算方法,测算出各地区实际税负,并以企业所得税名义税负与实际税负的差值来衡量各地区的税收优惠水平,《中华人民共和国企业所得税法》规定:2007 年企业所得税法定税率为 33%,2008 年之后法定税率为 25%。企业实际税负的计算公式为:企业实际税负 = 企业所得税/企业利润总额,企业所得税及利润总额均来自 Wind 资讯沪深 A 股上市公司的财务报表。中国历年各个地区新注册企业与老企业数量的统计工作也尚未起步,因此以 Wind 资讯沪深 A 股上市公司 1950—2017 年数据为例,根据各企业注册地所在的省份和成立日期,统计出中国各省市上市公司成立日期,根据各个企业成立日期计算出各省(自治区、直辖市)2007—2017 年新注册企业及老企业数量。另外,由于 2009—2017 年《中国税务年鉴》没有各省国、地税务局人员数,故而借鉴李建军等(2012),基于国税和地税机关税务人员全国增长率补充了 2008—2016 年各地区国税和地税机关人员总数。相关数据来源于 2008—2017 年《中国统计年鉴》《中国城市统计年鉴》《中国税务年鉴》《中国财政年鉴》《中国经济数据》(CEIC)及Wind 资讯。

第四节　企业所得税税收征管效率测度

企业所得税是我国主体税种之一,近年来,我国企业所得税收入持续增长,从绝对规模来看,2007 年企业所得税收入为 8779. 25 亿元,2008 年为 11175. 63 亿元,2014 年为 24642. 19 亿元,2018 年则攀升到 35323. 71 亿元(见图 2-1);从其占税收总收入的比重看,2007 年为 19. 24%,2014 年为 20. 7%,2018 年增长到 22. 6%。虽然 2008—2010 年该比重有所下降,但此后又持续了增长态势。由此可以看出,企业所得税在我国税收体制中占据重要地位。

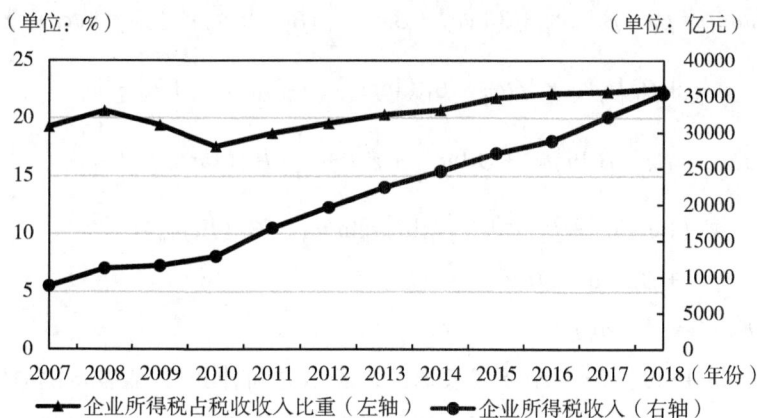

（单位：%）　　　　　　　　　　　　　　　　　　（单位：亿元）

图 2-1　2007—2018 年企业所得税收入及企业所得税占税收收入比重情况

一、变量选择及模型设定

（一）企业所得税税收征管效率投入产出变量

2009 年起企业所得税的征管权进行了如下调整:2009 年 1 月 1 日起新增的企业所得税纳税人中,应缴纳增值税的企业,其企业所得税由国家税务局管理;应缴纳营业税的企业,其企业所得税由地方税务局管理。[①] 国家税务局对

————————

① 国家税务总局官方网站,见 http://www.chinatax.gov.cn/n810341/n810765/n812171/n812675/c1190618/content.html。

企业所得税的征管范围不断扩大,但是由于国税和地税系统同时由省级政府领导,国税局需要将其征收的企业所得税一部分分配给地方政府,故而国税局也会受到地方财政收支压力的影响。再者,省级领导对国税和地税系统内的干部任免及考核的评价至关重要,因此在同一个地区两个税收系统税收的增长和税收征管效率的提升的相关性不可忽视(周黎安等,2012)。故而本书将各地区国税及地税部门征收的企业所得税作为产出变量,投入变量则选择营业盈余和税务人员数。由于柯布—道格拉斯生产函数是超越对数生产函数的特例,与柯布—道格拉斯函数相比,超越对数生产函数更具有一般性,同时更多的交互项可以减少模型的随机误差水平。故而本书以超越对数函数作为生产函数的具体形式,即:

$$\ln tax_{it} = \beta_0 + \beta_1 \ln pt_{it} + \beta_2 \ln tc_{it} + \beta_3 t + \frac{1}{2} \left[\beta_{11} \left(\ln pt_{it} \right)^2 + \beta_{22} \left(\ln tc_{it} \right)^2 + \beta_{33} t^2 \right]$$
$$+ \beta_{12} \ln pt_{it} \times \ln tc_{it} + \beta_{13} (\ln pt_{it}) t + \beta_{23} t \ln tc_{it} + v_{it} - u_{it}$$

$$\ln tax_{it} = \beta_0 + \beta_1 \ln pt_{it} + \beta_2 \ln tc_{it} + \beta_3 t + \frac{1}{2} \left[\beta_{11} \left(\ln pt_{it} \right)^2 + \beta_{22} \right.$$
$$\left. \left(\ln tc_{it} \right)^2 + \beta_{33} t^2 \right] + \beta_{12} \ln pt_{it} \ln tc_{it} + \beta_{13} (\ln pt_{it}) t$$
$$+ \beta_{23} (\ln tc_{it}) t + v_{it} - u_{it} \tag{2-4}$$

$$TE_{it} = \exp(-u_{it}) \tag{2-5}$$

式(2-4)、式(2-5)中,i 代表地区,t 表示时间,同时代表技术随时间变化的趋势。tax_{it} 为国、地税务局征收地方级企业所得税,pt_{it} 和 tc_{it} 分别表示投入变量营业盈余和税务人员数。β_0 则为常数项,随机扰动项包括两部分:v_{it}、u_{it},其中 v_{it} 是独立同分布的正态随机变量,其均值为 0 且方差为 σ_v^2,代表模型未考虑的其他因素所造成的统计误差;u_{it} 表示税收征管非效率有关的非负随机变量,$u_i \sim iidN^+ (\mu, \sigma_u^2)$。$TE_{it}$ 测算了第 i 个地区的税收征管效率与完全有效地区使用相同投入量所能得到的产出之间的相对差异,且 $0 < TE_{it} \leq 1$。当 $0 < TE_{it} < 1$ 时,地区 i 在第 t 年存在税收征管效率技术非效率,而当 $TE_{it} = 1$ 时,地区 i 在第 t 年技术完全有效。

(二)企业所得税税收征管效率影响因素

关于企业所得税税收征管效率影响因素的选择,根据前面的理论分析,主要引入如下 11 个方面的因素：中央税收征管集权、贸易开放度、经济发展水平、地区财政支出规模、地方本级企业所得税占地方本级税收收入的比重、转移支付、新老企业之比、企业实际税收优惠、财政自给率、人口密度及企业规模。具体形式如下：

$$m_{it} = \delta_0 + \delta_1 tcc_{it} + \delta_2 open_{it} + \delta_3 pgdp_{it} + \delta_4 expen_{it} + \delta_5 cittax_{it} +$$
$$\delta_6 transfer_{it} + \delta_7 ratio_{it} + \delta_8 taxpre_{it} + \delta_9 gov_{it} + \delta_{10} denti_{it} + \delta_{11} entsize_{it} + W_{it}$$
$$(2-6)$$

$$\gamma = \sigma_u^2 / \sigma_u^2 + \sigma_v^2 \tag{2-7}$$

m_{it} 是税收征管效率无效率函数的均值，m_{it} m_{it} 越大，说明地方企业所得税税收征管效率越小。W_{it} 为随机误差项。式(2-7)中的 γ 表示随机扰动项中技术无效率所占的比率。式(2-6)中 u_{it} 各变量的具体设定及计算方法见表 2-2。

表 2-2　企业所得税税收征管效率影响因素的含义

变量符号	变量名称	变量定义
tcc	中央税收征管集权(%)	国税组织的企业所得税收入/国税、地税组织的企业所得税收入之和
open	贸易依存度(%)	各省份的进出口总额×当年基准汇率/该地区GDP
pgdp	经济发展水平(元/人)	2007年价格水平折算的各地区人均GDP
expen	地区财政支出规模	地方政府公共支出/该地区GDP
cittax	企业所得税收入占税收总收入比重(%)	地方本级企业所得税收入/地方政府本级税收收入
transfer	转移支付(%)	(中央补助收入-上解中央支出)/地方一般预算支出
ratio	新老企业之比(%)	新注册企业数量/老企业数量
taxpre	企业实际税收优惠(%)	法定税负-实际税负
gov	财政自给率(%)	地方一般预算收入/地方一般预算支出
denti	人口密度(人/平方公里)	各省份历年总人口/地区总面积
entsize	企业规模(%)	地区规模以上工业企业利润/营业盈余

二、模型检验

实证分析之前,检验模型的合理性是十分必要的。似然比(LR)检验被认为是主要的模型检验方法。LR 统计量公式为：$LR = -2[L(H_0) - L(H_1)]$，其中 $L(H_0)$、$L(H_1)$ 分别为原假设与备择假设下对数似然值，LR 服从混合卡方分布，自由度为受约束变量数目。若原假设被拒绝，则接受备择假设。为此，本书将做如下几个假设检验：

假设 1：$\beta_{11} = \beta_{22} = \beta_{33} = \beta_{12} = \beta_{13} = \beta_{23} = 0$，即式前沿生产函数中二次项系数均为零，生产函数是柯布—道格拉斯生产函数，而非超越对数生产函数。

假设 2：$\gamma = \delta_0 = \delta_1 = \delta_2 = \delta_3 = \delta_4 = \delta_5 = \delta_6 = \delta_7 = \delta_8 = 0$，即不存在非效率，此时企业所得税实际税率与名义税率的偏差主要来自白噪声，直接运用 OLS 方法估计。

假设 3：$\beta_3 = \beta_{33} = \beta_{13} = \beta_{23} = 0$，即生产函数中所有含有时间变量 t 各项系数均为零，企业所得税税收征管效率过程不存在技术进步。

假设 4：$\beta_{13} = \beta_{23} = 0$，即生产函数中时间变量 t 与营业盈余(pt)和税务工作人员(tc)的交互项系数均为零，企业所得税税收征管效率为技术中性。

利用 Frontier4.1 软件进行分析，表 2-3 给出假设检验结果。从中可以看出：假设 1 至假设 4 均在 1% 的显著性水平被拒绝。这说明：(1)超越对数生产函数更适用于本书的模型分析；(2)税收征管效率存在无效率项，有必要进行无效率分析；(3)企业所得税税收征管效率随时间有所变化，技术进步是显著存在的，而且是希克斯中性；(4)中央税收征管集权、贸易开放度、经济发展水平、地区财政支出规模、地方本级企业所得税占地方本级税收收入的比重、转移支付、新老企业之比、企业实际税收优惠、财政自给率、人口密度及企业规模都会对政府企业所得税税收征管效率造成显著影响。

表 2-3　随机前沿模型假设检验结果

	原假设 （H_0）	对数似然值 L(H_0)	对数似然值 L(H_1)	LR 统计量	临界值 （CV）	检验结论
假设 1	$\beta_{11} = \beta_{22} = \beta_{33} =$ $\beta_{12} = \beta_{13} = \beta_{23} = 0$	0.65	87.56	173.82	16.81	拒绝 ***
假设 2	$\gamma = \delta_0 = \delta_1 = \delta_2 =$ $\delta_3 = \delta_4 = \delta_5 = \delta_6 =$ $\delta_7 = 0$	−27.3	87.56	229.72	21.67	拒绝 ***

续表

	原假设 （H_0）	对数似然 值 L（H_0）	对数似然 值 L（H_1）	LR 统计量	临界值 （CV）	检验 结论
假设3	$\beta_3 = \beta_{13} = \beta_{23} = \beta_{33} = 0$	43.1	87.56	88.92	13.28	拒绝***
假设4	$\beta_{13} = \beta_{23} = 0$	47.53	87.56	80.06	9.210	拒绝***

注：*** 表示显著性水平为1%的似然比检验。

三、估计结果及分析

（一）模型参数估计结果

表2-3显示了考虑税收征管效率影响因素时随机前沿模型的估计结果。该模型的γ值为0.64，通过了显著性水平为1%的检验，表明技术无效率在各省级政府的税收征管过程中是普遍存在的，同时也证明了采用随机前沿技术的合理性。营业盈余（pt）的回归估计系数显著为正，地区税务局税务工作人员（tc）的回归估计系数显著为负，同时营业盈余（pt）和地区税务局税务工作人员（tc）的产出弹性之和为-0.38，这意味着我国企业所得税的税收征管效率规模报酬处于递减阶段。营业盈余（pt）和时间（t）交互项的回归系数在1%的显著性水平下为正，表明在税收征管技术进步的过程中资本要素越多，企业所得税税收征管效率越大；税务工作人员（tc）和时间（t）交互项的回归系数在1%的显著性水平下为负，表明在税收征管技术进步的过程中税务工作人员越多，增值税税收征管效率越小。

从税收征管效率的影响因素来看，除了经济发展水平、新老企业之比及企业实际税收优惠外，其余变量均通过了不同水平的显著性检验。这意味着经济发展水平、新老企业之比及企业实际税收优惠不是影响企业所得税税收征管效率变化的主要因素，而中央税收征管权集中、贸易开放度、地区财政支出规模、财政自给率、转移支付、人口密度、企业所得税占税收收入比重及企业规模均是影响企业所得税税收征管效率变化的主要因素。

中央税收征管权集中（tcc）的回归估计系数在10%的水平下显著为负，表明中央税收征管集权对地方政府税收征管效率的促进效应发挥了主要作用，这与谢贞发和范子英(2015)的研究发现一样,他认为造成该结果的原因可能是:国税局征管范围的扩大导致地方政府收不抵支,进而带来地方政府税收征管效率的提高。贸易开放度(*open*)的回归系数为负,并通过了1%的显著性检验,意味着贸易开放度越高,企业所得税税收征管效率越高,这符合李建军等(2012)等关于贸易开放和企业所得税税收征管效率关系的论断。地区财政支出规模(*expen*)的回归系数为负,并通过了1%的显著性检验,表明地区财政支出规模越大,税收征管效率越高,这和李文(2014)的研究结果一致。企业所得税占税收收入比重(*cittax*)的估计系数在1%水平下显著为负,意味着企业所得税比重的上升有助于企业所得税税收征管效率的提高,这与李建军等(2012)的研究结果一致。转移支付(*transfer*)通过了1%显著性检验且为正,这表明转移支付抑制了地方政府税收征管效率的改善,这与张恒龙和陈宪(2006)、胡祖铨等(2013)研究结果一致。对其可能的解释是,在地方财政预算支出一定的情况下,转移支付收入的增加致使地方政府所需征收的税收收入相应减少,地方政府会选择降低税收征管效率以降低企业及居民税负进而发展本地区经济。财政自给率(*gov*)符号为负,并通过了1%显著性检验,符合杨得前(2014)关于财政自给率对税收征管效率影响的论断。说明地区财政自给率越高,对中央政府的依赖度越低,这必然提高政府培育本地财源的能力,从而有利于企业所得税税收征管效率提高。人口密度(*denti*)通过了1%显著性检验且为正,这表明人口密度抑制了地方政府税收征管效率的改善,企业规模(*entsize*)通过了1%显著性检验且为负,这表明企业规模越大,地方政府的税收征管效率越高。可能的原因是,企业规模直接反映了企业内劳动力、生产资料的集中程度以及会计核算的规范性。企业规模越大,会计核算越健全,税收征管效率就越高。

表 2-4 企业所得税随机前沿模型估计结果

变量	系数	t检验	变量	系数	t检验
生产函数部分			技术效率部分		
截距(β_0)	3.24***	7.10	截距项(δ_0)	-1.99***	-4.53
$lnpt(\beta_1)$	2.56***	8.92	$tcc(\delta_1)$	-0.10*	-1.76

续表

变量	系数	t 检验	变量	系数	t 检验
$\ln tc(\beta_2)$	-2.94***	-9.56	$open(\delta_2)$	-0.20***	-6.44
$t(\beta_3)$	-0.08***	-3.85	$pgdp(\delta_3)$	0.06	0.86
$(\ln pt)^2(\beta_{11})$	0.35***	8.42	$expen(\delta_4)$	-0.56***	-7.48
$(\ln tc)^2(\beta_{22})$	0.38***	5.71	$cittax(\delta_5)$	-0.75**	-16.05
$t^2(\beta_{33})$	0.01	1.50	$transfer(\delta_6)$	0.58***	6.98
$\ln pt \times \ln tc(\beta_{12})$	-0.72***	-7.93	$ratio(\delta_7)$	0.00	0.05
$\ln pt^*t(\beta_{13})$	0.08***	4.94	$taxpre(\delta_8)$	0.00	0.37
$\ln tc^*t(\beta_{23})$	-0.08***	-6.53	$gov(\delta_9)$	-0.96*	-9.92
σ^2	0.34***	10.23	$denti(\delta_{10})$	0.06*	1.98
γ	0.64***	6.96	$entsize(\delta_{11})$	-0.20***	-3.58
			极大似然值	87.5630	
			LR	229.72	

注：***、**、*分别表示通过显著水平为1%、5%、10%的t检验。

（二）各地区企业所得税税收征管效率估计结果

根据式(2-5)，利用Frontier4.1软件进行计算，各省（自治区、直辖市）的企业所得税税收征管效率结果如表2-5所示。该结果说明：从总体上看，各省（自治区、直辖市）年均企业所得税税收征管效率为0.32—0.88，大部分为中等水平，各地区政府税收竞争激烈。

表2-5　地方政府企业所得税税收征管效率程度

地区	2007年	2008年	2009年	2010年	2011年	2012年	2013年	2014年	2015年	2016年	平均值	排序
天津	0.96	0.95	0.78	0.85	0.92	0.88	0.89	0.87	0.87	0.85	0.88	2
河北	0.56	0.66	0.56	0.60	0.67	0.67	0.67	0.67	0.68	0.67	0.64	16
山西	0.83	0.77	0.78	0.69	0.79	0.90	0.87	0.77	0.59	0.53	0.75	7
内蒙古	0.43	0.46	0.48	0.52	0.63	0.65	0.55	0.43	0.41	0.41	0.50	24
辽宁	0.68	0.78	0.57	0.65	0.69	0.66	0.64	0.62	0.54	0.66	0.65	15
吉林	0.44	0.52	0.51	0.51	0.61	0.67	0.68	0.76	0.71	0.67	0.61	18

续表

地区	2007年	2008年	2009年	2010年	2011年	2012年	2013年	2014年	2015年	2016年	平均值	排序
黑龙江	0.51	0.55	0.47	0.47	0.59	0.66	0.72	0.67	0.58	0.45	0.57	21
江苏	0.83	0.86	0.82	0.84	0.89	0.81	0.80	0.73	0.78	0.81	0.82	3
浙江	0.74	0.76	0.63	0.62	0.75	0.77	0.79	0.85	0.87	0.85	0.76	6
安徽	0.59	0.66	0.59	0.62	0.73	0.75	0.75	0.78	0.82	0.76	0.70	9
福建	0.61	0.80	0.73	0.68	0.77	0.79	0.84	0.88	0.92	0.85	0.79	4
江西	0.46	0.54	0.42	0.46	0.59	0.62	0.64	0.62	0.67	0.66	0.57	22
山东	0.59	0.65	0.53	0.53	0.63	0.59	0.57	0.55	0.55	0.53	0.57	19
河南	0.52	0.54	0.49	0.47	0.55	0.59	0.63	0.60	0.65	0.64	0.57	20
湖北	0.59	0.65	0.53	0.53	0.61	0.63	0.62	0.67	0.93	0.72	0.65	14
湖南	0.39	0.40	0.32	0.32	0.38	0.44	0.47	0.49	0.52	0.50	0.42	26
广东	0.80	0.91	0.82	0.84	0.90	0.90	0.92	0.91	0.92	0.92	0.88	1
广西	0.36	0.46	0.40	0.53	0.64	0.53	0.54	0.59	0.60	0.58	0.52	23
海南	0.38	0.59	0.60	0.74	0.91	0.89	0.89	0.95	0.97	0.91	0.78	5
重庆	0.40	0.47	0.41	0.98	0.76	0.77	0.81	0.75	0.83	0.82	0.70	10
四川	0.56	0.63	0.57	0.58	0.67	0.71	0.74	0.74	0.80	0.76	0.68	13
贵州	0.57	0.58	0.53	0.56	0.69	0.72	0.79	0.84	0.82	0.72	0.68	12
云南	0.72	0.72	0.60	0.64	0.74	0.79	0.78	0.82	0.73	0.68	0.72	8
陕西	0.57	0.60	0.51	0.52	0.63	0.67	0.67	0.68	0.68	0.55	0.61	17
甘肃	0.37	0.39	0.28	0.29	0.36	0.39	0.40	0.40	0.44	0.43	0.37	27
青海	0.22	0.32	0.29	0.30	0.33	0.34	0.42	0.37	0.34	0.27	0.32	28
宁夏	0.25	0.28	0.30	0.37	0.52	0.52	0.53	0.59	0.51	0.50	0.44	25
新疆	0.47	0.70	0.53	0.59	0.73	0.81	0.83	0.81	0.75	0.70	0.69	11
全国平均	0.55	0.61	0.54	0.58	0.67	0.68	0.69	0.69	0.70	0.66	0.64	
东部平均	0.68	0.77	0.67	0.71	0.79	0.77	0.78	0.78	0.79	0.78	0.75	
中部平均	0.54	0.58	0.51	0.51	0.61	0.66	0.67	0.67	0.68	0.62	0.60	
西部平均	0.45	0.51	0.45	0.53	0.61	0.63	0.64	0.64	0.63	0.58	0.57	

为了明晰 2007 年以来各省份企业所得税税收征管效率的变化趋势,本书将全国划分为东部、中部及西部地区①进一步考察各区域的税收征管效率变化规律。如图 2-2 所示,第一,东部、中部及西部地区企业所得税税收征管效率与全国情况相类似,2009 年各地区均略有下降,其余年份整体呈上升趋势。这是由于 2008 年全球金融危机影响了各地区的进出口贸易,引致经济收益下滑,从而对企业所得税税收征管效率产生了一定的影响。同时,近年来中央不断上收企业所得税税收征管权,各地区财政支出规模及财政自给率均有明显的提高,这进一步促进了各地区税收征管效率的提高。第二,中西部地区的企业所得税税收征管效率均低于全国水平,而东部地区的企业所得税税收征管效率却高于全国水平。这可能是因为东部地区经济实力雄厚,企业数量和规模都较多,直接促进了地区企业所得税税收征管效率的提升。而西部地区经济发展水平并不高,并且企业数量和规模都较小,导致其企业所得税税收征管效率处于较低水平。

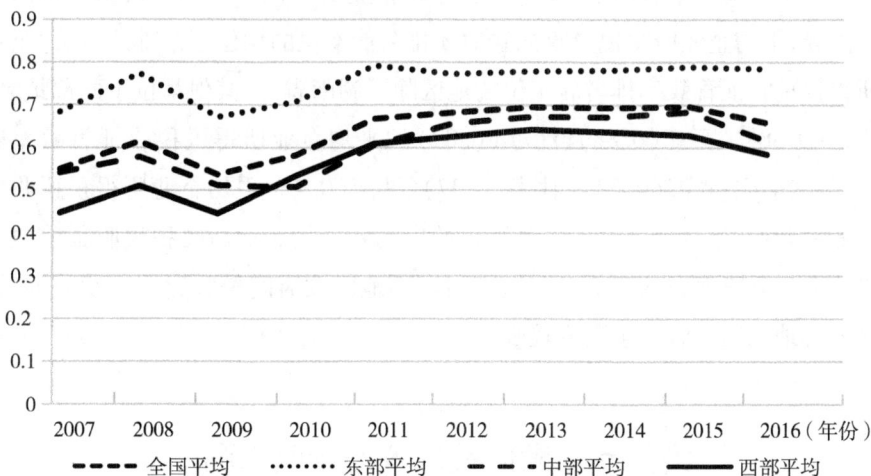

图 2-2 全国及三大地区企业所得税的税收征管效率演变趋势

① 东部地区包括天津、河北、江苏、浙江、福建、山东、广东、辽宁及海南;中部地区包括山西、黑龙江、安徽、江西、河南、吉林、湖北及湖南;西部地区包括四川、重庆、贵州、云南、陕西、甘肃、青海、宁夏、新疆、广西及内蒙古。

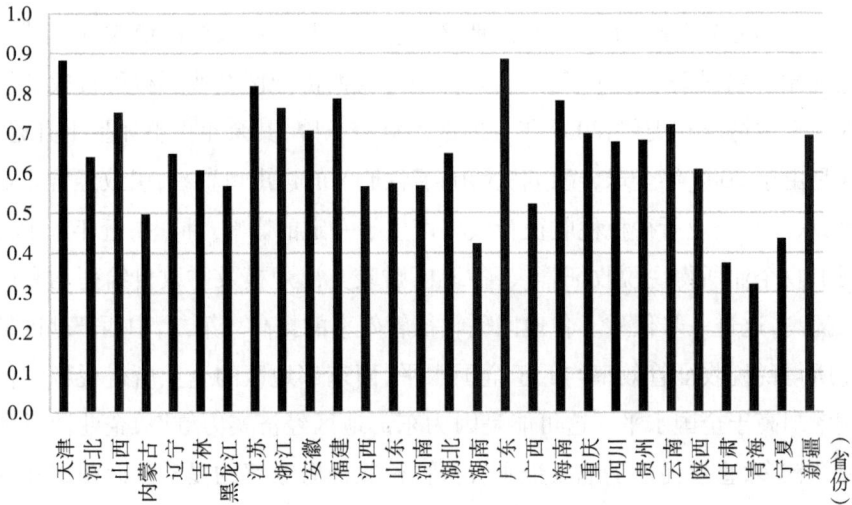

图 2-3 2007—2016 年中国 28 个省份企业所得税的税收征管效率平均值

从单个地区来看(见图 2-3),各地区企业所得税税收征管效率呈现出较大差异,平均企业所得税税收征管效率排名前 4 位的均位于东部地区,而企业所得税税收征管效率排名后 4 位的地区除了湖南省外,其他都位于西部地区。广东(0.884)、天津(0.88)、江苏(0.82)的平均企业所得税税收征管效率较高,位居前列;青海(0.32)、甘肃(0.37)、湖南(0.42)平均企业所得税税收征管效率较低,排名后三位。排名第一的广东省平均企业所得税税收征管效率是排名最后青海省的 2 倍多。这表明东部地区政府间税收竞争程度较弱,而中西部地区间税收竞争程度较强。

第五节　增值税税收征管效率测度

增值税作为中央和地方共享税,是我国当前第一大税种,其税收收入也是连年增长的趋势。从绝对规模来看,2007 年国内增值税收入为 15470.23 亿元,2008 年为 17996.94 亿元,在 2016 年"营改增"全面实施后,更呈"爆发式"增长。2018 年攀升到 61530.77 亿元;从其占税收总收入的比重看,2007 —

2015 年由于所得税比重上升,增值税比重稍有下降,2016—2018 年则快速上升,占比超过 40%(见图 2-4),由此可以看出,增值税在我国税收体制中占据重要地位。

(单位:亿元)   (单位:%)

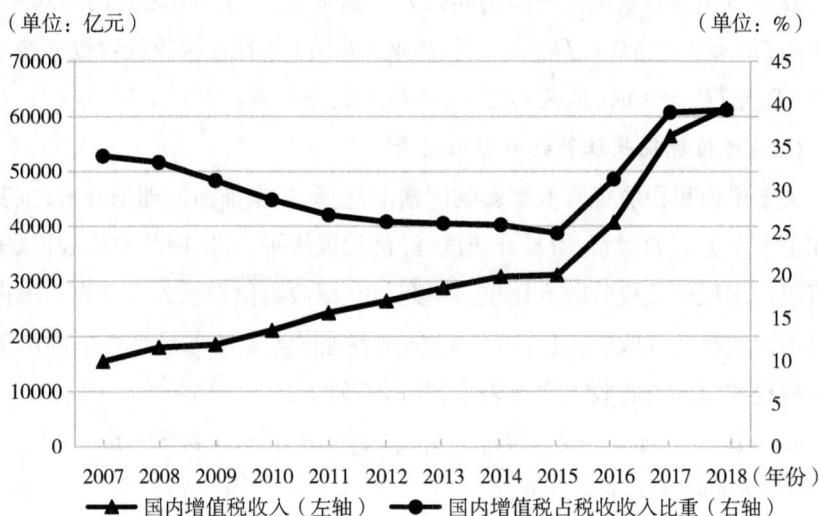

图 2-4　2007—2018 年增值税收入及增值税占税收收入比重情况

一、变量选择与模型设定

(一)增值税税收征管效率投入产出变量

在我国增值税为共享税,进口环节增值税由海关代征,而国内增值税则主要由国税局负责征收,故而选择各地区国税部门征收的国内增值税作为产出衡量指标,国家税务局工作人员作为人力投入变量,同时将第二产业增加值减去建筑业增加值加上批发零售业增加值这两类指标作为投入项。具体模型设定如下:

$$\ln vat_{it} = \beta_0 + \beta_1 \ln vpt_{it} + \beta_2 \ln vtc_{it} + v_{it} - u_{it} \tag{2-8}$$

$$TE_{it} = \exp(-u_{it}) \tag{2-9}$$

式(2-8)、式(2-9)中 i 代表地区,t 表示时间,vat_{it} 为各地区国税部门征收的国内增值税,vpt_{it} 和 vtc_{it} 分别表示国家税务局工作人员及第二产业增加值减去建筑业增加值加上批发零售业增加值。β_0 则为常数项,随机扰动项包括两部分：v_{it}、u_{it}，其中，v_{it} 是独立同分布的正态随机变量，其均值为 0 且方差为 σ_v^2，代表模型未考虑的其他因素所造成的统计误差；u_{it} 表示税收征管非效率有关的非负随机变量，$u_i \sim iidN^+(\mu, \sigma_u^2)$。$TE_{it}$ 测算了第 i 个地区的税收征管效率与完全有效地区使用相同投入量所能得到的产出之间的相对差异，且 $0 < TE_{it} \leqslant 1$。当 $0 < TE_{it} < 1$ 时，地区 i 在第 t 年存在税收征管效率技术非效率，而当 $TE_{it} = 1$ 时，地区 i 在第 t 年技术完全有效。

(二)增值税税收征管效率影响因素

关于增值税税收征管效率影响因素的选择，根据前面的理论分析，主要引入如下七个方面的因素：贸易开放度、经济发展水平、地区财政支出规模、国内增值税占国税机关税收收入比重、转移支付、财政自给率及人口总数。国内增值税占国税机关税收收入比重($vtax$)选用各地区国家税务局征得国内增值税与国税局征得的税收收入之比表示，其形式如下：

$$m_{it} = \delta_0 + \delta_1 open_{it} + \delta_2 pgdp_{it} + \delta_3 expen_{it} + \delta_4 vtax_{it} + \delta_5 transfer_{it} +$$
$$\delta_6 gov_{it} + \delta_7 pop_{it} + W_{it} \tag{2-10}$$

随机扰动项中技术无效率所占的比率为：

$$\gamma = \sigma_u^2 / \sigma_u^2 + \sigma_v^2 \tag{2-11}$$

二、模型检验

在分析之前，需要采用广义似然统计量 LR 对增值税模型设定进行检验。

检验的假设 1 为：$\gamma = \delta_0 = \delta_1 = \delta_2 = \delta_3 = \delta_4 = \delta_5 = \delta_6 = \delta_7 = 0$，即不存在非效率，此时增值税实际税率与名义税率的偏差主要来自白噪声，直接运用 OLS 方法估计。

由于简单的柯布—道格拉斯生产函数假定所有的样本生产技术相同，因此采用该函数形式来估算生产技术效率受到了一些学者的批评，许多学者为了减少模型的设定偏误，开始使用超越对数生产函数等相对更具弹性的函数形式，本书需要检验超越对数函数是否比简单的柯布—道格拉斯函数更为合理，无约束模型为：

$$\ln vax_{it} = \beta_0 + \beta_1 \ln vpt_{it} + \beta_2 \ln vtc_{it} + \frac{1}{2}\left[\beta_{11}(\ln vpt_{it})^2 + \beta_{22}(\ln vtc_{it})^2\right] +$$

$$\beta_{12}\text{ln}vpt_{it} \times \text{ln}vtc_{it} + v_{it} - u_{it}$$

检验的假设 2 为：$\beta_{11} = \beta_{22} = \beta_{12} = 0$。

由于简单的柯布—道格拉斯生产函数没有考虑技术进步因素，因此，需进一步检验是否需要在模型中引入技术进步因素以避免模型的设定偏误。无约束模型为：

$$\text{ln}tax_{it} = \beta_0 + \beta_1\text{ln}vpt_{it} + \beta_2\text{ln}vtc_{it} + \beta_3 t + v_{it} - u_{it}$$

上式中，t 为时间变量，在模型中表示随时间变化的技术进步因素，检验的假设 3 为：$\beta_3 = 0$。

利用 Frontier4.1 软件进行分析，表 2-6 给出假设检验结果。从中可以看出：假设 1 在 1% 的显著性水平被拒绝，而假设 2、假设 3 均在 1% 的显著性水平被接受。这说明：柯布—道格拉斯生产函数更适用于本书的模型分析；税收征管效率存在无效率项，有必要进行无效率分析；增值税税收征管效率不存在技术进步。

表 2-6　随机前沿模型假设检验结果

	原假设 （H₀）	对数似然 值 L（H₀）	对数似然 值 L（H₁）	LR 统计量	临界值 （CV）	检验 结论
假设 1	$\gamma = \delta_0 = \delta_1 = \delta_2 = \delta_3 = \delta_4 = \delta_5 = \delta_6 = \delta_7 = 0$	-28.502	21.813	100.630	21.670	拒绝***
假设 2	$\beta_{11} = \beta_{22} = \beta_{12} = 0$	21.813	23.586	3.546	11.345	接受***
假设 3	$\beta_3 = 0$	21.813	24.953	6.280	6.635	接受***

注：*** 表示显著性水平为 1% 的似然比检验。

三、估计结果及分析

（一）模型参数估计结果

表 2-7 显示了考虑税收征管效率影响因素时随机前沿模型的估计结果。该模型的 γ 值为 0.35，通过了显著性水平为 1% 的检验，表明技术无效率在各省级政府的税收征管过程中是普遍存在的，同时也证明了采用随机前沿技术

的合理性。第二产业增加值(vpt)的回归估计系数显著为正,地区税务局税务工作人员(vtc)的回归估计系数显著为正,同时第二产业增加值(vpt)和地区税务局税务工作人员(vtc)的产出弹性之和为0.82,这意味着我国增值税的税收征管效率规模报酬处于递减阶段。

从税收征管效率的影响因素来看,除了贸易开放度、经济发展水平及人口总数外,大多数变量均通过了不同水平的显著性检验,这意味着地区贸易开放度、经济发展水平及人口总数不是影响增值税税收征管效率变化的主要因素,而地区财政支出规模、财政自给率、转移支付及增值税占税收收入比重均是影响增值税税收征管效率变化的主要因素。

地区财政支出规模($expen$)及财政自给率(gov)估计系数均显著为负,而转移支付($transfer$)估计系数显著为正,并且符号与企业所得税征管效率一致。这表明其均是改变增值税税收征管效率的主要因素。增值税占税收收入比重($vtax$)为负,并通过显著性检验,表明增值税在地方税收收入中比例的增加会提高税务部门的征税努力。增值税的比重越高,意味着增值税在税务机关税收征管中越重要,税务机关在增值税的征管中更为努力。该结果支持李建军等(2013)关于增值税比重与增值税收征管效率负相关的结论。

表2-7 随机前沿模型估计结果

变量	系数	t检验	变量	系数	t检验
生产函数部分			技术效率部分		
截距(β_0)	8.76***	18.99	截距项(δ_0)	-0.90	-1.37
lnvpt(β_1)	0.64***	13.77	$open$(δ_1)	-0.06	-1.50
lnvtc(β_2)	0.18***	2.27	$pgdp$(δ_2)	0.05	0.79
δ^2	0.05***	10.35	$expen$(δ_3)	-0.35***	-6.07
γ	0.35***	2.71	$vtax$(δ_4)	-0.29***	-3.56
Log likelihood function	21.813		$transfer$(δ_5)	0.18***	2.23
LR	100.630		gov(δ_6)	-0.39***	-3.59
			pop(δ_7)	-0.02	-0.49

注:***、**、*分别表示通过显著水平为1%、5%、10%的t检验。

（二）各地区企业所得税税收征管效率估计结果

根据式(2-9)，利用 Frontier4.1 软件进行计算，各省（自治区、直辖市）的增值税税收征管效率结果如表 2-8 所示。该结果说明：从总体上看，各省（自治区、直辖市）年均增税税收征管效率为 0.47—0.86，大部分为中等水平，各地区政府税收竞争激烈。

表 2-8　地方政府增值税税收征管效率程度

地区	2007 年	2008 年	2009 年	2010 年	2011 年	2012 年	2013 年	2014 年	2015 年	2016 年	平均值	排序
天津	0.662	0.660	0.614	0.590	0.628	0.663	0.707	0.766	0.787	0.862	0.694	5
河北	0.566	0.577	0.551	0.500	0.540	0.557	0.541	0.539	0.567	0.643	0.558	17
山西	0.739	0.798	0.755	0.669	0.740	0.754	0.737	0.772	0.744	0.796	0.750	4
内蒙古	0.508	0.538	0.519	0.493	0.576	0.583	0.571	0.539	0.546	0.592	0.547	19
辽宁	0.605	0.610	0.573	0.519	0.562	0.559	0.563	0.582	0.491	0.647	0.571	15
吉林	0.427	0.453	0.452	0.425	0.458	0.478	0.488	0.498	0.495	0.557	0.473	26
黑龙江	0.529	0.557	0.545	0.515	0.569	0.547	0.550	0.564	0.496	0.536	0.541	20
江苏	0.839	0.855	0.838	0.789	0.851	0.865	0.865	0.893	0.910	0.923	0.863	1
浙江	0.730	0.757	0.761	0.664	0.732	0.761	0.772	0.820	0.875	0.912	0.778	3
安徽	0.565	0.562	0.574	0.533	0.596	0.597	0.614	0.617	0.638	0.728	0.602	13
福建	0.566	0.562	0.526	0.469	0.523	0.551	0.542	0.568	0.590	0.670	0.557	18
江西	0.468	0.497	0.518	0.492	0.540	0.537	0.554	0.623	0.665	0.706	0.560	16
山东	0.610	0.608	0.568	0.547	0.583	0.978	0.577	0.979	0.622	0.676	0.675	6
河南	0.480	0.487	0.454	0.406	0.455	0.468	0.456	0.489	0.499	0.575	0.477	25
湖北	0.489	0.479	0.472	0.419	0.459	0.461	0.478	0.524	0.679	0.629	0.509	23
湖南	0.480	0.465	0.437	0.417	0.451	0.470	0.464	0.486	0.491	0.557	0.472	27
广东	0.758	0.769	0.745	0.692	0.745	0.778	0.793	0.863	0.915	0.936	0.799	2
广西	0.503	0.507	0.496	0.445	0.463	0.458	0.466	0.489	0.516	0.581	0.492	24
海南	0.516	0.508	0.543	0.497	0.605	0.631	0.600	0.649	0.790	0.848	0.619	11
重庆	0.542	0.628	0.588	0.568	0.640	0.585	0.608	0.655	0.705	0.775	0.629	10
四川	0.540	0.554	0.526	0.475	0.559	0.584	0.565	0.611	0.625	0.716	0.575	14
贵州	0.617	0.630	0.610	0.559	0.623	0.664	0.634	0.646	0.633	0.686	0.630	9

地区	2007 年	2008 年	2009 年	2010 年	2011 年	2012 年	2013 年	2014 年	2015 年	2016 年	平均值	排序
云南	0.646	0.659	0.643	0.602	0.658	0.680	0.645	0.672	0.669	0.735	0.661	8
陕西	0.581	0.600	0.586	0.563	0.629	0.628	0.620	0.644	0.638	0.652	0.614	12
甘肃	0.515	0.489	0.479	0.449	0.479	0.520	0.494	0.558	0.601	0.670	0.525	21
青海	0.452	0.441	0.447	0.412	0.464	0.510	0.510	0.520	0.468	0.492	0.472	28
宁夏	0.469	0.490	0.446	0.427	0.486	0.518	0.541	0.578	0.549	0.650	0.515	22
新疆	0.635	0.665	0.586	0.543	0.627	0.664	0.714	0.747	0.696	0.760	0.664	7
全国平均	0.573	0.586	0.566	0.524	0.580	0.609	0.595	0.639	0.639	0.697	0.601	
东部平均	0.650	0.656	0.636	0.585	0.641	0.705	0.662	0.740	0.727	0.791	0.679	
中部平均	0.522	0.537	0.526	0.485	0.533	0.539	0.543	0.572	0.588	0.636	0.548	
西部平均	0.546	0.564	0.539	0.503	0.564	0.581	0.579	0.605	0.604	0.665	0.575	

为了明晰 2007 年以来各省增值税税收征管效率的变化趋势,本书将全国划分为东部、中部及西部地区进一步来考察各区域的税收征管效率变化规律。如图 2-5 所示,第一,东部、中部及西部地区增值税税收征管效率与全国情况相类似,2009 年各地区均略有下降,其余年份整体呈上升趋势。这是由于 2008 年国际金融危机影响了各地区的进出口贸易,引致经济收益下滑,从而对增值税税收征管效率产生了一定的影响。同时,2009 年 1 月 1 日起我国增值税由生产型转为消费型,致使相同数量的税源转化的增值税收入下降,这很可能导致地方政府税收征管效率下降。第二,中西部地区的增值税税收征管效率均低于全国水平,而东部地区的增值税税收征管效率却高于全国水平。这可能是因为东部地区经济实力雄厚,企业数量和规模都较多,直接促进了地区增值税税收征管效率的提升。而西部地区经济发展水平并不高,并且企业数量和规模都较小,导致其增值税税收征管效率处于较低水平。

从单个地区来看(见图 2-6),各地区增值税税收征管效率呈现出较大差异,平均增值税税收征管效率排名前四位的地区除了山西省,其他都位于东部地区,而增值税税收征管效率排名后四位的地区除了青海省,其他都位于中部地区。江苏(0.863)、广东(0.799)、浙江(0.778)的平均增值税税收征管效率

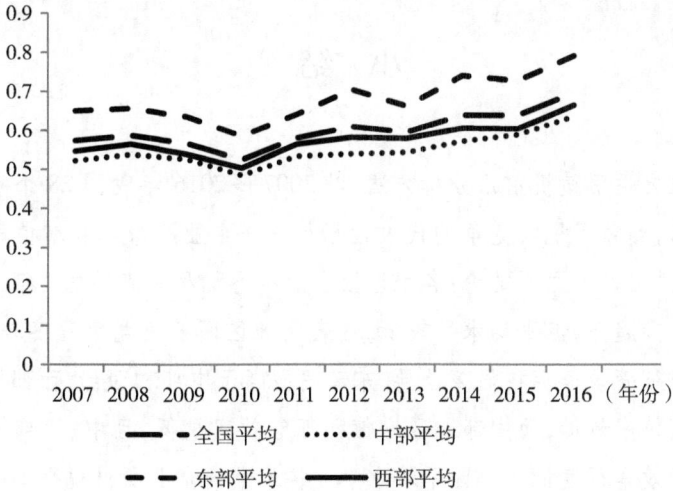

图 2-5　全国及三大地区增值税的税收征管效率演变趋势

较高,位居前列;吉林(0.473)、湖南(0.472)和青海(0.472)平均增值税税收征管效率较低,排名后三位。排名第一的江苏省平均增值税税收征管效率是排名最后青海省的 1.8 倍多。这表明东部地区政府间税收竞争程度较弱,而中西部地区间税收竞争程度较强。

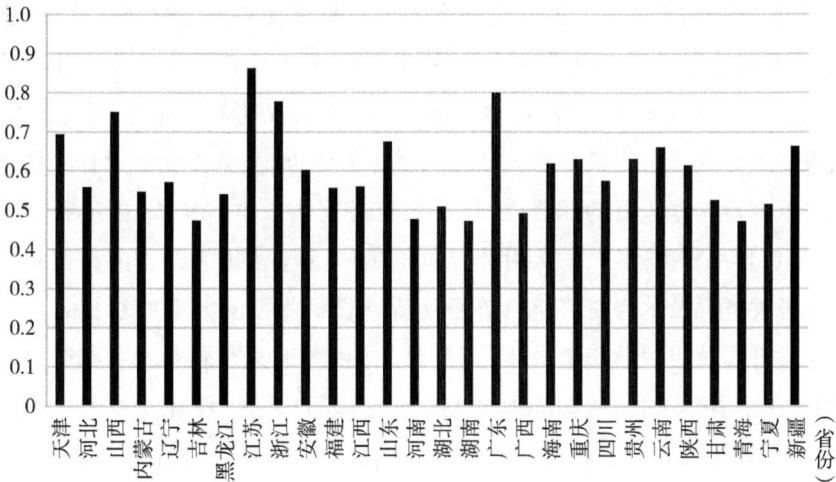

图 2-6　2007—2016 年中国 28 个省份增值税的税收征管效率平均值

小　结

本章主要运用随机前沿分析方法,以 2007—2016 年我国 28 个省份面板数据为样本,测算了税收竞争的代表性指标——企业所得税和增值税的税收征管效率,得出以下主要结论:各个地区企业所得税及增值税税收征管效率呈现波浪式上升趋势,但平均水平较低,这表明地区间税收竞争程度较强;不同区域的税收征管效率存在显著差异,东部明显高于中部和西部,西部地区企业所得税征管效率最低,而中部地区增值税征管效率最低,且中、西部地区增值税税收征管效率程度低于全国平均水平。样本期内企业所得税平均税收征管效率程度较高的三个省份是广东、天津和江苏,主要来自东部地区;排名后三位的省份为湖南、甘肃及青海省。

样本期内增值税税收征管效率程度较高的三个省份是江苏、广东和浙江,主要来自东部地区,排名后三位的省份为吉林、青海及湖南。转移支付越多,对增值税税收征管效率的阻滞作用越明显;地区财政支出规模、财政自给率及增值税占税收收入比重均有利于增值税税收征管效率的提升。

据此提出以下建议:其一,由于税务人员对税收努力贡献最小,因此地方政府需要慎重考虑增加税务人员数量,而应该提高现有税务人员质量。具体而言,在今后选拔税收人员时,要严格执行"凡进必考"的机制;通过公开选拔、聘任等方式吸引高级专业人才进入税务系统;建立完善税务人员考核激励机制,以调动工作人员的积极性,促进他们高效地工作。其二,应不断加深中西部地区对外贸易水平,扩大对外开放程度,鼓励企业与发达国家跨国企业合作,充分发挥开放的经济环境改善企业所得税税收征管效率的积极效应。其三,为提升增值税税收征管效率,需要弱化转移支付对增值税税收征管效率的抑制作用。具体来说,选择各地区人口密度、人口总量、经济发展水平等能真实反映各地区收入能力和支出需求的客观因素以科学地计算转移支付资金,从而为各地区合理地转移支付资金的配置提供可靠依据。充分发挥转移支付改善增值税税收征管效率的积极效应。

第三章　税收竞争对资本流动
影响的实证研究

为了深入剖析税收竞争对环境污染的影响,本书并没有笼统分析税收竞争对环境污染的影响,而是依据第一章的理论分析,结合我国各地区资本流动现实情况,选取较为全面、合理的资本存量,构建税收竞争与资本流动的实证模型,并对主要数据进行统计性描述及平稳性检验,构建动态面板模型,并利用系统 GMM 法验证了假说 1。

第一节　变量选择与数据处理

一、变量选择

(一)被解释变量

本地区的资本流动($capital$)。在具体指标选择方面,当前的文献尚未达成一致,不同的文献根据研究目的不同,选用了不同的指标,典型的有以下两大类:一是使用全社会固定资产投资减去住宅投资后的余额来衡量(付文林和耿强,2011);二是使用非国有固定资产投资表示,具体是使用全社会固定资产投资扣除非生产性土地和房产支出表示(唐飞鹏,2016;张勇和古明明,2011)。本书采用第二类指标表示资本流动,重点关注税收竞争对资本流动的影响效应。

(二)核心解释变量

企业所得税税收征管效率(let)及增值税税收征管效率(vat),采用第二章测算得到的企业所得税及增值税税收征管效率表示。邻近地区企业所得税税收征管效率($wlet$)及增值税税收征管效率($wvat$),用来衡量邻近地区的税收征管效率对本地资本流动的影响,反映了税收征管效率的空间溢出效应,其计算公式如下:$wlet_{it} = \sum\limits_{j \neq i} \omega_{it} let_{jt}$,$wvat_{it} = \sum\limits_{j \neq i} \omega_{it} vat_{jt}$,其中$\omega_{it}$是空间权重矩阵。

(三)空间权重矩阵设定

空间权重矩阵的正确选择是分析空间单元之间相互依赖性的关键,实证分析中通常采用地理邻接或距离标准来定义空间权重矩阵,其中地理相邻是指由两个空间单元之间相邻与否以决定二者之间是否存在空间相关程度,若这两个空间单元相邻则认为二者之间存在空间相关性;反之则不认为二者之间存在空间相关性。距离标准则指由两个空间单元之间的地理距离或经济距离来决定二者之间的空间相关性,若这两个空间单元距离越小则认为二者之间空间相关性越高;反之则越低。因此,地方政府在根据周边省(自治区、直辖市)的行为设定当地税收政策时,周边省(自治区、直辖市)的影响强弱不仅与其地理距离有关,即距离越近或者相邻的省(自治区、直辖市)其税收政策越具有示范意义(李涛等,2011;龙小宁等,2014,均使用了地理权重矩阵),还与其经济距离有关,即经济发展水平相近的省(自治区、直辖市)其税收政策越具有可比性(谢贞发,2016;弗雷德里克松和米利米特,2002,均使用了经济权重矩阵)。鉴于此,本书通过设定地理权重、经济空间权重矩阵估计模型,其中地理权重矩阵包括地理相邻权重矩阵和地理距离权重矩阵。

1. 地理相邻权重矩阵

在既有的空间计量实证分析中,地理相邻权重矩阵(w_1)是最基本也是最常用的空间权重矩阵,如郭杰和李涛(2009)、龙小宁等(2014)。本书引入一个28维的邻近空间权重矩阵w_{ij}^{e}、w_{ij}^{e}是以各省份地理位置界定的权重,相邻设为1,否则设为0。i和j分别表示省份及与其相邻的省份。虽然海南在陆地上没有与任何省份接壤,但从污染地理相邻性角度来看,广东及广西可被视为海南的邻近省份。

2. 地理距离权重矩阵

地理相邻权重矩阵(w_2)不能真实地反映地区之间税收竞争的空间依赖

程度。例如,用地理相邻权重矩阵衡量区域地理位置时,与河北相邻的省份有天津、陕西、内蒙古、山东以及河南,但是我们不能认为河北仅与天津、陕西、内蒙古、山东以及河南五省有关系而与其他省份之间没有联系;也不能认为河北与地理位置相对较近的山东之间的空间依赖程度等同于河北与地理位置相对较远的黑龙江之间的空间依赖程度。故而,借鉴帕斯和施利特(Paas 和 Schlitte,2006)构造地理距离空间权重矩阵,其计算方法如式(3-1)所示:其中 d 表示省份 i 和省份 j 的省会城市间的地理距离,该距离采用各地区的经纬度数据①来计算。

$$w_{ij} = \begin{cases} \dfrac{1}{d^2} & i \neq j \\ 0 & i = j \end{cases} \tag{3-1}$$

3. 经济空间权重矩阵

借鉴卞元超等(2020)建立经济空间权重矩阵(w_3),经济空间权重矩阵计算公式具体如下:

$$w_3 = w_2 diag\left(\frac{\overline{eco_1}}{\overline{eco}}, \frac{\overline{eco_2}}{\overline{eco}}, \ldots, \frac{\overline{eco_n}}{\overline{eco}}\right)$$

其中, $\overline{eco_i}$ 表示 2007—2016 年内 i 地区 GDP 的平均值, $\overline{eco}$ 为 2007—2016 年内所有地区 GDP 平均值。

(四)控制变量

除了税收征管效率之外,综合已有文献,本研究选取的控制变量如下:(1)劳动力成本(wage)。劳动力成本越高,表明地区人力资本越有优势,资本流动就越多。采用各地区平均工资占全国平均工资比重表示。(2)人均教育投入(edu)。人均教育投入越多越有利于提高生产过程中人力资本比重,资本流动可能会越高,使用本地区教育支出除以总人口的对数值表示。(3)基础设施水平用公路密度(roaddenti)来衡量,地区公路越发达,交通就越便利,有助于吸引更多的资本,该指标使用公里里程除以地区总面积的对数值表示。(4)贸易开放度(open)表示为进出口总额与当年基准利率乘积占地区生产总

---

① 经纬度数据主要来自国家基础地理信息系统,见 http://nfgis.nsdi.gov.cn/。

值的比重。贸易越开放,越有利于本土经济的发展,资本流动越多。为保证数据的平稳性和收敛,各数据均采用自然对数表示。变量具体定义如表 3-1所示。

表 3-1 变量名称及定义

变量名称	变量标记	计算方法
被解释变量		
资本流动(亿元)	lncapital	全社会固定资产投资减去住宅投资
核心解释变量		
企业所得税税收征管效率	lnlet	第二章计算所得
增值税税收征管效率	lnvat	第二章计算所得
邻近地区企业所得税税收征管效率	$wlnlet_1$	地理相邻权重矩阵(w_1)计算
邻近地区企业所得税税收征管效率	$wlnlet_2$	地理距离权重矩阵(w_2)计算
邻近地区企业所得税税收征管效率	$wlnlet_3$	经济空间权重矩阵(w_3)计算
邻近地区增值税税收征管效率	$wlnvat_1$	地理相邻权重矩阵(w_1)计算
邻近地区增值税税收征管效率	$wlnvat_2$	地理距离权重矩阵(w_2)计算
邻近地区增值税税收征管效率	$wlnvat_3$	经济空间权重矩阵(w_3)计算
控制变量		
劳动力成本(%)	lnwage	各地区平均工资/全国平均工资
人均教育投入(元/人)	lnedu	教育支出/总人数
公路密度(公里/平方千米)	lnroaddenti	公里里程/地区面积
贸易开放度(%)	lnopen	各省份的进出口总额×当年基准汇率/地区 GDP

二、数据处理

本书选取 2007—2016 年我国 28 个省级地区(不包括北京、上海、香港、澳门、台湾及西藏)面板数据。全社会固定资产投资、住宅投资、各省的 GDP、年末总人口、各地区总面积、各地区公路里程、各地区平均工资、全国工资及各地区贸易进出口额数据均来自《中国统计年鉴》，教育支出来自《中国财政年鉴》。表3-2为变量的描述性统计分析。

表3-2 样本描述性统计

统计量	均值	最大值	最小值	标准差	样本量
lncapital	8.88	10.77	5.92	0.95	280
lnlet	-0.34	0.32	-1.23	0.29	280
$wlnlet_1$	-0.49	-0.03	-1.53	0.29	280
$wlnlet_2$	-0.50	-0.19	-1.26	0.18	280
$wlnlet_3$	-0.45	-0.15	-0.80	0.12	280
lnvat	-0.53	-0.02	-0.90	0.19	280
$wlnvat_1$	-0.51	-0.16	-0.78	0.10	280
$wlnvat_2$	-0.49	-0.31	-0.64	0.69	280
$wlnvat_3$	-5.30	-3.68	-7.86	0.98	280
lnwage	-5.29	-3.66	-7.87	0.97	280
lnedu	-0.09	0.37	-0.32	0.13	280
lnroaddenti	7.04	8.13	5.85	0.51	280
lnopen	-0.46	0.55	-2.62	0.76	280

第二节 实证方法选择与模型设定

一、实证方法选择

因为面板模型可以综合考虑地域差别和时间趋势的影响，有助于克服单独使用时间序列分析和截面分析方法的不足，因此本书利用面板数据模型对我国不同地区的税收竞争与资本流动进行计量分析。关于面板数据计量模型的估计方法选择，由于传统面板数据的固定效应和随机效应模型中对模型的数据要求较高，必须在模型满足某些假设时才具有良好的性质，诸如只有在模型的随机误差项服从正态分布或某一已知分布，极大似然法估计量才是可靠的估计量,模型的估计容易出现异方差和序列相关问题,从而造成模型估计的偏误等。自从 1982 年汉森提出广义矩估计方法后,由于其优良的估计性质,很快得到了广泛的应用。在大样本条件下,GMM 方法值需要一些矩条件就可以得到参数的一致性估计。它允许随机误差项存在异方差和序列相关,所得到的参数估计量也比较合乎实际。并且,很多的估计量都可以视为 GMM 方法的特例,这些估计量包括普通最小二乘估计量、工具变量法估计量、两阶段最小二乘估计量、非线性联立方程系统的估计量以及动态理性预期模型的估计量等,很多情况下,极大似然法估计量也可以看作 GMM 估计量的一个特例。总之,GMM 估计模型包含了许多常用估计量,并且为比较和评价它们提供了有用的框架,而且相对于其他估计量,GMM 提供了一种"简单的"备选方法,特别是当最大似然估计量很难获得时。考虑当期资本流动受到滞后一期的资本流动影响,模型中增加了资本流动滞后一期项,解决这种内生性问题主要采用阿雷亚诺和博韦尔(Arellano 和 Bover,1995)以及布伦德尔和邦德(Blundell 和 Bond,1998)提出的系统 GMM 估计方法来解决。故而,本书采用系统广义矩估计方法进行估计。

二、模型设定

根据在本书第一章的理论分析中得出的假说 1 内容,设定检验计量经济学模型为:

$$\text{ln}capital_{i,t} = \beta_0 + \beta_1 \text{ln}capital_{i,t-1} + \beta_2 \text{ln}x_{i,t} + \beta_3 w\text{ln}x_{i,t} + \beta_4 \text{ln}wage_{i,t} +$$
$$\beta_5 \text{ln}edu_{i,t} + \beta_6 \text{ln}roaddenti_{i,t} + \beta_7 \text{ln}open_{i,t} + \varepsilon_{i,t} \qquad (3-2)$$

其中,i 和 t 分别表示省份和时间,$x_{i,t}$ 为本地税收竞争指标,包括企业所得税征管效率(let)以及增值税税收征管效率(vat),$wx_{i,t}$ 为邻近地区税收竞争指标,包括邻近地区企业所得税($wlet_1$、$wlet_2$、$wlet_3$)以及增值税税收征管效率($wvat_1$、$wvat_2$、$wvat_3$),$\varepsilon_{i,t}$ 是随机扰动项,β_0 为截距项,其余为系数向量。

第三节　实证结果及分析

运用 Stata15.1 软件对式(3-2)进行估计,得到模型结果如表 3-3 所示。

从中可以看出,虽然不同税收竞争指标及不同空间权重矩阵下的回归系数存在不同,但在所有权重下,本书最为关注的本地企业所得税和增值税税收征管效率以及邻近地区企业所得税和增值税税收征管效率的系数符号及其显著性水平并没有改变,仅仅是系数估计值有所变化,这说明对模型的计量分析具有稳健性。

表 3-3　税收竞争与资本流动的回归估计结果

	地理邻接权重矩阵(w_1)		地理距离权重矩阵(w_2)		经济空间权重矩阵(w_3)	
	模型 1	模型 2	模型 3	模型 4	模型 5	模型 6
	lncapital	*lncapital*	*lncapital*	*lncapital*	*lncapital*	*lncapital*
L.lncapital	0.742***	0.780***	0.731***	0.972***	0.736***	0.929***
	(54.68)	(34.93)	(41.28)	(45.33)	(40.61)	(47.07)
ln*let*	−0.211***		−0.213***		−0.234***	
	(−7.35)		(−4.49)		(−3.68)	
*w*ln*let*	0.335***		0.290***		0.286***	
	(13.86)		(10.24)		(9.87)	
ln*vat*		−0.161***		−0.075***		−0.041
		(−3.23)		(−2.96)		(−0.81)
*w*ln*vat*		1.577***		0.726***		0.661***
		(17.73)		(22.22)		(8.03)
ln*wage*	0.554***	0.240**	0.477***	0.459***	0.693***	0.445***
	(2.99)	(2.49)	(4.06)	(4.60)	(3.55)	(4.98)
ln*edu*	0.128***	0.130***	0.150***	0.107***	0.104***	0.071***
	(14.31)	(4.29)	(5.01)	(4.27)	(5.23)	(2.61)
ln*roaddenti*	0.223***	0.241***	0.267***	−0.080**	0.419***	−0.010
	(7.79)	(5.75)	(12.82)	(−2.45)	(9.11)	(−0.22)
ln*open*	0.055***	0.090***	0.060***	0.063***	0.023	0.054***
	(3.29)	(7.60)	(3.14)	(7.53)	(1.14)	(5.87)
常数项	1.668***	1.286***	1.567***	−0.389	3.385***	0.165
	(22.37)	(5.11)	(19.23)	(−1.58)	(15.67)	(0.57)
样本数	252	196	252	196	252	196

续表

	地理邻接权重矩阵(w_1)		地理距离权重矩阵(w_2)		经济空间权重矩阵(w_3)	
	模型1	模型2	模型3	模型4	模型5	模型6
	lncapital	lncapital	lncapital	lncapital	lncapital	lncapital
Sargan	0.9805	0.7005	0.9762	0.4227	0.9861	0.4376
AR(1)	0.0533	0.0070	0.0101	0.0113	0.0225	0.0163
AR(2)	0.3398	0.2956	0.3793	0.3099	0.2680	0.3072

注:括号内为 t 值; * 、** 和 *** 分别表示在 10%、5% 和 1% 水平上显著。

从表 3-2 的估计结果中可以得出以下几点结论:第一,Sargan 统计量不显著,说明工具变量的选取是有效的,AR(2)接受原假设,意味着扰动项没有二阶序列自相关,故而模型设定是合理的。第二,滞后一期资本流动的估计系数在 1% 水平下显著为正,一方面表明本书设定的动态回归方程是符合现实的,能够更好地拟合现实情况;另一方面也表明基期的资本流动对后期的资本流动起到了显著的促进作用。第三,所有估计结果均显示,本地企业所得税及增值税税收征管效率对资本流动的影响显著为负,而邻近地区企业所得税及增值税税收征管效率对资本流动的影响为正,说明在不考虑其他变量的作用下,本地税收征管效率下降、邻近地区税收征管效率提高均会增加本地资本存量,因此命题 1 得证。

对于控制变量来说,劳动力成本(wage)与资本流动存在正相关关系,并通过了 1% 显著性检验,这表明工资越高,投资率也越高。虽然这异于经典经济增长理论的标准假设,但是在劳动力市场均衡时,劳动力工资率代表了其边际收益率,如果将地区间职工平均工资差异看作人力资本积累的不同,则表明某一地区人力资本水平越高,企业的投资就越高。教育投入(edu)的增加同样促进了资本流动,其原因是一个地区居民受教育水平越高,劳动生产率越高,越能吸引较多的资本流动。公路密度(roaddenti)的影响系数在 1% 显著性水平下为正,这是因为在公路收费标准不变的情况下,高密度的交通基础设施网络有利于原材料的采购和产品的销售,从而节约了企业的物流成本,实现即时供销,减少库存资金占用成本。最后,贸易开放度(open)同样也是影响资本流动的显著因素,贸易开放使一个地区获得较高的生产技术,提高了劳动生产率,而企业赢利与否在根本上取决于劳动生产率,因此,贸易开放仍然是吸引资本流动的一项重要措施。

小　结

本章运用系统广义矩估计方法,采用中国 28 个省(自治区、直辖市)2007—2016 年相关数据,考察了税收竞争对资本流动的影响,得到主要结论如下:本地企业所得税税收征管效率和增值税征管效率与资本存量呈正相关关系,邻近地区企业税收征管效率和增值税税收征管效率与资本存量呈负相关关系。这表明本地企业所得税税收征管效率和增值税税率越高,地区资本流动就越少;不同空间权重矩阵下,邻近地区企业所得税税收征管效率和增值税税税收征管效率越高,本地区资本流动就越多,政府间引资竞争是存在的。

本地企业所得税税收征管效率和增值税税收征管效率与资本存量呈正相关关系,邻近地区企业税收征管效率和增值税税收征管效率与资本存量呈负相关关系。这表明本地企业所得税税收征管效率和增值税税收征管效率越高,地区资本流动就越少;不同空间权重矩阵下,邻近地区企业所得税税收征管效率和增值税税收征管效率越高,本地区资本流动就越多,政府间引资竞争是存在的。由此本章提出以下政策建议。

第一,建立不同地区间良性竞争关系。健全的制度环境是建立地区政府之间竞争与合作关系的基础条件。中央政府应建立完善的地方政府间竞争与合作的制度以引导其形成有序的竞合关系。具体来说,一方面,应制定相关的法律法规,因为只有在制度约束的机制下,才能真正解决地方政府行政垄断、地方保护主义以及为吸引投资而滥用各种税收优惠政策问题,从而达到正确引导地方政府之间加强区域交流和合作的目的;另一方面,应营造一个区域协调发展的社会环境,因为一个平衡的政治经济环境不但可以较大限度地减少地方政府税收竞争的负面影响,而且有助于地方政府形成一个稳定的政策预期,防止地区之间在争取税收政策优惠方面陷入恶性循环。

第二,完善税收优惠政策。各地过多、过乱的税收等优惠政策加剧了地区间税收竞争,严重影响了经济的可持续发展和环境质量的改善。完善区域性税收等优惠政策,不但要克服认识误区,保障改革顺利进行,而且应树立大局意识,充分认识改革的重大意义,积极作为。

第三,提高资本准入门槛。中央政府应根据各个地区的经济发展水平和污染程度制定不同的资本准入政策,并制定相关政策以限制重污染投资。地区政府应有针对性地选择高收益、节能环保的资本项目,而且要将资本吸引至一些高收益、低污染及高附加值的投资领域,同时应推进以排污权交易为核心的跨区域环保合作,实行双方共赢的引资政策。

第四章 税收竞争、资本流动与
环境污染的实证研究

根据第一章假说 2 至假说 3 可知,在中央政府没有政府环保支出预算的假设条件下,地区政府税收竞争通过改变本地及邻近地区资本投入量影响该地区外溢性污染物排放量;地区间税收竞争引致低的税收征管效率增加了该地区资本投入量,以致提高了非外溢性污染物排放量。本章首先采用空间计量的方法检验 2007—2016 年我国 28 个地区外溢性污染物(二氧化硫)空间相关性;然后运用空间杜宾面板模型及动态面板模型分别检验了税收竞争对外溢性污染物(二氧化硫)和非外溢性污染物(固体废弃物)的直接影响,在此基础上,运用阿西莫格鲁等(2003)给出的用于识别渠道相对重要性的方法,对假说 2 至假说 3 进行了验证;最后得出本章主要结论。

第一节 变量选择与数据处理

一、变量选择

(一)被解释变量

污染物根据其属性可以分为非外溢性污染物、单向外溢性污染物及双向外溢性污染物。非外溢性污染物是指 A 区域与 B 区域排放的污染物不具有跨区域性,即 A 区域排放的污染物对 B 区域不具有负的外部性,B 区域排放的污染物对 A 区域也不具有负的外部性,典型的例子便是固体废弃物的排放。单向外溢性污染物则指 A 区域排放的污染物能影响 B 区域,但 B 区域排放的污染物对 A 区域没有负的外部性。一个现实的例子是废水上下游的排放。双向外溢性污染物意味着 A 区域与 B 区域排放的污染物具有跨区域性，即 A 区域与 B 区域排放的污染物相互影响，如二氧化硫、工业烟尘等废气的排放（李香菊、刘浩，2016）。与化学需氧物、工业废水、工业烟尘等外溢性污染物相比，二氧化硫外溢性较强，并且是我国计划减排目标中两个主要污染指标之一，再者我国目前是二氧化硫排放最多的国家，因此分别用工业二氧化硫排放量和工业固体废弃物排放量来衡量外溢性环境污染和非外溢性环境污染。参考既有文献并考虑到数据的可获得性以及本书的研究目的，同时为了消除地区人口规模的影响，选取人均工业二氧化硫排放量（pso_2）及人均工业固体废弃物排放量（$psolid$）两个指标衡量环境污染。

（二）核心解释变量

在理论模型中，地方政府税收竞争的策略变量是资本税收征管效率，这里用第二章中测算得到的企业所得税税收征管效率（let）及增值税税收征管效率（vat）代表。

（三）传导机制变量

本地区的资本投入量（$capital$）同第三章。

（四）控制变量

本书选取的环境污染控制变量（con）主要包括：（1）经济发展水平（$pgdp$）。经济发展水平与环境污染密相关，地区经济越发达，本地居民对环境质量的要求就越高，政府对其关注就越多，环境污染水平就越低；与此同时，地区经济越发达，代表该地区经济总量越高，会带来更多的环境污染，因此经济发展水平与环境污染的关系不确定，国内外学者对这二者关系的研究较多地使用该变量的二次方或者三次方。二次方的设定倾向于假定环境库兹涅茨曲线，而三次方的设定既考虑了二者的单调线性，又考虑了二者之间的倒"U"形或者"N"形关系。鉴于此，本书同时采用人均经济发展水平（$pgdp$）以及二次方（$pgdp^2$）。（2）人口密度（$denti$）。一方面，人口密度越大，消耗的资源越多，产生的污染越严重；另一方面，关注环境保护的人数也会越多，可以更好地保护环境。（3）外商直接投资（fdi）。一方面，外商直接投资的进入可以给该地区带来环保技术，从而改善了该地区的环境质量；另一方面，外商直接投资有利于污染密集型产业转移，在外商直接投资选择投资环境过程中，会将该类投资从环境标准较高的地区转移到环境标准较低的地区,进而增加了环境污染。故而这二者的关系不能确定。(4)财政分权(fd)。财政分权与环境污染的关系较为密切,一般来说,地方政府在现有的财政分权体制下更倾向于发展地区经济而对地区环境的关注不够。(5)研发强度(rd)。地区科技创新投入越多,意味着企业研发能力较强,单位产出的能耗就越低,环境污染相对较少。各变量具体名称和定义如表4-1所示。为保证数据的平稳性和收敛,各数据均采用自然对数表示。

表4-1　变量名称及定义

变量名称	变量标记	计算方法
被解释变量		
环境污染(吨/人)	pso_2	各地区人均工业二氧化硫排放量
	$psolid$	各地区人均工业固体废弃物排放量
解释变量		
企业所得税税收征管效率	let	随机前沿方法计算所得
增值税税收征管效率	vat	随机前沿方法计算所得
传导机制度量变量		
资本投入量(亿元)	$capital$	全社会固定资产投资减去住宅投资
控制变量		
经济发展水平(元/人)	$pgdp$	2007年价格水平折算的各地区的人均GDP
人口密度(百人/平方公里)	$denti$	各省份历年总人口/地区总面积
外商直接投资(%)	fdi	当年基准汇率换算的外商直接投资总额/地区GDP
财政分权(%)	fd	地方人均财政支出/中央人均本级财政支出
研发强度(%)	rd	各地区研发经费内部支出/GDP

二、数据处理

工业二氧化硫和固体废弃物排放量数据来自《中国环境年鉴》,年末总人口、非农人口、外商直接投资、全社会固定资产投资、住宅投资、各省的 GDP、地区总面积及各地区研发经费内部支出数据均来自《中国统计年鉴》,地区人均财政支出、中央人均本级财政支出及环保支出来自《中国财政年鉴》。表4-2 为变量的描述性统计分析。

表4-2　样本描述性统计

统计量	样本量	平均值	标准差	最小值	最大值
$\ln psolid$	280	-11.87	8.40	-27.62	-2.10
$\ln pso_2$	280	-4.27	0.62	-6.29	-2.33
$\ln pgdp$	280	10.33	0.507	8.97	11.46
$\ln pgdp^2$	280	20.65	1.01	17.94	22.91
$\ln denti$	280	2.96	1.16	-0.27	4.92
$\ln fdi$	280	-1.43	0.862	-3.03	1.77
$\ln fd$	280	-0.14	0.47	-1.09	1.24
$\ln rd$	280	-6.70	0.78	-8.18	-4.40

第二节　我国外溢性污染物空间自相关性分析

在对模型进行空间计量检验之前,首先需要考察我国外溢性污染物(工业二氧化硫)排放量的空间相关性是否存在,空间自相关由全局自相关检验(GSA)以及局域自相关检验(LISA)构成,其中全局空间自相关用来考察区域经济变量在整个系统内表现出的分布特征,一般地,Moran's I 指数及 Geary 指数对区域经济变量的空间相关性存在与否进行检验;局部空间自相关用来分析局域空间相关性所表现出的分布特征,一般用 Moran's I 散点图和 LISA 图来测度。

一、Moran's I 指数及全局空间自相关检验

空间统计学通常使用 Moran's I 指数来检验整个研究区中邻近地区间是相似、相异还是相互独立的。其定义如下：

$$\text{Moran'sI} = \frac{\sum_{i=1}^{n} \sum_{j=1}^{n} W_{ij}(Y_i - \bar{Y})(Y_j - \bar{Y})}{S^2 \sum_{i=1}^{n} \sum_{j=1}^{n} W_{ij}} \tag{4-1}$$

其中，$S^2 = \frac{1}{n} \sum_{i=1}^{n} (Y_i - \bar{Y})$，表示样本方差，$\bar{Y} = \frac{1}{n} \sum_{i=1}^{n} Y_i$，$Y_i$ 表示第 i 个地区的观测值，n 为地区总数，W_{ij} 为空间权重矩阵元素，Moran's I 可以看作各地区经济变量的乘积，该值的取值范围为 $-1 \leqslant \text{Moran's I} \leqslant 1$。如果该值大于零，则表明区域经济变量之间是空间正相关关系；如果该值小于零，则表明区域经济变量之间是空间负相关关系；如果其值接近于零，则表明空间分布是随机的，不存在空间自相关。Moran's I 指数的绝对值越大表明变量的空间相关程度越大；反之则越小。

表 4-3 列出了基于地理邻接的空间权重矩阵①计算而得的 2007—2016 年我国二氧化硫排放量的 Moran's I 指数及其统计值。从表 4-3 中的结果我们可以看出，样本考察期间二氧化硫排放量的 Moran's I 指数均为正值，且通过了 1% 的显著性水平检验，这表明二氧化硫排放在地区分布上具有明显的正相关性，即二氧化硫排放量较高的地区倾向于与其他高二氧化硫排放量的地区相邻，二氧化硫排放量较低的地区倾向于与其他低二氧化硫排放量的地区相邻。这表示地区二氧化硫在空间上呈现随机分布的假设被拒绝，二氧化硫排放量在样本空间上呈现出"俱乐部"式的集群态势。

为了更直观地观察历年二氧化硫排放量 Moran's I 指数的变化趋势，根据 2007—2016 年二氧化硫排放量的 Moran's I 指数数值绘制图 4-1。从中可以发现，二氧化硫排放量在时间上呈现出较为稳定的态势，在 0.30 左右震荡，这

① 实证研究中，通常采用地理邻近的权重矩阵及经济空间权重矩阵，此处采用地理邻近的空间权重矩阵以检验我国工业二氧化硫排放量的空间自相关性。

说明地区间二氧化硫排放量的关系较为稳定,且这种区域集群的趋势还在进一步强化。

表 4-3 2007—2016 年我国二氧化硫排放量的 Moran's I 值

年份	Moran's I	P-Value	年份	Moran's I	P-Value
2007	0.259	0.004	2012	0.311	0.001
2008	0.281	0.002	2013	0.309	0.001
2009	0.287	0.002	2014	0.328	0.001
2010	0.290	0.002	2015	0.321	0.001
2011	0.331	0.000	2016	0.359	0.000

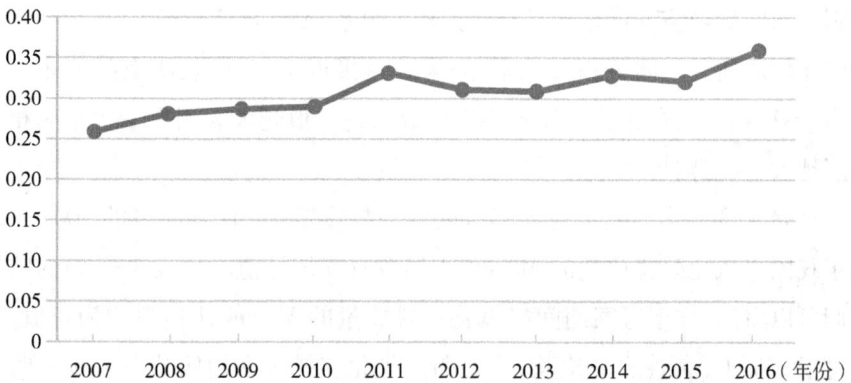

图 4-1 2007—2016 年我国二氧化硫排放量 Moran' I 指数趋势

二、Moran's I 散点图及局域空间自相关检验

全局空间自相关考察具有相似属性的区域经济变量观测值的平均聚集程度,而局域空间自相关则反映的是区域附近经济变量的空间集聚情况,一般用 Moran's I 散点图及 LISA 等来测度,其中 Moran's I 散点图检验较为常见。Moran's I 散点图用二维图的方式将变量与其空间滞后变量的关系描述出来,散点图横轴为该变量,纵轴则为其空间滞后向量,该二维平面由四个象限组成,第一象限为高高空间关联(HH),表示一个高值被高值所包围;第三象限

为低低空间关联(LL),代表一个低值被低值所包围;即第一、三象限体现出正的空间自相关性。第二象限为低高空间关联(LH),代表一个低值被高值所包围;第四象限为高低空间关联(HL),代表一个高值被低值所包围;即第二、四象限体现出负的空间自相关性。故而,Moran's I 散点图能够识别出空间单元所属的局域空间聚集类型。本书绘制出部分年份地理邻接权重矩阵下的二氧化硫散点图(见图4-2)。图4-2(a)、图4-2(b)、图4-2(c)、图4-2(d)分别表示 2007 年、2008 年、2010 年、2016 年二氧化硫散点图。从图4-2 中我们可以看出大部分地区位于第一象限(HH)和第三象限(LL),2007 年、2008 年、2010 年、2016 年分别有 4 个、6 个、8 个、8 个地区位于第一象限,有 12 个、12 个、12 个、15 个地区位于第三象限,合计占样本总数的比重分别为 57.1%、64.3%、71.4%、82.1%。这一结果进一步证实了二氧化硫污染存在显著的空间相关性,并且随着时间的推移,高污染地区正在不断扩大。

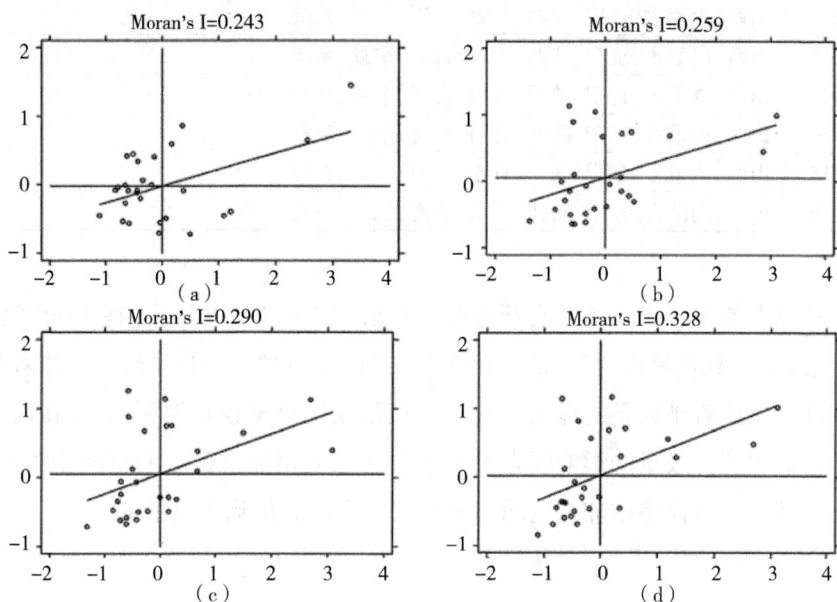

图 4-2　部分年份我国部分地区 SO_2 排放量 Moran's I 指数散点图

利用 Moran's I 指数散点图将重点关注的高—高型二氧化硫污染省份汇总于表4-4,可以看出:其一,我国高—高型二氧化硫污染区域集中分布在以内蒙古、山西为中心,与周边的陕西、宁夏、新疆等北方省份组成的高污染集聚区。其二,老工业基地辽宁省分布在高—高型二氧化硫污染集聚区。从动态演变情况看,2007年中国高二氧化硫污染集聚地区包括西部的宁夏、中部的山西及内蒙古、东部的辽宁;2008—2009年中国高二氧化硫污染集聚地区包括西部的陕西、宁夏及新疆、中部的山西及内蒙古、东部的辽宁,2010年后,甘肃、青海也加入高二氧化硫污染"俱乐部"。可见,我国的高二氧化硫污染集聚地区呈现出"西移"集中的演变态势。

表4-4 2007—2016年地理距离权重矩阵下高—高型二氧化硫污染省份

年份	省份
2007	山西、内蒙古、辽宁、宁夏
2008	山西、内蒙古、辽宁、陕西、宁夏、新疆
2009	山西、内蒙古、辽宁、陕西、宁夏、新疆
2010	山西、内蒙古、辽宁、陕西、甘肃、青海、宁夏、新疆
2011	山西、内蒙古、辽宁、陕西、甘肃、青海、宁夏、新疆
2012	山西、内蒙古、辽宁、陕西、甘肃、青海、宁夏、新疆
2013	山西、内蒙古、辽宁、陕西、甘肃、青海、宁夏、新疆
2014	山西、内蒙古、辽宁、陕西、甘肃、青海、宁夏、新疆
2015	山西、内蒙古、辽宁、陕西、甘肃、青海、宁夏、新疆
2016	山西、内蒙古、辽宁、陕西、甘肃、青海、宁夏、新疆

从以上的Moran's I指数分析中我们看出,2007—2016年我国地区间外溢性污染物(二氧化硫排放量)的确存在着相似值之间的空间集群,这意味着相对较高二氧化硫排放量的地区与其他二氧化硫排放量较高地区相邻,在研究地区二氧化硫排放量的影响因素中不能忽视二氧化硫排放量的空间相关性,因此在计量经济模型中加入空间因素更加合乎二氧化硫排放量的事实。

第三节 实证分析

一、模型设定

按照分类,空间模型可以分为两种基本形式:空间滞后模型(SAR)和空间误差模型(SEM)。

空间滞后模型又称为空间自回归模型,认为被解释变量(Y)之间存在内生交互效应,即一个空间单元的被解释变量会通过空间传导机制影响其他空间单元的被解释变量。该模型的表达式为:$Y = \rho WY + \beta X + \varepsilon$,其中$Y$表示每个地区的被解释变量,$\rho$表示空间自相关系数,反映的是区域间被解释变量的空间依赖程度,即本地区被解释变量对相邻地区或其他空间相关地区被解释变量的影响程度;W表示空间权重矩阵;β为解释变量的系数,反映了解释变量X对被解释变量Y的影响;X为$n \times k$的解释变量矩阵;ε为随机误差项。

空间误差模型认为空间依赖关系来自误差项(ε),而非模型的系统部分。其表达式为:$Y = \beta X + \varepsilon$;$\varepsilon = \lambda W\varepsilon + \nu$,其中$\varepsilon$表示随机扰动项,该模型显示,扰动项$\varepsilon$存在空间依赖性,这意味着,不包含在解释变量中但对被解释变量有影响的遗漏变量存在空间相关性,或者不可观测的随机冲击存在空间相关性。

外溢性污染物具有空间溢出的特性,而空间面板模型是研究空间溢出的较为有效工具,勒萨热(Lesage,2008)比较并分析了空间自回归模型、空间误差模型及空间杜宾模型这三种空间面板模型,发现能够得到无偏估计模型的是空间杜宾模型,该模型与上述两种模型相比更具一般性,兼具以上两个模型的特点,可以引入被解释变量及解释变量的空间滞后项。其表达式为:$Y = \rho WY + \beta X + \theta WX + \varepsilon$。

由于 Moran's I 指数证明外溢性污染物(二氧化硫)存在空间自相关,因此应将空间效应引入二氧化硫的计量模型中,故而,对外溢性污染物(二氧化硫)构建如下空间杜宾面板模型:

$$\ln pso_{2_{i,t}} = \alpha_i + \rho w \ln pso2_{i,t} + \beta_1 \ln pso2_{i,t-1} + \beta_2 \ln x_{i,t} + \beta_3 w \ln x_{i,t} + \beta_4 con_{i,t}$$
$$+ \beta_5 wcon_{i,t} + v_i + v_t + u_{i,t} \tag{4-2}$$

另外,考虑到当期固体废弃物受到滞后一期的固体废弃物影响,对非外溢性污染物(固体废弃物)构建如下动态面板模型:

$$\ln psolid_{i,t} = \alpha_i + \beta_1 \ln psolid_{i,t-1} + \beta_2 \ln x_{i,t} + \beta_3 con_{i,t} + u_{i,t} \tag{4-3}$$

其中,i 和 t 分别表示省份和时间,被解释变量 $\ln pso_{2_{i,t}}$、$\ln psolid_{i,t}$ 分别表示外溢性污染物及非外溢性污染物排放量;w 为空间权重矩阵,包括地理相邻权重矩阵(w_1)、地理相邻权重矩阵(w_2)及经济空间权重矩阵(w_3)。ρ 表示空间自相关系数,直接反映不同地区外溢性污染物排放是否存在空间相互影响。若 $\rho > 0$,表明外溢性污染物排放存在正向的相互作用;若 $\rho < 0$,则表明存在负向的相互作用;$x_{i,t}$ 为本地税收竞争指标,包括企业所得税征管效率(let)以及增值税税收征管效率(vat),$w\ln x_{i,t}$ 为解释变量 $\ln x_{i,t}$ 的空间滞后项;包括邻近地区企业所得税($wlet$)以及增值税税收征管效率($wvat$),v_i、v_t 分别为个体和时间固定效应;$u_{i,t}$ 是随机扰动项,$con_{i,t}$ 表示控制变量的集合。

二、税收竞争对环境污染的直接影响

在进行分析之前需要对空间回归模型进行诊断和选择。首先测算 LM-lag 和 LM-error 对空间滞后模型(spatial lag models)和空间误差模型(spatial error models)进行选择。由表 4-5 可知,LM-lag、LM-error 和 robust LM-lag 均通过了 1% 的显著性水平检验,而 robust LM-error 在三种权重矩阵下均没有通过显著性检验,因此选择空间滞后模型对式(4-2)进行估计,为了对比回归结果的稳健性,先对式(4-2)进行固定效应模型和系统 GMM 估计(见表 4-6),然后再进行静态空间面板模型估计(见表 4-7)。

接着本书对式(4-4)分别采用系统 GMM 及差分 GMM 模型进行估计(见表 4-8),由表 4-7 和表 4-8 可知:滞后一期二氧化硫排放量及固体废弃物排放量为正,并且通过了 1% 的显著性检验,这意味着前期的环境污染水平与当期的环境污染水平正相关,环境污染是一个累积并且连续的调整过程。本地税收征管效率与二氧化硫排放量及固体废弃物的回归系数显著为负,这表明在其他条件不变的情况下本地实施低税率在一定程度上加剧了地区环境污染。从表 4-7 中可以看出,在地理邻接、地理距离和经济距离型权重矩阵设置下空间自相关系数 ρ 均为正且通过了 1% 显著性检验,充分表明外溢性污染物(二氧化硫)存在正向的空间相关效应,某一省份二氧化硫排放量受到周边地区二氧化硫排放量的正向影响。

此外,环境污染还受到一些控制变量的影响,其中经济发展水平($pgdp$)与二氧化硫排放量(pso_2)及固体废弃物($psolid$)排放量存在显著的倒"U"形关系,这意味着二氧化硫及固体废弃物排放量与人均 GDP 正相关,在第一个

转折点从正相关转变为负相关。外商直接投资(fdi)的估计系数为负,且在
1%的水平下显著,说明外商直接投资越多,排放的污染物越少。人口密度
($denti$)对二氧化硫和固体废弃物排放量的系数大部分为正,且通过了显著性
检验,表明人口密度是影响地区环境质量的显著因素。财政分权(fd)对非外
溢性污染物(固体废弃物)的系数在5%显著性水平下为负,对外溢性污染物
(二氧化硫)的系数在1%显著性水平下为正,表明财政分权的提高不利于外
溢性污染物(二氧化硫)减排,而有利于非外溢性污染物(固体废弃物)的减
排。研发强度(rd)对两种工业污染的影响在1%水平下显著为负,表明技术
创新可以改善中国的环境污染。

表4-5　LM 检验结果

LM 检验	$w=w_1$	$w=w_2$	$w=w_3$
LM-lag	162.677 *** (0.000)	202.470 *** (0.000)	79.712 *** (0.000)
robust LM-lag	158.571 *** (0.000)	161.384 *** (0.414)	76.860 *** (0.000)
LM-error	4.132 *** (0.042)	43.136 *** (0.000)	3.364 *** (0.000)
robust LM-error	0.026 (0.871)	2.050 (0.152)	0.512 (0.474)

表4-6　税收竞争对二氧化硫直接影响的非空间面板模型

固定效应模型		系统 GMM		
	pso_2	pso_2	pso_2	pso_2
$L.pso_2$			0.676 *** (11.61)	0.652 *** (17.58)
lnlet	0.049 (0.38)		-0.205 ** (-2.25)	
lnvat		-0.572 *** (-3.08)		-1.373 *** (-17.36)

续表

	固定效应模型	系统 GMM		
	pso_2	pso_2	pso_2	pso_2
ln$pgdp$	6.476***	5.164***	5.559	1.122
	(4.17)	(3.27)	(1.63)	(0.60)
ln$pgdp^2$	−0.354***	−0.292***	−0.305*	−0.071
	(−4.73)	(−3.84)	(−1.80)	(−0.79)
ln$denti$	−0.052	−0.085	0.042	0.034*
	(−0.68)	(−1.12)	(1.07)	(1.87)
lnfdi	−0.292***	−0.265***	−0.294***	−0.246***
	(−4.49)	(−4.22)	(−6.93)	(−8.72)
lnfd	0.265	0.521***	0.625***	0.534***
	(1.30)	(2.62)	(4.26)	(5.54)
lnrd	−0.272***	−0.249***	−0.247***	−0.224***
	(−3.42)	(−3.20)	(−6.43)	(−11.99)
常数项	−35.384***	−28.546***	−28.579*	−8.178
	(−4.38)	(−3.48)	(−1.67)	(−0.83)
样本数	280	280	252	252
R^2	0.350	0.374		
Sargan			1.0000	1.0000
AR(1)			0.0240	0.0091
AR(2)			0.9143	0.1874

表 4-7　税收竞争对二氧化硫的直接影响

	地理邻接权重矩阵(w_1)		地理距离权重矩阵(w_2)		经济空间权重矩阵(w_3)	
	模型 1	模型 2	模型 3	模型 4	模型 5	模型 6
	lnpso_2	lnpso_2	lnpso_2	lnpso_2	lnpso_2	lnpso_2
lnlet	−0.751***		−0.808***		−0.831***	
	(−6.57)		(−6.74)		(−6.95)	
lnvat		−0.344***		−0.241*		−0.288***
		(−2.96)		(−1.76)		(−2.44)

续表

	地理邻接权重矩阵(w_1)		地理距离权重矩阵(w_2)		经济空间权重矩阵(w_3)	
	模型1	模型2	模型3	模型4	模型5	模型6
	lnpso_2	lnpso_2	lnpso_2	lnpso_2	lnpso_2	lnpso_2
ln$pgdp$	2.965*	5.451***	3.956**	5.381***	4.133**	1.555
	(1.77)	(3.83)	(2.28)	(3.85)	(2.36)	(0.84)
ln$pgdp^2$	−0.176**	−0.297***	−0.221**	−0.291***	−0.233***	−0.095
	(−2.12)	(−4.35)	(−2.57)	(−4.33)	(−2.69)	(−1.04)
ln$denti$	0.055**	−0.088	0.044	−0.079	0.041	−0.046
	(2.03)	(−1.28)	(1.58)	(−1.18)	(1.45)	(−1.61)
lnfdi	−0.546***	−0.258***	−0.610***	−0.239***	−0.613***	−0.594***
	(−11.98)	(−4.57)	(−13.41)	(−4.29)	(−13.42)	(−11.97)
lnfd	1.512***	0.361**	1.543***	0.326*	1.605***	1.210***
	(10.61)	(1.98)	(10.27)	(1.81)	(10.77)	(6.92)
lnrd	−0.114***	−0.249***	−0.071**	−0.234***	−0.063**	−0.092***
	(−3.81)	(−3.56)	(−2.39)	(−3.39)	(−2.11)	(−2.93)
ρ	0.381***	0.261***	0.303***	0.361***	0.364***	0.418***
	(5.97)	(4.23)	(3.55)	(5.21)	(3.56)	(4.09)
Hausman检验	−3.33	−219.47	−436.35	−2.63	−887.71	74.000***
样本数	280	280	280	280	280	280
R^2	0.451	0.249	0.415	0.243	0.432	0.301

注:括号内为t值;*、**和***分别表示在10%、5%和1%水平上显著。

表4-8 税收竞争对固体废弃物的直接影响

	系统GMM		差分GMM	
	模型1	模型2	模型3	模型4
	ln$psolid$	ln$psolid$	ln$psolid$	ln$psolid$
$L.psolid$	0.425***	0.447***	0.332***	0.085***
	(19.22)	(33.95)	(15.71)	(4.60)
lnlet	−4.975***		−3.728***	
	(−7.35)		(−4.49)	

	系统 GMM		差分 GMM	
	模型 1	模型 2	模型 3	模型 4
	ln*psolid*	ln*psolid*	ln*psolid*	ln*psolid*
ln*vat*		-5.527***		-3.284***
		(-6.86)		(-4.90)
ln*pgdp*	-55.431*	-109.779***	25.073	92.494***
	(-1.73)	(-5.65)	(0.72)	(3.38)
ln*pgdp*^{2}	2.711*	5.273***	-1.235	-4.553***
	(1.73)	(5.90)	(-0.71)	(-3.34)
ln*denti*	1.256***	0.334	3.332***	4.044***
	(3.16)	(0.67)	(11.17)	(6.51)
ln*fdi*	0.458	0.307	-0.701	-1.833*
	(0.59)	(0.61)	(-0.86)	(-1.90)
ln*fd*	-4.433***	-4.018*	-5.272	-9.465***
	(-2.76)	(-1.96)	(-0.97)	(-3.19)
ln*rd*	-0.312	-0.549	-0.661	-0.571
	(-0.54)	(-1.08)	(-0.64)	(-0.77)
常数项	268.107	556.296***	-151.715	-495.954***
	(1.64)	(5.36)	(-0.88)	(-3.54)
样本数	252	252	224	224
Sargan	1.0000	1.0000	1.0000	0.9920
AR(1)	0.0078	0.0055	0.0047	0.0124
AR(2)	0.6951	0.6341	0.6727	0.7856

注:括号内为 t 值;*、**和***分别表示在 10%、5%和 1%水平上显著。

三、影响机制检验

(一)模型设定

为了验证资本流动是税收竞争影响环境污染的一个影响机制,本部分借鉴阿西莫格鲁(2003)的方法,首先在式(4-2)和式(4-3)中分别加入资本投入量变量(*capital*),接着观察税收竞争代表性变量——税收征管效率(*let*)和

（vat）的显著性及其系数变化情况，依据下面的规则判定 $capital$ 的重要性。

（1）如果 let 和 vat 显著性下降或者变为不显著，或者该系数明显减少，而 $capital$ 显著，那么 $capital$ 是税收竞争作用于环境污染的一个影响机制。

（2）如果 let 和 vat 仍然显著而 $capital$ 不显著，那么 $capital$ 不是税收竞争影响环境污染的渠道。在这样的情况下，税收竞争只能通过其他影响机制（如邻近地区资本投入量）对环境污染起作用。

（3）如果 let 和 vat 和 $capital$ 均显著，且 let 和 vat 的显著性与系数并没有明显下降，那么税收竞争作用于环境污染的主要影响机制是邻近地区资本投入量，本地资本投入量不是税收竞争作用于环境污染的主要影响机制。

（二）实证结果及分析

在式（4-2）和式（4-3）中分别加入本地资本投入量变量，得出表4-9和表4-10。

将表4-9与表4-7对比，表4-10与表4-8对比，在增加了变量 $capital$ 即资本投入量后，$capital$ 的系数相当显著，表明资本投入量的变动显著影响环境污染排放量变动。同时，税收竞争的系数显著，但系数变小，根据规则可以推断：本地资本投入量是税收竞争作用于二氧化硫和固体废弃物的一个主要渠道。

表4-9 税收竞争与二氧化硫：传导机制检验

	地理邻接权重矩阵（w_1）		地理距离权重矩阵（w_2）		经济空间权重矩阵（w_3）	
	模型1	模型2	模型3	模型4	模型5	模型6
	$\ln pso_2$	$\ln pso_2$	$\ln pso_2$	$\ln pso_2$	$\ln pso_2$	$\ln pso_2$
$\ln let$	-0.876***		-0.920***		-0.950***	
	(-7.62)		(-7.58)		(-7.78)	
$\ln vat$		-0.353**		-0.249		-0.465**
		(-2.01)		(-1.41)		(-2.08)
$\ln pgdp$	1.573	5.356***	2.795	5.246***	3.086*	0.566
	(0.95)	(3.76)	(1.62)	(3.75)	(1.77)	(0.29)
$\ln pgdp^2$	-0.129	-0.298***	-0.183**	-0.293***	-0.200**	-0.060
	(-1.60)	(-4.37)	(-2.17)	(-4.37)	(-2.35)	(-0.64)

续表

	地理邻接权重矩阵(w_1)		地理距离权重矩阵(w_2)		经济空间权重矩阵(w_3)	
	模型1	模型2	模型3	模型4	模型5	模型6
	lnpso_2	lnpso_2	lnpso_2	lnpso_2	lnpso_2	lnpso_2
ln$denti$	0.002	−0.086	−0.004	−0.077	−0.006	−0.074**
	(0.08)	(−1.25)	(−0.13)	(−1.14)	(−0.19)	(−2.28)
lnfdi	−0.457***	−0.262***	−0.534***	−0.244***	−0.546***	−0.558***
	(−9.34)	(−4.63)	(−10.82)	(−4.37)	(−11.03)	(−10.38)
lnfd	1.770***	0.338*	1.771***	0.291	1.838***	1.403***
	(11.64)	(1.83)	(11.03)	(1.60)	(11.34)	(6.80)
lnrd	−0.143***	−0.257***	−0.094***	−0.244***	−0.080***	−0.106***
	(−4.79)	(−3.63)	(−3.15)	(−3.51)	(−2.72)	(−3.28)
ln$capital$	0.186***	0.066*	0.169***	0.095*	0.160***	0.098*
	(4.07)	(1.75)	(3.49)	(1.69)	(3.28)	(1.72)
ρ	0.436***	0.263***	0.368***	0.369***	0.405***	0.444***
	(6.97)	(4.27)	(4.37)	(5.31)	(4.01)	(4.34)
样本数	280	280	280	280	280	280
R^2	0.416	0.223	0.379	0.203	0.405	0.290

注:括号内为 t 值;*、** 和 *** 分别表示在 10%、5% 和 1% 水平上显著。

表4-10 税收竞争与固体废弃物:传导机制检验

	系统 GMM		差分 GMM	
	模型1	模型2	模型3	模型4
	ln$psolid$	ln$psolid$	ln$psolid$	ln$psolid$
L.ln$psolid$	0.440***	0.465***	0.171***	0.058**
	(7.35)	(11.06)	(4.43)	(1.96)
lnlet	−5.921*		−8.543***	
	(−1.94)		(−4.56)	
lnvat		−2.417**		2.870*
		(−2.21)		(1.68)

	系统 GMM		差分 GMM	
	模型 1	模型 2	模型 3	模型 4
	ln*psolid*	ln*psolid*	ln*psolid*	ln*psolid*
ln*pgdp*	−19.067	−84.592*	5.994	16.076
	(−0.55)	(−1.72)	(0.13)	(0.33)
ln*pgdp*^{2}	1.528	4.704**	0.522	0.004
	(0.87)	(1.98)	(0.21)	(0.00)
ln*denti*	1.014	−0.372	3.553***	3.444*
	(1.25)	(−0.75)	(3.49)	(1.95)
ln*fdi*	−1.186	−1.529*	−0.384	−1.125
	(−1.24)	(−1.67)	(−0.28)	(−0.84)
ln*fd*	−10.049***	−12.010***	2.047	−16.890***
	(−2.58)	(−4.45)	(0.43)	(−5.17)
ln*rd*	2.252***	1.547	−0.606	0.673
	(3.01)	(1.19)	(−0.26)	(0.29)
ln*capital*	−3.641***	−4.481***	−10.837***	−6.776**
	(−2.71)	(−5.88)	(−4.75)	(−2.31)
常数项	66.327	411.547	−47.912	−122.575
	(0.38)	(1.64)	(−0.20)	(−0.50)
样本数	252	252	224	224
Sargan	1.0000	1.0000	0.9999	0.9562
AR(1)	0.0073	0.0149	0.0142	0.0181
AR(2)	0.6748	0.6236	0.8808	0.8704

注:括号内为 t 值;*、** 和 *** 分别表示在 10%、5% 和 1% 水平上显著。

小　结

本章首先采用空间计量的方法检验 2007—2016 年我国 28 个省份外溢性污染物(二氧化硫)空间相关性,然后运用空间杜宾面板模型及动态面板模型分别检验了税收竞争对外溢性污染物(二氧化硫)和非外溢性污染物(固体废弃物)的直接影响,在此基础上,运用阿西莫格鲁等(2003)给出的用于识别渠道相对重要性的方法,对假说2至假说3进行了验证得出以下结论。

第一,地区间二氧化硫排放量存在空间溢出效应,二氧化硫排放量较高的地区倾向与其他高二氧化硫排放量的地区相邻,二氧化硫排放量较低的地区倾向与其他低二氧化硫排放量的地区相邻;我国的高二氧化硫污染集聚地区呈现出"西移"集中的演变态势,2007—2009年中国高二氧化硫污染集聚地区包括西部的陕西、宁夏及新疆,中部的山西及内蒙古、东部的辽宁,2010年后,甘肃、青海也加入高二氧化硫污染"俱乐部"。

第二,前期的环境污染水平与当期的环境污染水平正相关,并通过了1%显著性检验,这表明环境污染是一个累积并且连续的调整过程。本地税收征管效率与二氧化硫排放量及固体废弃物的回归系数显著为负,这表明在其他条件不变的情况下税收竞争引致的本地低税率在一定程度上加剧了地区环境污染。

第三,本地资本投入量是税收竞争作用于二氧化硫和固体废弃物的一个主要渠道,假说2至假说3得证。

第五章　税收竞争、环保支出与环境污染的实证研究

本章根据前述理论分析部分提出的假说4,实证研究税收竞争对环保支出的影响机制以及税收竞争通过环保支出对环境污染的影响。具体来说,首先分析税收竞争与环保支出的直接关系;接着借鉴温忠麟和叶宝娟(2014)的中介效应检验规则,采用递归模型检验税收竞争是否通过环保支出中介效应对环境污染产生影响;最后得出本章的研究结论。

中介效应模型构建过程如下:第一步,构建税收竞争与环境污染的模型,也就是第四章的式(4-2)和式(4-3)。第二步,由于环保支出是本章要检验的中介变量,构建税收竞争对环保支出直接影响的回归模型,具体见式(5-1)。第三步,将环保支出分别加入式(4-2)和式(4-3),得到式(5-2)和式(5-3)。

第一节　税收竞争对环保支出影响的实证研究

一、变量选择

(一)被解释变量

环保支出($expg$)。地区环保支出($expg$)采用地方政府环保支出占地区GDP的比重来衡量。

(二)核心解释变量

用第二章中测算得到的企业所得税税收征管效率(let)及增值税税收征管效率(vat)作为代理变量。

（三）影响环保支出的控制变量

（1）人口密度（$denti$）。人口密度越大，消耗的资源越多，产生的污染越严重，需要的环保投入越多。（2）转移支付（$transfer$）。一方面，如果大部分环保投入的资金来自转移支付，那么在"搭便车"动机下，地方政府会提供较多此类服务；另一方面，如果转移支付比重较多，会造成政府支出行为扭曲，重经济建设支出而轻环境保护支出。（3）城市化水平（$urban$）。采用工业化推动型的城市生活排放污染多于农村污染，因此环境污染随着城市化水平的提高而增加，故而需要进行更多的环保投入。（4）经济发展水平（$pgdp$）。经济发展水平越高的地区居民的生活水平也越高，因此对环境质量的要求也越高，环保治理投资的需求会不断增加，导致地方政府环保投入的增加（张宇和朱平芳，2010）。（5）产业结构（ind）。与第三产业比重相比，第二产业污染排放较多，因此第二产业比重越大，工业污染就越严重，环保投入需求就越大。为保证数据的平稳性和收敛，各数据均采用自然对数表示，变量具体定义如表 5-1 所示。

表 5-1 变量名称及定义

变量名称	变量标记	计算方法
被解释变量		
环保支出（%）	$expg$	地方政府环保支出/地区生产总值
解释变量		
企业所得税税收征管效率	let	随机前沿方法计算所得
增值税税收征管效率	vat	随机前沿方法计算所得
控制变量		
人口密度（百人/平方千米）	$denti$	各省份历年总人口/地区总面积
转移支付（%）	$transfer$	（中央补助收入-上解中央支出）/地方一般预算支出
城市化进程（%）	$urban$	非农人口/总人口
经济发展水平（元/人）	$pgdp$	2007 年价格水平折算的各地区的人均 GDP
产业结构（%）	ind	第二产业生产总值/GDP

由于地方政府环境保护支出从 2007 年才被纳入财政支出科目,鉴于税收征管效率数据的可得性,本章选取 2007—2016 年我国 28 个省级地区(香港、澳门、台湾、北京、上海及西藏除外)面板数据。各地区非农人口、地区总面积及第二产业生产总值数据均来自《中国统计年鉴》,地方政府中央补助收入、上解中央支出、地方一般预算支出及环保支出来自《中国财政年鉴》,表 5-2 为变量的描述性统计分析。

表 5-2　样本描述性统计

统计量	样本量	平均值	标准差	最小值	最大值
lnexpg	300	−5.15	0.63	−7.08	−3.32
lndenti	300	3.11	1.27	−0.27	5.99
lntransfer	300	−0.12	0.88	−2.23	1.69
lnurban	300	3.95	0.24	3.34	4.50
lnind	300	3.83	0.21	2.96	4.12

二、模型设定及实证结果分析

(一)模型设定

由于当期政府环保支出受到滞后一期的政府环保支出影响,故而构建动态面板模型,具体模型如下:

$$\ln expg_{i,t} = \alpha_0 + \alpha_1 \ln expg_{i,t-1} + \alpha_2 \ln x_{i,t} + \alpha_3 \ln denti_{i,t} + \alpha_4 \ln transfer_{i,t}$$
$$+ \alpha_5 \ln urban_{i,t} + \alpha_6 \ln pgdp_{i,t} + \alpha_7 \ln ind_{i,t} + \varepsilon_{i,t} \qquad (5\text{-}1)$$

其中,i 和 t 分别代表省份和时间,$x_{i,t}$ 为本地税收竞争指标,包括企业所得税征管效率(let)以及增值税税收征管效率(vat),$\varepsilon_{i,t}$ 是随机扰动项,α_0 为截距项,其余为系数向量。

(二)实证结果分析

自从 1982 年汉森提出广义矩估计方法(GMM)之后,由于其优良的估计性质,很快得到了广泛的应用。考虑模型中增加了环保支出滞后一期项,这种内生性问题主要采用阿雷亚诺和博韦尔(1995)以及布伦德尔和邦德(1998)

提出的系统 GMM 估计方法来解决。故而,本书采用系统广义矩估计方法进行估计,为了显示结果的稳健性,分别运用系统 GMM 和差分 GMM 法分别对式(5-1)进行估计,回归结果如表 5-3 所示。从表 5-3 中的结果可以看出:(1)Sargan 统计量不显著,说明工具变量的选取是有效的,AR(2)接受原假设,意味着扰动项没有二阶序列自相关,故而模型设定是合理的。(2)滞后一期环保支出的估计系数在 1% 水平下显著为正,这一方面表明本书设定的动态回归方程是符合现实的,能够更好地拟合现实情况;另一方面也表明基期的环保支出对后期的环保支出起到了显著的促进作用。(3)本地税收征管效率对政府环保支出的影响显著为正,说明在不考虑其他变量的作用下,本地实际税率下降会减少本地政府环保支出。可能的解释是:一方面,地方政府为了吸引资本流入减少本地税收征管效率,带来本地税收收入的减少,进而带来政府环保支出的下降;另一方面,本地资本存量的增加促使企业利润有所上升,政府征收的税收收入增加,进而带来地方政府环保支出的增加。本地资本投入量增加带来环保支出提高的正向激励小于本地税收征管效率下降引致环保支出减少的负向激励。

表 5-3　税收竞争对环保支出的影响

	系统 GMM		差分 GMM	
	模型 1	模型 2	模型 3	模型 4
	ln*expg*	ln*expg*	ln*expg*	ln*expg*
L.ln*expg*	0.426***	0.315***	0.352***	0.257***
	(10.03)	(5.80)	(9.05)	(6.25)
ln*let*	0.046*		0.051*	
	(1.80)		(1.68)	
ln*vat*		0.222***		0.271***
		(2.95)		(4.36)
ln*denti*	−0.083***	−0.142***	−0.008	−0.002
	(−4.28)	(−3.45)	(−1.09)	(−0.26)
ln*transfer*	0.091	0.185***	0.090	0.157***
	(1.26)	(2.88)	(1.37)	(3.62)

续表

| | 系统 GMM | | 差分 GMM | |
| | 模型 1 | 模型 2 | 模型 3 | 模型 4 |
	ln$expg$	ln$expg$	ln$expg$	ln$expg$
ln$urban$	0.100	0.548***	0.252	−0.367
	(0.35)	(3.00)	(0.53)	(−0.39)
ln$pgdp$	−0.177*	−0.157	−0.084	0.149
	(−1.71)	(−1.61)	(−0.47)	(0.57)
lnind	−0.631***	−0.683***	−0.335**	−0.687**
	(−5.52)	(−4.51)	(−2.01)	(−2.51)
常数项	1.248	−1.032	−2.074**	−1.287
	(1.21)	(−0.82)	(−2.09)	(−0.68)
样本数	252	252	224	224
Sargan	0.9863	1.0000	0.8690	0.9997
AR(1)	0.0032	0.0084	0.0032	0.0109
AR(2)	0.7396	0.7102	0.8079	0.8227

注:括号内为 t 值;*、** 和 *** 分别表示在 10%、5% 和 1% 水平上显著。

第二节　影响机制检验

一、变量选择

(一)被解释变量

环境污染选取人均工业二氧化硫排放量(pso_2)及人均工业固体废弃物排放量($psolid$)。具体数据来源同第四章。

(二)核心解释变量

这里用第二章中测算得到的企业所得税税收征管效率(let)及增值税税收征管效率(vat)代表。

(三)中介变量

政府环保支出($expg$)的指标选取同上节,采用地方政府环保支出占地区生产总值的比重表示。

（四）控制变量

环境污染控制变量（con）同第四章，包括经济发展水平（$pgdp$）及二次方（$pgdp_2$）；人口密度（$denti$）；外商直接投资（fdi）；财政分权（fd）和研发强度（rd）。

二、模型设定

分别在式（4-3）和式（4-4）基础上加入环保支出以及环保支出滞后项，对外溢性污染物（二氧化硫）构建如下空间杜宾面板模型：

$$\ln pso_{2i,t} = \alpha_i + \rho w \ln pso_{2i,t} + \lambda_1 \ln pso_{2i,t-1} + \lambda_2 \ln x_{i,t} + \lambda_3 \ln expg_{i,t} +$$
$$\lambda_4 con_{i,t} + \lambda_5 w \ln x_{i,t} + \lambda_6 w expg_{i,t} + \lambda_7 w con_{i,t} + v_i + v_t + u_{i,t} \tag{5-2}$$

对非外溢性污染物（固体废弃物）构建以下动态面板模型：

$$\ln psolid_{i,t} = a_i + \lambda_1 \ln psolid_{i,t-1} + \lambda_2 \ln x_{i,t} + \lambda_3 \ln expg_{i,t} + \lambda_4 con_{i,t} + u_{i,t}$$
$$\tag{5-3}$$

三、实证结果及分析

变量的描述性统计已在第四章说明，此处不再赘述。在对式（5-2）进行分析之前需要对空间回归模型进行诊断和选择。首先测算 LM-lag 和 LM-error 对空间滞后模型和空间误差模型进行选择。由表5-4可知，LM-lag、LM-error 和 robust LM-lag 均通过了1%的显著性水平检验，而 robust LM-error 在三种权重矩阵下均没有通过显著性检验，因此选择空间滞后模型（SAR）对式（5-2）进行估计，估计结果如表5-5所示；接着对式（5-3）分别采用系统 GMM 及差分 GMM 模型进行估计（见表5-6）。

从表5-5中可以看出，在地理邻接、地理距离和经济空间权重矩阵设置下空间自相关系数 ρ 均为正且通过了1%显著性检验，这与上一节的研究结果一致。充分表明外溢性污染物（二氧化硫）存在正向的空间相关效应，某一省份二氧化硫排放量受到周边地区二氧化硫排放量的正向影响。

表5-6显示 Sargan 统计量不显著，说明工具变量的选取是有效的，AR(2)接受原假设，意味着扰动项没有二阶序列自相关，故而模型设定是合理的。

此外,可以看出环保支出对二氧化硫和固体废弃物均有显著负效应,这与田淑英(2016)等以及姜楠(2018)的研究结果是一致的。也就是说,在控制经济发展水平和人口密度等变量时,环保支出越多,环境污染越少。造成这一结果的原因可能是:环保支出可以刺激科技创新、提高地区的治污水平,同时可以引致社会资本投向科技创新领域,进而完善地区产业结构,减少地区雾霾污染。

最后根据温忠麟和叶宝娟(2014)的中介效应检验规则,采用递归模型检验税收竞争是否通过环保支出中介效应对环境污染产生影响。具体检验步骤为以下内容:第一步,由第四章表4-7和表4-8的估计结果可知,税收竞争对环境污染的直接影响(β_2)显著为负,应当按照中介效应立论。第二步,由表5-3、表5-5和表5-6可知,税收竞争对环保支出的直接影响(α_2)、环保支出对二氧化硫和固体废弃物排放的影响(λ_3)均在10%的水平下显著,说明模型存在中介效应,直接转入第三步。第三步,表5-5和表5-6中税收竞争对环境污染影响(λ_2)在1%的水平下显著,表明模型既存在直接效应又存在间接效应。第四步,$\alpha_2\lambda_3$与λ_2符号相同且均为负,说明存在部分中介效应。以表5-5和表5-6中的模型1为例,环保支出在税收竞争与二氧化硫之间的中介效应占总效应比例为3.95%,在税收竞争与固体废弃物之间的中介效应占总效应比例为16.1%。由此可以看出,环保支出确实在税收竞争与环境污染之间扮演重要的中介传导机制,且这一中介效应占税收竞争对二氧化硫和固体废弃物影响总效应的3.95%和16.1%。由此假说4得证,即环保支出是税收竞争作用于环境污染的一个主要渠道。

表5-4　LM 检验结果

LM 检验	$w = w_1$	$w = w_2$	$w = w_3$
LM-lag	167.272 *** (0.000)	208.566 *** (0.000)	83.459 *** (0.000)
robust LM-lag	163.127 *** (0.000)	166.665 *** (0.414)	80.460 *** (0.000)
LM-error	4.177 *** (0.041)	43.916 *** (0.000)	3.547 *** (0.060)
robust LM-error	0.031 (0.859)	2.014 (0.156)	0.548 (0.459)

表 5-5　税收竞争通过环保支出中介效应对二氧化硫影响的检验结果

	地理邻接权重矩阵(w_1)		地理距离权重矩阵(w_2)		经济空间权重矩阵(w_3)	
	模型 1	模型 2	模型 3	模型 4	模型 5	模型 6
	lnpso_2	lnpso_2	lnpso_2	lnpso_2	lnpso_2	lnpso_2
lnlet	−0.121 *		−0.758 ***		−0.780 ***	
	(−1.68)		(−5.93)		(−6.09)	
lnvat		−0.358 **		−0.260		−0.158
		(−2.00)		(−1.45)		(−0.79)
ln$pgdp$	5.359 ***	5.289 ***	4.234 **	5.127 ***	4.378 **	2.861
	(3.86)	(3.57)	(2.42)	(3.53)	(2.48)	(1.53)
ln$pgdp^2$	−0.309 ***	−0.289 ***	−0.229 ***	−0.278 ***	−0.240 ***	−0.144
	(−4.59)	(−4.03)	(−2.66)	(−3.96)	(−2.77)	(−1.58)
ln$denti$	0.004	−0.088	0.059 *	−0.079	0.055 *	0.011
	(0.07)	(−1.28)	(1.90)	(−1.18)	(1.76)	(0.33)
lnfdi	−0.151 **	−0.262 ***	−0.606 ***	−0.246 ***	−0.608 ***	−0.578 ***
	(−2.44)	(−4.57)	(−13.29)	(−4.33)	(−13.28)	(−11.78)
lnfd	0.326 *	0.360 **	1.473 ***	0.322 *	1.533 ***	1.024 ***
	(1.89)	(1.97)	(9.06)	(1.79)	(9.40)	(5.65)
lnrd	−0.206 ***	−0.241 ***	−0.076 **	−0.221 ***	−0.068 **	−0.103 ***
	(−3.06)	(−3.29)	(−2.51)	(−3.07)	(−2.27)	(−3.29)
ln$expg$	−0.104 *	−0.025 ***	−0.081 *	−0.040	−0.076 *	−0.236 ***
	(−1.72)	(−2.39)	(−1.82)	(−0.64)	(−1.74)	(−3.19)
ρ	0.219 ***	0.257 ***	0.282 ***	0.357 ***	0.352 ***	0.372 ***
	(2.72)	(4.10)	(3.21)	(5.12)	(3.33)	(3.47)
样本数	280	280	280	280	280	280
R^2	0.072	0.248	0.382	0.243	0.393	0.219

注:括号内为 t 值;* 、** 和 *** 分别表示在 10%、5% 和 1% 水平上显著。

表 5-6 税收竞争通过环保支出中介效应对固体废弃物影响的检验结果

	系统 GMM		差分 GMM	
	模型 1	模型 2	模型 3	模型 4
	ln*psolid*	ln*psolid*	ln*psolid*	ln*psolid*
L.ln*psolid*	0.351***	0.409***	0.221***	0.231***
	(15.82)	(8.87)	(4.87)	(10.94)
ln*expg*	−1.800*	−2.047*	−3.318***	−3.968***
	(−1.86)	(−1.73)	(−3.81)	(−3.77)
ln*let*	−6.312***		−5.810***	
	(−4.63)		(−5.43)	
ln*vat*		−9.839***		−6.028***
		(−8.30)		(−4.28)
ln*pgdp*	−27.865	−139.096***	28.054	−70.232
	(−1.01)	(−3.68)	(0.73)	(−1.56)
ln*pgdp*^{2}	1.432	6.852***	−1.329	3.495
	(1.06)	(3.76)	(−0.72)	(1.53)
ln*denti*	2.158***	−0.363	4.116***	3.606***
	(4.96)	(−0.91)	(8.39)	(6.41)
ln*fdi*	−0.995	0.333	−2.761***	−0.596
	(−1.21)	(0.22)	(−3.74)	(−0.64)
ln*fd*	−7.416***	−6.289**	−9.304	−7.261
	(−3.10)	(−2.28)	(−1.43)	(−1.58)
ln*rd*	−2.393***	0.421	−0.486	0.619
	(−3.84)	(0.23)	(−0.61)	(0.35)
常数项	90.232	685.172***	−196.270	312.522
	(0.63)	(3.52)	(−0.99)	(1.38)
样本数	252	252	224	224
Sargan	1.0000	1.0000	1.0000	1.0000
AR(1)	0.0120	0.0108	0.0127	0.0133
AR(2)	0.7323	0.7258	0.8747	0.8876

注:括号内为 t 值;*、** 和 *** 分别表示在 10%、5% 和 1% 水平上显著。

小　结

本章主要以 2007—2016 年 28 个省级政府面板数据为例,首先考察了税收竞争与环保支出的关系,然后分析了环保支出与环境污染的关系,最后根据温忠麟和叶宝娟(2014)的中介效应检验规则验证了假说 4,得出以下结论:税收竞争引致的本地税收征管效率下降显著增加了政府环保支出,政府环保支出并不能有效治理环境污染,环保支出是税收竞争对环境污染影响的一个重要中介变量。因此假说 4 得证。由此本章提出以下政策建议:其一,完善财政支出结构,确保环保支出预算经费稳定增长。鉴于社会保障支出、环保支出负担较重的现实,公共支出规模应力求保持行政成本基本稳定,并结合配套改革以使其有所下降。国际经验表明,环保支出占 GDP 的比重为 1.5% 时仅能阻止环境恶化,2%—3% 的比重才能真正改善环境。[①] 应借鉴国外环保支出占 GDP 比重的经验,科学设定该比重使其逐渐达到 2%—3%。因此在每年的各级政府支出预算安排中规定环保支出要高于同期财政总收入的增长幅度,并且其当年新增财力主要向环保支出倾斜。其二,加强政府决策监督、提高财政支出使用效率。为减少一些生产性财政支出项目给地方财政造成的压力,应有效监督地方政府不同类型的财政支出决策,继续深化综合财政预算改革,构建一个规范的、统一的以及公开透明的政府预算制度;而且需要加强各级人大对政府预算全方位的监督效率,建立民主化的监督机制,将地方政府的各类财政支出置于公众的监督之下。

---

① 郭濂:《引导和鼓励社会资本投向绿色产业》,见 http://money.163.com/15/0511/06/APAI3GKO00253B0H.html。

第六章 税收竞争、资本流动、环保支出与环境污染的实证研究

本章根据理论分析部分提出的假说 5 和假说 6,基于资本流动和环保支出双重视角实证研究税收竞争对环境污染的影响及其传导机制。具体来说,首先,根据第四章和第五章实证部分结论将本地资本流动、邻近地区资本流动、本地环保支出和邻近地区环保支出同时作为控制变量纳入税收竞争对外溢性环境污染直接影响的模型中。其次,加入税收竞争与本地及邻近地区资本流动交互项、税收竞争与本地及邻近地区环保支出交互项检验税收竞争对外溢性环境污染的影响机制。同时,将本地资本流动和本地环保支出同时作为控制变量纳入税收竞争对非外溢性环境污染直接影响的模型中。再次,加入税收竞争与本地资本流动交互项、税收竞争与本地环保支出交互项检验税收竞争对非外溢性环境污染的影响机制。最后,得出本章的研究结论,以期为完善我国税收竞争制度、改善地区环境质量以及促进我国经济可持续发展提供更有效的政策建议。

第一节 变量选择

(一)被解释变量

选取人均工业二氧化硫排放量(pso_2)及人均工业固体废弃物排放量($psolid$)两个指标衡量环境污染。具体数据来源同第四章。

(二)核心解释变量

在理论模型中,地方政府税收竞争的策略变量是资本税收征管效率,这里用第二章中测算得到的企业所得税税收征管效率(let)及增值税税收征管效率(vat)代表。本地资本投入量($capital$)的具体指标选择同第三章,采用全社固定资产投资减去住宅投资后的余额来衡量。地区环保支出($expg$)的具体指标选择同第五章。

邻近地区资本投入量($wcapital$)计算公式如下:$wcapital_{it}$ = $\sum_{j \neq i} \omega_{it} capital_{jt}$;邻近地区环保支出($wexpg$)计算公式如下:$wexpg_{it}$ = $\sum_{j \neq i} \omega_{it} expg_{jt}$,其中$\omega_{it}$是空间权重矩阵,具体设置与第三章相同。

(三)控制变量

环境污染的控制变量(con)选取同第四章。

第二节　模型设定

根据第一章的理论分析架构及第四章外溢性污染物空间相关性分析,本小节对外溢性污染物(二氧化硫)构建如下空间滞后模型:

$$\ln pso_{2i,t} = \alpha_i + \rho w \ln pso_{2i,t} + \beta_1 \ln x_{i,t} + \beta_2 w \ln x_{i,t} + \beta_3 \ln capital_{i,t} +$$
$$\beta_4 w \ln capital_{i,t} + \beta_5 \ln expg_{i,t} + \beta_6 w \ln expg_{i,t} + \beta_7 con_{i,t} + v_i + v_t + u_{i,t} \qquad (6-1)$$

对非外溢性污染物(固体废弃物)构建以下动态面板模型:

$$\ln psolid_{i,t} = \alpha_i + \beta_1 \ln psolid_{i,t-1} + \beta_2 \ln x_{i,t} + \beta_3 \ln capital_{i,t} +$$
$$\beta_4 \ln expg_{i,t} + \beta_5 con_{i,t} + u_{i,t} \qquad (6-2)$$

其中,i和t分别表示省份和时间,被解释变量$\ln pso_{2i,t}$、$\ln psolid_{i,t}$分别表示外溢性污染物及非外溢性污染物排放量;w为空间权重矩阵,包括地理相邻权重矩阵(w_1)、地理相邻权重矩阵(w_2)及经济空间权重矩阵(w_3),具体设定与第三章相同。ρ表示空间自相关系数,直接反映不同地区外溢性污染物排放是否存在空间相互影响。若$\rho > 0$,表明外溢性污染物排放存在正向的相互作用;若$\rho < 0$,则表明存在负向的相互作用;$x_{i,t}$为本地税收竞争指标,包括企业

所得税征管效率（let）以及增值税税收征管效率（vat）；$wlnx_{i,t}$ 为解释变量 $lnx_{i,t}$ 的空间滞后项，包括邻近地区企业所得税（$wlet$）以及增值税税收征管效率（$wvat$）；$lncapital_{i,t}$ 表示本地区资本投入量；$wlncapital_{i,t}$ 为解释变量 $lncapital_{i,t}$ 的空间滞后项；$lnexpg_{i,t}$ 表示政府环保支出；$wlnexpg_{i,t}$ 为解释变量 $lnexpg_{i,t}$ 的空间滞后项；v_i、v_t 分别为个体和时间固定效应；$u_{i,t}$ 是随机扰动项；$con_{i,t}$ 表示控制变量的集合。

为了度量本地资本存量、邻近地区资本存量、本地政府环保投入及邻近地区政府环保投入在税收竞争与环境污染之间的传导作用，在外溢性污染物方程中引入交互项 $lnx \times lncapital$、$lnx \times wlncapital$、$lnx \times lnexpg$ 及 $lnx \times wlnexpg$，在非外溢性污染物方程中引入交互项 $lnx \times lncapital$、$lnx \times lnexpg$。

$$lnpso_{2i,t} = \alpha_i + \rho wlnpso_{2i,t} + \beta_1 lnx_{i,t} + \beta_2 wlnx_{i,t} + \beta_3 lncapital_{i,t} + \beta_4 wlncapital_{i,t} +$$
$$\beta_5 lnexpg_{i,t} + \beta_6 wlnexpg_{i,t} + \beta_7 lnx_{i,t} \times lncapital_{i,t} + \beta_8 lnx_{i,t} \times$$
$$wlncapital_{i,t} + \beta_9 lnx_{i,t} \times lnexpg_{i,t} + \beta_{10} lnx_{i,t} \times wlnexpg_{i,t} +$$
$$\beta_{11} con_{i,t} + v_i + v_t + u_{i,t} \tag{6-3}$$

$$lnpsolid_{i,t} = \alpha_i + \beta_1 lnpsolid_{i,t-1} + \beta_2 lnx_{i,t} + \beta_3 lncapital_{i,t} + \beta_4 lnexpg_{i,t} +$$
$$\beta_5 lnx_{i,t} \times lncapital_{i,t} + \beta_6 lnx_{i,t} \times lnexpg_{i,t} + \beta_7 con_{i,t} + u_{i,t} \tag{6-4}$$

第三节　实证结果及分析

一、税收竞争与环境污染的直接影响

对式（6-1）采用极大似然法进行估计，结合 Hausman 的检验结果，空间模型应选用固定效应模型（见表6-1）。式（6-2）属于动态面板模型，本书分别采用系统 GMM 及差分 GMM 模型进行估计（见表6-2），由表6-1 和表6-2 可知：本地税收征管效率与二氧化硫排放量及固体废弃物的回归系数显著为负。本地资本投入量的估计系数显著为正，说明在本地资本投入量越多，本地污染排放量就越多。其原因可能是企业在资本投资中较多关注经济效益，而较少关注对环境污染的治理。

表6-1　税收竞争对二氧化硫的直接影响

	地理邻接权重矩阵(w_1)		地理距离权重矩阵(w_2)		经济空间权重矩阵(w_3)	
	模型 1	模型 2	模型 3	模型 4	模型 5	模型 6
	lnpso_2	lnpso_2	lnpso_2	lnpso_2	lnpso_2	lnpso_2
lnlet	−0.840***		−0.626***		−0.799***	
	(−7.17)		(−4.74)		(−6.23)	
lnvat		−0.262		−0.427**		−0.509**
		(−1.29)		(−2.13)		(−2.41)
ln$pgdp$	1.524	−0.021	3.735**	1.693	3.263*	−0.114
	(0.94)	(−0.01)	(2.21)	(0.94)	(1.90)	(−0.06)
ln$pgdp^2$	−0.123	−0.025	−0.216***	−0.106	−0.207**	−0.025
	(−1.57)	(−0.30)	(−2.62)	(−1.24)	(−2.47)	(−0.28)
lnfdi	−0.328***	−0.323***	−0.454***	−0.414***	−0.465***	−0.402***
	(−5.46)	(−5.03)	(−8.66)	(−7.75)	(−8.28)	(−6.69)
ln$denti$	−0.008	−0.051	0.032	0.013	−0.004	−0.059
	(−0.23)	(−1.31)	(0.96)	(0.40)	(−0.11)	(−1.59)
lnfd	1.593***	1.108***	1.475***	1.212***	1.687***	1.242***
	(10.04)	(5.68)	(8.71)	(6.45)	(9.68)	(6.23)
lnrd	−0.163***	−0.209***	−0.165***	−0.218***	−0.123***	−0.168***
	(−5.14)	(−6.22)	(−5.06)	(−6.70)	(−4.02)	(−5.28)
ln$capital$	0.242***	0.208***	0.242***	0.259***	0.223***	0.212***
	(5.08)	(3.72)	(4.68)	(4.55)	(4.36)	(3.65)
ln$expg$	−0.156**	−0.273***	−0.124*	−0.199***	−0.105	−0.216***
	(−2.26)	(−3.77)	(−1.66)	(−2.63)	(−1.32)	(−2.64)
$w$lnlet	1.121***		0.465		1.276***	
	(4.47)		(1.52)		(3.24)	
$w$lnvat		0.808**		0.831**		1.576***
		(2.56)		(2.03)		(3.61)
$w$ln$capital$	−0.032*	−0.134*	−0.616***	−0.905***	−0.116	−0.444*
	(−1.79)	(−1.80)	(−2.66)	(−3.98)	(−0.51)	(−1.89)
$w$ln$expg$	−0.321***	−0.187*	−0.213*	−0.289*	−0.212	−0.493**
	(−3.18)	(−1.89)	(−1.78)	(−1.95)	(−1.14)	(−2.29)

续表

	地理邻接权重矩阵(w_1)		地理距离权重矩阵(w_2)		经济空间权重矩阵(w_3)	
	模型1	模型2	模型3	模型4	模型5	模型6
	lnpso_2	lnpso_2	lnpso_2	lnpso_2	lnpso_2	lnpso_2
ρ	0.313***	0.393***	0.263***	0.323***	0.310***	0.360***
	(4.49)	(5.71)	(2.97)	(3.62)	(2.76)	(3.34)
样本数	280	280	280	280	280	280
R^2	0.280	0.165	0.174	0.091	0.292	0.087

注:括号内为 t 值;*、** 和 *** 分别表示在10%、5%和1%水平上显著。

表6-2　税收竞争对固体废弃物的直接影响

	系统 GMM		差分 GMM	
	模型1	模型2	模型3	模型4
	ln$psolid$	ln$psolid$	ln$psolid$	ln$psolid$
$L.$ln$psolid$	0.405***	0.366***	0.105	0.210***
	(5.32)	(5.48)	(1.29)	(7.29)
lnlet	-9.162***		-14.851***	
	(-4.56)		(-5.82)	
lnvat		-2.522**		-4.420***
		(-2.44)		(-3.63)
ln$pgdp$	-28.908	-43.860	36.467	-62.457
	(-0.36)	(-0.88)	(0.91)	(-1.20)
ln$pgdp^2$	1.923	2.298	-0.622	3.586
	(0.48)	(0.96)	(-0.32)	(1.40)
lnfdi	-1.717**	-0.047	-1.663	-0.480
	(-2.06)	(-0.04)	(-0.81)	(-0.37)
ln$denti$	2.619***	0.496	2.294	3.706***
	(3.65)	(0.50)	(1.22)	(4.33)
lnfd	-9.992**	-7.110*	2.181	-6.105
	(-2.25)	(-1.92)	(0.44)	(-1.11)

	系统 GMM		差分 GMM	
	模型 1	模型 2	模型 3	模型 4
	ln*psolid*	ln*psolid*	ln*psolid*	ln*psolid*
ln*rd*	−0.179	−2.945**	1.884	0.571
	(−0.17)	(−2.24)	(0.70)	(0.30)
ln*capital*	3.170**	2.015**	14.052***	5.195*
	(2.07)	(2.07)	(3.62)	(1.86)
ln*expg*	−2.681**	0.187	−2.621***	−3.372***
	(−2.38)	(0.28)	(−3.34)	(−4.97)
常数项	84.394	195.539	−208.151	273.294
	(0.21)	(0.76)	(−1.10)	(1.05)
样本数	252	252	224	224
Sargan	1.000	1.000	1.000	1.000
AR(1)	0.0086	0.0099	0.0107	0.0110
AR(2)	0.7625	0.6322	0.7839	0.8785

此外,可以看出环保支出对二氧化硫和固体废弃物均有显著负效应,这与田淑英(2016)等以及姜楠(2018)的研究结果是一致的。也就是说,在控制经济发展水平和人口密度等变量时,环保支出越多,环境污染越少。造成这一结果的原因可能是:环保支出可以刺激科技创新、提高地区的治污水平,同时可以引致社会资本投向科技创新领域,进而完善地区产业结构,减少地区雾霾污染。

从表6-1中可以看出,在地理邻接、地理距离和经济距离型权重矩阵设置下空间自相关系数 ρ 均为正且通过了1%显著性检验,充分表明外溢性污染物(二氧化硫)存在正向的空间相关效应,某一省份二氧化硫排放量受到周边地区二氧化硫排放量的正向影响。企业所得税及增值税的税收征管效率的空间滞后变量的估计系数绝大部分显著为正,表明邻近地区税收征管效率亦会对本地区环境污染产生显著正向作用,主要原因在于:一方面,相邻地区实施高税率有利于本地资本流入,增加本地污染;另一方面,本地资本投入量的增加会增加企业利润,进而提高政府税收收入和政府污染治理投入,减少本地环境污染。本地资本投入量的增加引致环境质量恶化的负向激励大于本地资本投入量增加引致的环保投入的上升对环境质量改善的正向激励。

资本投入量空间滞后变量的估计系数显著为负,表明邻近地区资本投入量越多时,本地的环境质量得到一定程度的改善。对此,可能的解释是:一方面,相邻地区资本投入量的增加带来该地区二氧化硫排放量的增加,对本地环境的负外部性随之增大;另一方面,在社会资本存量不变的情况下,邻近地区资本投入量的增加会带来本地资本投入量的减少,进而导致本地污染排放量的减少。这从一定的侧面说明影响本地环境污染的主要因素是本地资本投入量,邻近地区资本投入量是次要的因素。

环保支出空间滞后变量的估计系数在10%的水平下均显著为负。对此可能的解释是:一方面,邻近地区环保支出的增加是因为其正外部性减少了本地外溢性污染物排放量;另一方面,地方政府会根据污染物外溢性程度的不同采取相应的治理策略,空气污染的外溢性较强,邻近地区政府在"搭便车"的动机下自然会减少对环保支出而增加其他的支出。邻近地区环保支出的减少加剧了邻近地区二氧化硫污染,从而进一步导致本地二氧化硫排放量的增加。邻近地区环保支出正外部性引致的外溢性污染物排放量的减少,对本地的扩散效应大于邻近地区环保支出对本地环保支出负向激励产生的外溢性污染物排放增加效应。

二、税收竞争对环境污染的影响机制

对式(6-3)和式(6-4)进行回归以检验税收竞争对不同属性污染物的影响机制,回归结果见表6-3和表6-4。结果发现,地区企业所得税征管效率 let 和增值税税收征管效率 vat 的估计系数依然在10%显著性水平下为负,表明税收竞争引致的实际税率下降恶化了地区环境质量。

外溢性污染(二氧化硫排放量)加剧的原因在于税收竞争引致本地实际税率的降低通过吸引资本、减少本地环保支出对环境质量产生的负面影响大于其通过影响邻近地区资本流动、邻近地区环保支出对环境质量产生的正面影响。这从外溢性污染物交互项的估计系数可以看出,不同权重矩阵下 let ×

capital、*let* × *expg* 的估计系数均在不同水平上显著为正,而 *let* × *wcapital*、*let* × *wexpg* 的估计系数均显著为负。非外溢性污染(固体废弃物排放量)加剧的原因是 *let* × *capital*、*let* × *expg* 的估计系数均在不同水平上显著为正,即地区实际税率的降低通过吸引资本流入、削减环保支出加剧了环境污染。这也证实了地区实际税率通过吸引资本流入、改变环保支出的途径加剧了环境污染,通过减少邻近地区资本流动、增加邻近地区环保支出的途径改善了环境质量。

最后,从表 6-4 中可以看出,在地理邻接、地理距离和经济距离型权重矩阵设置下空间自相关系数 ρ 均为正且通过了 1% 显著性检验,这表明邻近地区环境污染排放对本地区环境质量影响显著。

表 6-3　税收竞争对二氧化硫的影响机制

	地理邻接权重矩阵(w_1)		地理距离权重矩阵(w_2)		经济空间权重矩阵(w_3)	
	模型 1	模型 2	模型 3	模型 4	模型 5	模型 6
	ln*pso*$_2$	ln*pso*$_2$	ln*pso*$_2$	ln*pso*$_2$	ln*pso*$_2$	ln*pso*$_2$
ln*let*	-0.038[*]		-0.033[*]		-0.109	
	(-1.89)		(-1.84)		(-0.86)	
ln*vat*		-0.393[*]		-0.587[***]		-0.707[***]
		(-1.76)		(-2.77)		(-3.11)
ln*pgdp*	7.554[***]	1.317	6.454[***]	2.731	8.211[***]	1.703
	(4.85)	(0.75)	(3.91)	(1.54)	(5.28)	(0.91)
ln*pgdp*^{2}	-0.399[***]	-0.097	-0.355[***]	-0.163[*]	-0.443[***]	-0.120
	(-5.23)	(-1.15)	(-4.37)	(-1.92)	(-5.80)	(-1.33)
ln*fdi*	-0.353[***]	-0.429[***]	-0.291[***]	-0.485[***]	-0.302[***]	-0.493[***]
	(-5.01)	(-6.30)	(-4.54)	(-8.93)	(-4.68)	(-7.94)
ln*denti*	-0.094	-0.044	-0.071	0.030	-0.044	-0.041
	(-1.38)	(-1.12)	(-1.07)	(0.92)	(-0.68)	(-1.11)
ln*fd*	0.066	1.342[***]	0.151	1.448[***]	0.086	1.468[***]
	(0.34)	(6.30)	(0.77)	(7.15)	(0.47)	(6.87)
ln*rd*	-0.210[***]	-0.193[***]	-0.244[***]	-0.210[***]	-0.190[***]	-0.150[***]
	(-2.76)	(-5.85)	(-3.24)	(-6.73)	(-2.67)	(-4.91)

续表

	地理邻接权重矩阵(w_1)		地理距离权重矩阵(w_2)		经济空间权重矩阵(w_3)	
	模型1	模型2	模型3	模型4	模型5	模型6
	$\ln pso_2$	$\ln pso_2$	$\ln pso_2$	$\ln pso_2$	$\ln pso_2$	$\ln pso_2$
lncapital	0.212* (1.88)	0.202*** (3.60)	0.145 (1.27)	0.245*** (4.46)	0.207** (2.02)	0.198*** (3.47)
lnexpg	0.090 (1.15)	−0.192** (−2.46)	−0.063 (−0.83)	−0.158** (−2.06)	0.007 (0.10)	0.122 (1.49)
lnlet× lncapital	0.105* (1.72)		0.128** (1.97)		0.063 (1.06)	
lnlet×lnexpg	0.231* (1.79)		0.312** (2.43)		0.278** (2.26)	
lnlet× wlncapital	−0.060* (−1.86)		−0.129* (−1.88)		−0.407* (−1.70)	
lnlet× wlnexpg	−0.045*** (−2.19)		−0.378*** (−2.12)		−0.072 (−0.18)	
lnvat× lncapital		0.538*** (3.23)		0.675*** (4.32)		0.668*** (4.07)
lnvat×lnexpg		0.358 (1.34)		0.906*** (3.50)		0.518* (1.81)
lnvat× wlncapita		−0.776** (−2.43)		−1.347*** (−3.40)		−1.771*** (−3.87)
lnvat× wlnexpg		−0.322 (−0.72)		−2.226*** (−3.19)		−1.377* (−1.74)
wlnlet	0.247* (1.89)		0.189* (1.81)		0.318 (1.31)	
wlnvat		0.286 (0.77)		0.415 (1.00)		−0.295 (−0.50)

续表

	地理邻接权重矩阵(w_1)		地理距离权重矩阵(w_2)		经济空间权重矩阵(w_3)	
	模型 1	模型 2	模型 3	模型 4	模型 5	模型 6
	lnpso_2	lnpso_2	lnpso_2	lnpso_2	lnpso_2	lnpso_2
$w$lncapital	-0.212*	-0.134*	-0.019*	-0.203*	-0.016	-0.622***
	(-1.85)	(-1.86)	(-1.83)	(-1.82)	(-0.14)	(-2.88)
$w$lnexpg	-0.209*	-0.170*	0.002	-0.816***	-0.115*	-0.814***
	(-1.93)	(-1.85)	(0.01)	(-3.54)	(-1.90)	(-3.25)
ρ	0.257***	0.350***	0.400***	0.329***	0.560***	0.323***
	(4.14)	(4.76)	(5.71)	(3.74)	(8.28)	(2.92)
样本数	280	280	280	280	280	280
R^2	0.156	0.206	0.145	0.130	0.122	0.382

注:括号内为 t 值;*、** 和 *** 分别表示在 10%、5% 和 1% 水平上显著。

表 6-4　税收竞争对固体废弃物的影响机制

	系统 GMM		差分 GMM	
	模型 1	模型 2	模型 3	模型 4
	ln$psolid$	ln$psolid$	ln$psolid$	ln$psolid$
$L.$ln$psolid$	0.254***	0.446***	-0.031	0.067**
	(4.15)	(9.83)	(-0.44)	(2.13)
lnlet	-23.106***		-18.711***	
	(-3.50)		(-5.56)	
lnvat		-1.296		-1.068
		(-1.01)		(-0.52)
ln$pgdp$	-401.807**	-98.788**	-118.616	-25.159
	(-2.46)	(-2.14)	(-0.72)	(-0.47)
ln$pgdp^2$	21.064**	4.944**	7.564	2.291
	(2.57)	(2.25)	(0.93)	(0.92)
lnfdi	-7.269***	-2.136**	-4.405*	-2.307
	(-2.73)	(-2.41)	(-1.77)	(-1.40)

续表

	系统 GMM		差分 GMM	
	模型 1	模型 2	模型 3	模型 4
	ln*psolid*	ln*psolid*	ln*psolid*	ln*psolid*
ln*denti*	3.891***	0.112	3.944*	3.030*
	(3.99)	(0.17)	(1.74)	(1.91)
ln*fd*	−18.877***	−7.804***	−22.526	−20.101
	(−5.03)	(−2.76)	(−1.36)	(−1.16)
ln*rd*	4.260*	1.843	1.356	2.676
	(1.94)	(1.44)	(0.29)	(0.57)
ln*capital*	9.715***	−0.944	12.764***	7.524***
	(3.85)	(−0.91)	(2.85)	(2.71)
ln*expg*	−5.910***	−2.982***	−3.957*	−1.133
	(−3.36)	(−4.54)	(−1.70)	(−1.10)
ln*let*×ln*capital*	13.481**		4.903*	
	(2.19)		(1.89)	
ln*let*×ln*expg*	16.673**		4.468	
	(2.27)		(0.24)	
ln*vat*×ln*capital*		1.751*		1.192
		(1.86)		(0.31)
ln*vat*×ln*expg*		8.931*		10.791*
		(1.75)		(1.85)
常数项	1896.050**	493.990**	396.502	10.218
	(2.32)	(2.07)	(0.47)	(0.04)
样本数	252	252	224	224
Sargan	1.0000	1.0000	1.0000	1.0000
AR(1)	0.0591	0.0277	0.0259	0.0285
AR(2)	0.9769	0.6946	0.7707	0.8722

注:括号内为 t 值;*、**和***分别表示在10%、5%和1%水平上显著。

小 结

本章在对命题4和命题5所涉及的变量进行指标选择之后,首先运用空间滞后模型及动态面板模型分别检验了税收竞争对外溢性污染物(二氧化硫)和非外溢性污染物(固体废弃物)的直接影响,然后加入税收竞争与本地及邻近地区资本流动交互项、税收竞争与本地及邻近地区环保支出交互项,检验税收竞争对外溢性环境污染的间接影响;加入税收竞争与本地资本流动交互项、税收竞争与本地环保支出交互项检验税收竞争对非外溢性环境污染的间接影响,得出以下结论。

第一,本地资本投入量与本地污染排放量显著正相关。这表明本地资本投入量越多,本地环境污染越严重;本地环保支出与本地污染排放量显著负相关。这意味着本地环保支出对环境污染有一定的抑制作用;邻近地区资本投入量和邻近地区政府环保支出均与外溢性污染物(工业二氧化硫)显著负相关,这说明邻近地区资本投入量越多,本地外溢性污染物排放量越少,再者邻近地区环保支出正外部性引致的外溢性污染物排放量的减少对本地的扩散效应大于邻近地区环保支出对本地环保支出负向激励产生的外溢性污染物排放增加效应。

第二,税收竞争通过本地资本投入量、邻近地区资本投入量、政府环保支出及邻近地区政府环保支出增加了外溢性污染物(二氧化硫)的排放量。其原因是税收竞争引致本地实际税率的降低通过吸引资本、本地环保支出下降对环境质量产生的负面影响大于其通过影响邻近地区资本投入量、邻近地区环保支出对环境质量产生的正面影响。税收竞争通过本地资本投入量及政府环保投入增加了非外溢性污染物(固体废弃物)的排放量。造成这一结果的原因是地区实际税率的降低通过吸引资本流入,削减环保支出加剧了环境污染。

为了更好地抑制环境质量恶化,规范地区间税收竞争行为,本章提出以下政策建议。

其一，根据污染物的外溢性属性合理界定中央与地方的环境事权。属于非外溢性污染物的，应主要由地方政府负责，具体来说其环境事权包括：积极推进地方政府环境监测、监察执法、宣传教育等环境管理能力的建设；逐步完善环境执法监督体系；制定和实施地区性环境保护的标准；进一步加强环境保护重点实验室等基础设施建设等。属于外溢性污染物的，应主要由中央政府负责，具体来说其环境事权包括：组织开展全国性环境宣传教育；承担一些外溢性很强的环境基础设施建设的投资；加强对重点流域、大气等污染防治的投入等。

其二，推进地区间联合污染治理机制。污染的外溢性促使地区间污染治理责任划分的难度加大，虽然一些地区已探索了污染联合治理问题，比如京津冀三地环保厅于 2015 年正式签署了《京津冀区域环境保护率先突破合作框架协议》[1]，但仍存在环保投入如何分担等问题，因此应根据地区污染空间溢出效应和环保支出外溢效应来确定各地区的环保支出比重。地区间污染排放责任分担核算体系应由中央政府尽快建立，从而实现地区间污染治理的有效协调。

其三，地区政府之间应组成共同利益主体，相互合作，建立地区间环境治理协调机制及生态补偿机制，鼓励地区之间污染治理技术和经验的交流，避免"公地悲剧"的发生。与此同时，中央政府应考虑构建地区间污染排放责任分担核算体系，明确各区域间的污染地源结构，从而实现地区间污染治理的有效协调。

---

[1] 《京津冀签署区域环保合作框架协议》，见 http://www.gov.cn/xinwen/2015-12/04/content_5019728.htm。

第七章　税收竞争与雾霾污染的实证研究

改革开放以来,我国的国民经济取得了令人瞩目的发展成就。然而,在经济快速增长的背后也伴随着"发展之痛",即环境质量的恶化,主要表现在水、大气、土壤等严重污染,部分地区生态环境承载能力已近极限,2019 年我国仅46.6%的城市空气质量达标,近 1/3 城市优良天数比例在 50%—80%。① 同时,雾霾污染肆虐我国的华北、东北、西北等地,数据显示:2014—2016 年,在113 个环保重点城市中,PM_{10}平均浓度超过 100 微克/立方米的城市分别占到58.4%、43.3%、33.6%,虽然比重有所下降,但依然严重。② 因此本章将更换税收竞争指标,采用 2007—2016 年数据进一步研究税收竞争和雾霾污染的关系。本章第一节是税收竞争对环保支出影响机制的研究;第二节是税收竞争对雾霾污染影响机制的研究。

第一节　税收竞争对环保支出的影响机制研究

一、税收竞争对环保支出间接影响的理论分析

由于资本可以自由流动,地方政府会通过降低本地资本税率或者提供较多的公共支出吸引流动性资本。而改变与居民社会福利相关的支出并不会影响资本流动,故而政府会选择将税收收入更少地投入到与资本无关的财政支

①　《2019 中国生态环境状况公报》,中国环境监测总站,见 http://news.cnr.cn/native/gd/20190530/t20190530_524633280.shtml。

②　根据 2015—2017 年《中国统计年鉴》计算而得。

出上,因此税收竞争会带来环保支出的减少。

此外,地区间招商引资的税收竞争会带来本地区资本存量的增加,本地资本存量的变化会进一步改变本地区环保支出(李香菊和赵娜,2017)。具体作用机理如下:其一,本地区资本存量增加会带来其他生产要素的减少,资本收益率随之下降,促使本地区资本税收收入和环保支出的下降。其二,本地区资本存量增加,表明企业的成本下降,在收益不变的情况下,企业利润上升,进一步带来本地区政府税收收入和政府环保支出的增加。其三,资本要素存量的增加会引起本地区劳动等其他生产要素的相对不足,带来资本要素价格的下跌及劳动力等其他生产要素价格的上浮,故而厂商会在有效替代范围内倾向于用资本来替代其他生产要素,有可能带来资本税收收入和政府环保支出的增加。其四,地区资本存量增加会带来地区资本要素价格的下跌而其他生产要素价格的上升,厂商会在有效替代范围内倾向于用资本来替代其他生产要素,导致资本税收收入和环保支出的增加。为验证以上分析和猜想,本章提出以下理论假说:资本存量在税收竞争对环保支出影响过程中具有显著的中介效应。

二、模型设定与变量选取

(一)模型设定

本章实证检验分为两步进行。第一步,构建税收竞争与环保支出关系的模型以验证税收竞争对政府环保支出的直接影响。已有研究已经证实地区间环保支出存在策略性互动(张华,2018),因此本章选择空间模型分析税收竞争与政府环保支出的关系。由于空间杜宾模型(SDM)可以得到无偏估计,故而选择空间杜宾模型分析税收竞争与政府环保支出的关系,同时加入税收征管效率的空间滞后项,着重考察税收竞争的空间溢出效应,构建模型形式如下:

$$expg_{i,t} = \beta_0 + \rho_1 \sum_{i=1}^{n} w_{i,j} expg_{j,t} + \beta_1 let_{i,t} + \rho_2 \sum_{i=1}^{n} w_{i,j} let_{j,t} + \beta_2 X_{i,t} + \varepsilon_{i,t}$$

$$(7-1)$$

其中,i 和 t 分别表示省份和年份,$\varepsilon_{i,t}$ 是随机扰动项,β_0 为截距项,$X_{i,t}$ 表

示一组控制变量。

第二步,检验税收竞争是否通过资本流动对环保支出产生影响。为了识别资本流动的传导效应,本部分将借鉴阿西莫格鲁(2003)的方法检验传导机制。首先将 $capital$ 放进式(7-1),得到式(7-2),然后观察 let 系数及显著性的变化,并以如下规则判断 $capital$ 是否为传导机制。

(1)如果 let 由显著变为不显著,或者其显著性或系数明显下降,而 $capital$ 显著,那么本地资本存量是影响环保支出的一个主要渠道。

(2)如果 let 显著而 $capital$ 不显著,那么本地资本存量不是税收竞争影响环保支出的一个渠道。

(3)如果 let 及 $capital$ 都显著,且 let 的显著性和系数并没有明显减少,那么本地资本存量不是税收竞争作用于环保支出的主要渠道。

$$expg_{i,t} = \beta_0 + \rho_1 \sum_{i=1}^{n} w_{i,j} expg_{j,t} + \beta_1 let_{i,t} + \rho_2 \sum_{i=1}^{n} w_{i,j} let_{j,t} + \beta_2 X_{i,t} + \beta_3 capital_{i,t} + \varepsilon_{i,t} \tag{7-2}$$

(二)变量选取

1. 被解释变量

政府环保支出($expg$)。采用地方政府环保支出占地区生产总值的比重表示。

2. 解释变量

借用付文林和耿强(2011)的企业所得税收负担(let)作为税收竞争的代理变量。企业所得税负担采用全国税务部门企业所得税收入情况占地区GDP 比重表示。

3. 中介变量

本地区的资本存量($capital$)。采用全社会固定资产投资减去住宅投资后的余额来衡量。

4. 控制变量

X 代表影响环保支出的控制变量。主要包括:(1)人口密度($denti$),人口密度越大,消耗的资源越多,产生的污染越严重,需要的环保投入越多。(2)城镇化水平($urban$),采用工业化推动型的城市生活排放污染多于农村污染,因此环境污染随着城市化水平的提高而增加,故而需要进行更多的环保投入。城市化水平采用非农人口占总人口比重表示。(3)自然条件(nc),用人均森林面积来衡量。一般来说,地区人均森林面积越多,生态环境系统的自我洁净功能越好。(4)财政收入水平(pd),取值为人均财政收入。(5)财政分权(fd),用地方本级人均支出占中央本级人均支出的比重来衡量。地区财政分权越大,意味着地区的财政自主性越高,地方政府越有可能将财政支出更多地分配到经济建设支出上,从来带来环保支出的减少。

5. 空间权重矩阵设定

空间权重矩阵包括地理相邻权重矩阵(w_1)、地理距离权重矩阵(w_2)、经济距离权重矩阵(w_4),其中地理相邻权重矩阵(w_1)和地理距离权重矩阵(w_2)构造方法与第三章第一节相同。

借鉴林光平等(2006)、杨勇等(2014)、周建和张敏(2016)建立经济距离权重矩阵(w_4),权重矩阵设置采用两省份之间经济发展水平差距的导数,具体如下:$w_4 = w_4 E$,其中 $E = \dfrac{1}{\mid \overline{Y_i} - \overline{Y_j} \mid}$ ($i \neq j$),$E = 0$($i = j$)。$\overline{Y_i}$ 为地区 i 在 2007—2016 年的人均实际 GDP 平均值。在构造完空间权重矩阵后,均对其进行行标准化处理。

(三)样本选择、数据说明及统计性描述

鉴于数据的可得性,本章选取 2007—2016 年我国 30 个省级地区(不包括香港、澳门、台湾及西藏)面板数据。所需数据来自 2008—2017 年《中国统计年鉴》《中国税务年鉴》和《中国财政年鉴》。将所有变量进行对数化处理以消除变量间的异方差,而对包含价格因素的指标,调整为以 2007 年为基期的不变价格。表 7-1 为变量的描述性统计分析。

表 7-1　变量的描述性统计

变量	均值	最大值	最小值	标准差	样本数
ln$expg$	−5.1454	−3.32027	−7.08146	0.626003	300
lnlet	−3.65428	−1.25331	−4.65599	0.597846	300
ln$denti$	5.699107	7.732098	3.482163	0.843697	300

续表

变量	均值	最大值	最小值	标准差	样本数
ln*urban*	3.950903	4.495355	3.340739	0.239789	300
ln*pd*	8.024893	9.919056	6.594468	0.694511	300
ln*fd*	1.699121	2.70202	0.836199	0.436016	300
ln*capital*	8.844257	10.76882	5.919363	0.930229	300

三、实证结果分析

在实证分析之前,验证环保支出的空间相关性是非常重要的。表7-2报告了在地理邻接权重矩阵下环保支出的莫兰指数,可以看出:在地理邻接权重矩阵下莫兰指数大于0并且均通过了1%的显著性检验,这表明环保支出具有空间相关性,应采用空间计量模型进行分析。

表7-2 2007—2016年环保支出莫兰指数

年份	莫兰指数	P值	年份	莫兰指数	P值
2007	0.373***	0.000	2012	0.262***	0.004
2008	0.379***	0.000	2013	0.157***	0.014
2009	0.310***	0.001	2014	0.225***	0.005
2010	0.322***	0.001	2015	0.142***	0.026
2011	0.311***	0.001	2016	0.121**	0.071

在进行分析之前需要对空间回归模型进行诊断和选择。首先测算 LM-lag 和 LM-error 对空间滞后模型和空间误差模型进行选择。由表7-3可知,LM-lag、LM-error、robust LM-error 和 robust LM-lag 均通过了1%的显著性水平检验,因此应该拒绝空间自回归模型和空间误差模型,而选用空间杜宾模型。由于空间杜宾模型包括固定效应模型和随机效应模型,因此需要进行 Hausman 检验,其结果均认为应采用固定效应模型估计(见表7-4)。

表 7-3　LM 检验结果

LM 检验	$w = w_1$	$w = w_2$	$w = w_3$
LM-lag	129.5242 *** (0.000)	168.9943 *** (0.000)	37.3152 *** (0.000)
robust LM-lag	43.8846 ** (0.000)	89.1154 *** (0.414)	64.3354 *** (0.000)
LM-error	100.7794 *** (0.000)	108.4631 *** (0.000)	14.5343 *** (0.000)
robust LM-error	15.1399 *** (0.000)	28.5843 *** (0.000)	41.5545 *** (0.000)

表 7-4　税收竞争对环保支出直接影响的空间面板回归结果

被解释变量	ln*expg*	ln*expg*	ln*expg*
权重矩阵	w_1	w_2	w_4
*w*ln*expg*	−0.111 (−1.30)	−1.142 *** (−4.39)	−0.084 (−0.90)
ln*let*	0.246 *** (3.25)	0.176 *** (2.72)	0.204 *** (2.90)
ln*denti*	−0.207 *** (−6.12)	−0.211 *** (−5.64)	−0.148 *** (−5.00)
ln*urban*	−0.951 *** (−4.38)	−0.797 *** (−4.04)	−1.162 *** (−6.00)
ln*nc*	−0.035 *** (−2.98)	−0.048 *** (−4.39)	−0.036 *** (−2.64)
ln*pd*	−0.704 *** (−6.43)	−0.732 *** (−7.81)	−0.664 *** (−6.84)
ln*fd*	1.129 *** (9.51)	1.170 *** (11.36)	1.207 *** (14.44)
*w*ln*let*	0.141 (1.00)	−0.608 (−1.23)	0.539 *** (3.31)
*w*ln*denti*	−0.147 ** (−2.46)	−0.645 * (−1.93)	−0.408 *** (−5.22)

被解释变量	ln*expg*	ln*expg*	ln*expg*
权重矩阵	w_1	w_2	w_4
*w*ln*urban*	0.699	2.981 **	-0.375
	(1.50)	(2.46)	(-0.87)
*w*ln*nc*	-0.049 **	-0.272 ***	0.031
	(-2.17)	(-3.70)	(1.51)
*w*ln*pd*	-0.362 *	-1.070	0.627 **
	(-1.87)	(-1.36)	(2.30)
*w*ln*fd*	0.105	0.654	-1.204 ***
	(0.48)	(0.90)	(-4.04)
σ^2	0.084 ***	0.073 ***	0.078 ***
	(12.15)	(11.96)	(12.21)
N	300	300	300
R^2	0.572	0.604	0.666

基于式(7-1)，借鉴埃尔霍斯特(2014)的研究，使用 2007—2016 年我国 30 个省级地区(西藏除外)的面板数据，采用极大似然估计法估计，结果如表 7-4 所示。从中可以得出以下几点结论：环保支出空间滞后项均为负，在 $w = w_1$ 和 $w = w_4$ 的情形下不显著，而在 $w = w_2$ 情况下显著，这说明地区间的环保支出存在明显"你多投，我就少投"的策略性互动。这与张可等(2016)的结果一致。可能的解释是：当相邻地区增加环保支出时，本地环境由于相邻地区环保支出的正外部性而得到改善，本地减少环保支出的激励随之增加。此外，*let* 的系数估计值均在 1%的水平下显著，表明本地税收征管效率越小，本地环保支出就越少。

为了深入揭示各变量对环保支出的直接和间接影响，借鉴埃尔霍斯特(2014)的研究，进一步对结果进行分解，得到各变量的直接效应、间接效应和总效应(见表 7-5)。从表 7-5 可以看出：税收竞争对环保支出的直接效应在 1%显著水平上均显著为正，即本地区税收征管效率的降低将直接减少当地的环保支出；其原因可能是一方面，本地实施低税率有利于资本流入，拓宽本地税基,进而增加财政收入,以带来环保支出的增加;另一方面,本地的低税率加剧了地区间竞争程度,导致地区之间重复建设、过度投资行为加剧,不利于政府税收收入的增加,带来地区环保支出的减少。本地实际税率下降引致的环保投入上升的正向激励小于本地实际税率的降低引致环保支出减少的负向激励。从间接效应看,除在 $w=w_4$ 时显著为正外,其他均不显著,这预示税收竞争对环保支出的影响在区域间都表现出显著的正向空间溢出效应。从税收竞争总效应看,在地理相邻权重矩阵(w_1)和经济距离权重矩阵(w_4)情况下显著为正,这表明税收竞争的增强会显著增加环保支出。

表 7-5　税收竞争对环保支出直接影响的分解:直接、间接和总效应

	$w=w_1$			$w=w_2$			$w=w_4$		
	直接效应	间接效应	总效应	直接效应	间接效应	总效应	直接效应	间接效应	总效应
ln*let*	0.242 ***	0.102	0.344 **	0.208 ***	−0.406	−0.198	0.191 ***	0.483 ***	0.674 ***
	(3.70)	(0.74)	(2.50)	(3.35)	(−1.56)	(−0.83)	(3.16)	(3.04)	(4.22)
ln*denti*	−0.201 ***	−0.117 **	−0.318 ***	−0.191 ***	−0.201	−0.392 **	−0.137 ***	−0.381 ***	−0.518 ***
	(−5.56)	(−2.13)	(−3.95)	(−5.89)	(−1.18)	(−2.08)	(−4.32)	(−4.78)	(−5.87)
ln*urban*	−0.959 ***	0.755 *	−0.205	−0.950 ***	1.974 ***	1.025 *	−1.147 ***	−0.284	−1.430 ***
	(−4.17)	(1.83)	(−0.38)	(−4.42)	(3.11)	(1.65)	(−5.55)	(−0.73)	(−3.24)
ln*nc*	−0.033 ***	−0.042 **	−0.076 ***	−0.039 ***	−0.111 ***	−0.150 ***	−0.037 ***	0.029	−0.007
	(−3.21)	(−2.00)	(−3.27)	(−3.75)	(−2.89)	(−3.99)	(−2.96)	(1.43)	(−0.34)
ln*pd*	−0.695 ***	−0.254	−0.949 ***	−0.721 ***	−0.123	−0.844 **	−0.675 ***	0.672 **	−0.003
	(−5.85)	(−1.33)	(−3.85)	(−6.55)	(−0.28)	(−2.05)	(−6.59)	(2.23)	(−0.01)
ln*fd*	1.132 ***	−0.039	1.093 ***	1.204 ***	−0.362	0.842 **	1.241 ***	−1.267 ***	−0.026
	(9.62)	(−0.18)	(4.33)	(10.89)	(−1.01)	(2.47)	(15.15)	(−4.50)	(−0.08)

注:括号内为 t 值; * 、** 和 *** 分别表示在 10%、5% 和 1% 的显著水平。

对于其他控制变量来说,人口密度(*denti*)的各种效应均显著为负,这说明地区人口密度越高,本地及邻近地区的环保支出越少,其原因可能是由于公共品提供的规模效益,人口密度越高的地区人均环保支出越少。城镇化水平(*urban*)直接效应均显著为负,意味着地区城镇化水平越高的地区环保支出越少。自然条件(*nc*)的直接效应、间接效应和总效应在 1% 显著性水平下显著

为负,说明地区自然条件越好,本地环保支出越少;本地自然条件对邻近地区环保支出产生正向的溢出效应。财政收入水平(pd)的各种效应均显著为负,这预示着无论本地财政收入水平还是邻近地区财政收入水平均会带来本地环保支出的越少,反映了地方政府财政投入并不倾向于环保领域。财政分权(fd)的直接效应显著为正,这表明本地区财政分权强度的提升会显著增加本地地区环保支出;间接效应除了在$w=w_3$时显著为负以外,其他均不显著,这预示着本地财政分权对邻近地区环保支出产生负向的溢出效应;总效应除了在$w=w_4$时显著为正以外,其他均不显著,这预示着财政分权的提高会增加本地环保支出。

接下来的问题是分析资本存量是否为税收竞争影响环保支出的主要渠道。基于式(7-2),采用极大似然估计法估计,结果如表7-6所示。与表7-5相比,在增加了变量资本存量后,税收竞争的显著性和系数均明显下降,而资本存量系数显著为负,据此可以得出资本存量是税收竞争作用于环保支出的主要渠道。另外从表7-6可以看出,资本存量的回归系数为负,并且通过1%显著性水平检验。说明本地资本存量越多,税基越大,政府环保支出会随之减少。

表7-6　税收竞争对环保支出间接影响的分解:直接、间接和总效应

	$w=w_1$			$w=w_2$			$w=w_4$		
	直接效应	间接效应	总效应	直接效应	间接效应	总效应	直接效应	间接效应	总效应
lnlet	0.192 ***	0.002	0.194	0.068	−0.630 **	−0.562 **	−0.016	0.021	0.006
	(2.94)	(0.01)	(1.27)	(1.06)	(−2.23)	(−2.02)	(−0.26)	(0.13)	(0.03)
ln$denti$	−0.218 ***	−0.036	−0.254 ***	−0.159 ***	0.146	−0.013	−0.133 ***	−0.439 ***	−0.572 ***
	(−5.58)	(−0.76)	(−3.54)	(−4.46)	(0.93)	(−0.07)	(−4.30)	(−6.40)	(−7.91)
ln$urban$	−1.138 ***	0.302	−0.836	−1.076 ***	1.560 **	0.484	−1.118 ***	0.551 *	−0.567
	(−4.81)	(0.66)	(−1.45)	(−5.20)	(2.46)	(0.78)	(−5.81)	(1.66)	(−1.53)
lnnc	−0.032 ***	−0.070 ***	−0.103 ***	−0.039 ***	−0.139 ***	−0.178 ***	−0.006	0.031 **	0.025
	(−3.18)	(−3.53)	(−4.75)	(−3.90)	(−3.62)	(−4.68)	(−0.52)	(1.98)	(1.53)
lnpd	−0.397 ***	−0.454 **	−0.851 ***	−0.461 ***	−0.061	−0.521	−0.306 ***	1.167 ***	0.861 ***
	(−2.97)	(−2.18)	(−3.45)	(−4.08)	(−0.14)	(−1.17)	(−2.82)	(3.93)	(2.68)

续表

	$w=w_1$			$w=w_2$			$w=w_4$		
	直接效应	间接效应	总效应	直接效应	间接效应	总效应	直接效应	间接效应	总效应
ln*fd*	0.739***	0.583**	1.322***	0.956***	-0.279	0.678	0.684***	-2.076***	-1.392***
	(5.26)	(2.11)	(5.03)	(8.27)	(-0.58)	(1.46)	(6.52)	(-6.76)	(-4.05)
ln*capital*	-0.154***	0.186*	0.031	-0.176***	-0.075	-0.251	-0.300***	-0.472***	-0.771***
	(-4.24)	(1.76)	(0.27)	(-4.77)	(-0.41)	(-1.30)	(-7.42)	(-4.88)	(-6.62)

注:括号内为 t 值;*、**和***分别表示在10%、5%和1%的显著水平。

四、稳健性检验

为了增强估计结果的稳健性,借鉴付文林和耿强(2011)的研究,采用增值税税收征管效率作为税收竞争的替代指标进行估计(见表7-7和表7-8),结论基本不变,说明此前的研究结果可信。

表7-7　税收竞争对环保支出直接影响的分解——稳健性检验

	$w=w_1$			$w=w_2$			$w=w_4$		
	直接效应	间接效应	总效应	直接效应	间接效应	总效应	直接效应	间接效应	总效应
ln*vat*	0.383***	0.321***	0.348***	-0.212	-0.933***	-0.623***	0.171	-0.612*	-0.275
	(7.47)	(6.30)	(7.15)	(-1.54)	(-2.66)	(-3.44)	(1.17)	(-1.74)	(-1.56)
ln*denti*	-0.182***	-0.177***	-0.175***	-0.115**	-0.254	-0.163*	-0.297***	-0.431**	-0.337***
	(-5.53)	(-5.84)	(-6.05)	(-2.13)	(-1.30)	(-1.74)	(-3.81)	(-2.01)	(-3.09)
ln*urban*	-0.689***	-0.705***	-0.664***	0.606	1.199	0.419	-0.083	0.494	-0.245
	(-3.03)	(-3.33)	(-3.19)	(1.40)	(1.44)	(0.96)	(-0.15)	(0.60)	(-0.57)
ln*nc*	-0.036***	-0.040***	-0.039***	-0.061***	-0.134***	-0.081***	-0.097***	-0.174***	-0.120***
	(-4.29)	(-4.44)	(-4.11)	(-3.47)	(-3.74)	(-4.68)	(-5.00)	(-4.84)	(-6.36)
ln*pd*	-0.676***	-0.753***	-0.787***	-0.112	0.056	0.097	-0.788***	-0.697	-0.689***
	(-5.91)	(-7.57)	(-7.79)	(-0.59)	(0.13)	(0.36)	(-3.17)	(-1.63)	(-2.58)
ln*fd*	0.944***	1.136***	1.141***	0.051	-0.145	-0.091	0.995***	0.990**	1.049***
	(8.81)	(11.52)	(11.37)	(0.24)	(-0.36)	(-0.35)	(3.85)	(2.51)	(4.28)

注:括号内为 t 值;*、**和***分别表示在10%、5%和1%的显著水平。

表 7-8　税收竞争对环保支出间接影响的分解——稳健性检验

	$w=w_1$			$w=w_2$			$w=w_4$		
	直接效应	间接效应	总效应	直接效应	间接效应	总效应	直接效应	间接效应	总效应
lnvat	0.291 ***	0.189 ***	0.240 ***	-0.297	-1.285 ***	-0.746 ***	-0.006	-1.096 **	-0.506 **
	(4.38)	(2.97)	(3.95)	(-1.63)	(-3.13)	(-3.69)	(-0.03)	(-2.55)	(-2.33)
ln$denti$	-0.192 ***	-0.153 ***	-0.165 ***	-0.056	-0.006	-0.045	-0.248 ***	-0.159	-0.210 **
	(-5.21)	(-4.56)	(-5.05)	(-1.14)	(-0.04)	(-0.51)	(-3.44)	(-0.81)	(-2.05)
ln$urban$	-0.899 ***	-0.896 ***	-0.793 ***	0.227	0.615	0.125	-0.672	-0.282	-0.668
	(-3.80)	(-4.24)	(-3.67)	(0.47)	(0.83)	(0.29)	(-1.09)	(-0.36)	(-1.48)
lnnc	-0.036 ***	-0.038 ***	-0.035 ***	-0.076 ***	-0.136 ***	-0.085 ***	-0.112 ***	-0.174 ***	-0.121 ***
	(-4.28)	(-4.20)	(-3.57)	(-4.07)	(-4.14)	(-5.19)	(-5.56)	(-5.35)	(-7.05)
lnpd	-0.452 ***	-0.557 ***	-0.625 ***	-0.248	0.229	0.182	-0.700 **	-0.328	-0.443
	(-3.43)	(-4.93)	(-5.34)	(-1.10)	(0.50)	(0.67)	(-2.58)	(-0.69)	(-1.53)
lnfd	0.706 ***	0.963 ***	0.998 ***	0.475 *	-0.094	-0.103	1.182 ***	0.869 *	0.896 ***
	(5.65)	(8.82)	(8.92)	(1.73)	(-0.20)	(-0.36)	(4.25)	(1.86)	(3.30)
ln$capital$	-0.115 ***	-0.126 ***	-0.115 ***	0.109	-0.227	-0.074	-0.006	-0.353	-0.188
	(-2.80)	(-3.09)	(-2.83)	(0.87)	(-0.99)	(-0.60)	(-0.04)	(-1.45)	(-1.42)

第二节　税收竞争对雾霾污染的影响机制研究

一、税收竞争对雾霾污染影响的理论分析

(一)税收竞争与雾霾污染

税收竞争作为政府竞争的主要手段之一,一方面,通过税收优惠等手段吸引流动性要素资本,以至于降低了资本税率,进而提升了资本的税后利润率,吸引了大量的资本流入辖区内,促使该地区总资本量上升;另一方面,税收竞争引致的税收优惠差异性导致资本流入均衡税率较低的地区。毋庸置疑,地方政府这种引资政策增加了本地区税收收入进而带来了经济的增长。然而,随着各地区越发激烈的引资竞争,各地方政府均通过模仿邻近或者其他地区

的税收优惠政策,降低了资本准入门槛,吸引了一些周期短、风险低、污染大的生产性项目,使本地经济增长的速度慢于环境污染的恶化速度,进一步导致雾霾污染加剧,这也正是地方政府在税收竞争方面逐底竞争的表现。由此,本章提出如下假说。

假说2:地区间税收竞争会加剧雾霾污染的恶化。

(二)税收竞争、环保支出与雾霾污染

雾霾污染会通过大气自然流动等自然因素溢出到邻近地区,具有跨区域、空间集聚的特性,因此其治理难度较大。而由于地方政府在雾霾治理过程中存在对邻近地区"搭便车"的心理,并较多地依赖于中央转移支付,故而在编制财政支出预算时会选择将财政支出较少地投向于雾霾污染的治理投入,不利于雾霾污染的减少。此外,环保支出可以通过影响社会投资、企业技术创新及地区技术水平等而降低地区雾霾污染。姜楠(2018)在分析环保支出的环境效应时指出环保支出通过改变社会资本、提高地区技术水平降低地区的污染排放量。田淑英等(2016)认为,地方政府环保财政支出可以减少地区环境污染,同时也可以通过影响社会投资进而降低地区环境污染。朱小会和陆远权(2017)研究发现,环保财政支出的增加可以降低环境污染排放量。故而可以看出,我国环保支出会通过改变企业技术水平、社会资本等遏制雾霾污染,但是其缺口较大,难以有效遏制环境污染。由此,提出如下假说。

假说3:税收竞争不仅会直接影响雾霾污染,而且还会通过改变环保支出间接地影响雾霾污染。

二、模型设定与变量选择

本部分将采用2007—2016年我国30个省级地区的数据对理论假说2至假说3进行验证。关于中介效应的检验方法主要有两类,一类是分步估计法,另一类是联立方程估计法。本书借鉴温忠麟和叶宝娟(2014)的中介效应检验方法用以识别环保支出的中介作用,具体分为以下两个步骤:第一步,不考虑环保支出,仅检验税收竞争对雾霾污染是否存在影响;第二步,先验证税收竞争与环保支出的关系,然后以雾霾污染为被解释变量,税收竞争和环保支出为核心解释变量,以检验环保支出是否充当了税收竞争影响雾霾污染的中介

变量。

(一)实证模型设定

雾霾污染具有空间相关性,一般静态面板及动态面板模型均无法反映空间相关性,因此空间面板模型是较好选择,而与其他空间模型相比,空间杜宾模型可以得到无偏估计,并且可以解决变量内生性问题,因此本章选择空间杜宾模型分析税收竞争与雾霾污染的关系。构建税收竞争对雾霾污染直接效应的回归方程如下:

$$smog_{i,t} = \alpha_i + \rho wsmog_{i,t} + \beta_1 let_{i,t} + \beta_2 con_{i,t} + \beta_3 wlet_{i,t} + \beta_4 wcon_{i,t} +$$
$$\nu_i + \mu_t + \xi_{i,t} \tag{7-3}$$

本章第一节研究已经表明地区间环保支出具有较强的空间相关性,如果忽略其固有的空间溢出性则有可能得出估计偏差,因此考虑更一般的空间杜宾模型,具体模型如下:

$$expg_{i,t} = \alpha_i + \rho wexpg_{i,t} + \alpha_1 let_{i,t} + \alpha_2 wlet_{i,t} + \alpha_3 con_{i,t} + \alpha_4 wcon_{i,t} +$$
$$\alpha_5 expg_{i,t-1} + v_i + \mu_t + \xi_{i,t} \tag{7-4}$$

然后将中间变量环保支出($expg$)放入式(7-3),得到式(7-5),进而验证税收竞争是否通过环保支出进一步影响了雾霾污染。

$$smog_{i,t} = \alpha_i + \rho wsmog_{i,t} + \lambda_1 let_{i,t} + \lambda_2 wlet_{i,t} + \lambda_3 con_{i,t} + \lambda_4 wcon_{i,t} +$$
$$\lambda_5 expg_{i,t} + \lambda_6 wexpg_{i,t} + v_i + \mu_t + \xi_{i,t} \tag{7-5}$$

式(7-3)、式(7-4)和式(7-5)中 $smog$、$expg$ 以及 let 分别表示雾霾污染、环保支出和本地实际税率,$w \times smog$、$w \times expg$ 以及 $w \times let$ 分别表示邻近地区雾霾污染、邻近地区环保支出和邻近地区实际税率,con 为控制变量,w 为标准化后的空间权重矩阵,i 和 t 分别表示地区和时间。$\xi_{i,t}$ 为随机扰动项,v_i、μ_t 分别表示空间固定效应和时间固定效应。中介效应模型具体检验步骤为以下内容:第一步,对式(7-3)进行回归,检验税收竞争与雾霾污染的回归系数 β_1 是否显著,如果显著,则存在中介效应,进行下一步,否则停止检验。第二步,对式(7-4)和式(7-5)依次进行回归,检验税收竞争与环保支出的系数 α_1 以及环保支出与雾霾污染的回归系数 λ_5,如果两个都显著,说明环保支出的中介效应显著。第三步,检验式(7-5)中税收竞争与雾霾污染的回归系数 λ_1,如果不显著,但是环保支出与雾霾污染 λ_5 的回归系数显著,则说明中介变量环保支出具有完全中介效应;若税收竞争与雾霾污染的系数 λ_1 以及环保支出与环境污染 λ_5 的系数均显著,则说明环保支出具有部分中介效应。

(二)变量选取

1. 被解释变量

雾霾污染($smog$)。目前学者们认为 $PM_{2.5}$ 是雾霾污染的一个主要来源。但是,在中国 $PM_{2.5}$ 的监测数据是从 2013 年才开始公布的,这对于研究年度变化及其影响因素,采用监测数据受到一定的局限。因此,本研究需要寻找时间维度更长的 $PM_{2.5}$ 数据。故而,本书借鉴邵帅等的处理方法,采用哥伦比亚大学社会经济数据和应用中心公布的全球 $PM_{2.5}$ 浓度年均值的栅格数据,并利用 ArcGIS 软件将其解析为 2007 — 2016 年中国 30 个省(自治区、直辖市)$PM_{2.5}$ 年均数值,以此作为被解释变量。

2. 核心解释变量

税收竞争(let)。与本章第一节相同。

3. 中介变量

环保支出($expg$)。与本章第一节相同。

4. 控制变量(con)

(1)贸易开放度($open$)。贸易开放可以给该地区带来环保技术,从而改善了该地区的环境质量;但与此同时,贸易开放会将污染密集型产业投资到环境规制较弱的地区,从而带来本地区环境质量的恶化。故而这二者的关系不能确定。贸易开放度采用进出口总额占地区生产总值的比重衡量。(2)相对湿度($humi$)。考虑到相对湿度对雾霾污染的影响,本书选取各地区的相对湿度来作为控制变量。(3)经济发展水平($pgdp$)。经济发展水平与环境污染紧密相关,地区经济越发达,本地居民对环境质量的要求就越高,政府对其关注就越多,环境污染水平就越低;与此同时,地区经济越发达,代表该地区经济总量越高,会带来更多的环境污染,因此经济发展水平与环境污染的关系不确定,国内外部分学者认为人均 GDP 与雾霾污染存在环境库兹涅茨曲线。鉴于此,本文同时采用人均经济发展水平($pgdp$)和二次方($pgdp^2$)。(4)财政分权(fd),财政分权与环境污染的关系较为密切,采用地方人均财政支出占中央人均本级财政支出比重度量。(5)产业结构(ind),与第三产业相比,第二产业

污染排放较多,因此第二产业比重越大,雾霾污染就越严重。产业结构采用第
二产业生产总值占地区生产总值比重表示。(6)研发投入(rd),企业的研发
投入越多,污染排放量也就越少,本书使用各地区研究与实验发展经费内部支
出占 GDP 比重度量。(7)人口密度($denti$),地区人口密度越大,雾霾污染会
越严重。

(三)数据来源

以 2007—2016 年全国 30 个省级地区(西藏除外)为研究样本,雾霾污染
数据来自哥伦比亚大学社会经济数据和应用中心公布的全球 $PM_{2.5}$ 浓度年均
值的栅格数据,地区生产总值、第二产业生产总值、非农人口、总人口、进出口
总额、相对湿度、各地区研究与实验发展经费内部支出均来自 2008—2017 年
《中国统计年鉴》;环保支出、地方人均财政支出、中央人均本级财政支出来自
2008—2017 年《中国财政年鉴》;全国税务部门企业所得税收入情况源于
2008—2017 年《中国税务年鉴》;各数据均采用自然对数表示。表 7-9 为除
本章第一节变量外其他所有变量的描述性统计表。

表 7-9　本节变量的描述性统计

统计量	样本量	均值	最大值	最小值	标准差
ln$smog$	300	3.307	4.412	1.569	0.631
ln$open$	300	−1.709	0.544	−3.438	0.973
ln$humi$	300	4.173	4.438	3.738	0.161
ln$pgdp$	300	10.327	11.455	8.972	0.507
ln$pgdp^2$	300	106.892	131.211	80.494	10.504
lnind	300	3.835	4.097	2.960	0.208
lnrd	300	−4.433	−2.811	−6.178	0.617
lnvat	300	−3.654	−1.253	−4.656	0.598

三、实证结果分析

(一)雾霾污染的空间相关性分析

在对税收竞争与雾霾污染计量模型回归之前,进行雾霾污染的全域空间

相关性检验是十分必要的。全域空间相关性指数一般采用 Moran's I 指数表示。计算公式与本书第四章第二节相同。根据空间权重及 Moran's I 指数的计算公式,借助 Open Geoda 的空间分析工具,采用邻近的空间权重 w_1 计算 Moran's I 指数(表 7-10)。从表 7-10 可以看出,2007—2016 年雾霾污染的 Moran's I 指数均在1%显著性水平上为正值,意味着进行实证分析时需要考虑雾霾污染的空间相关性。税收竞争的 Moran's I 指数均为正值,并通过了 10% 以上显著性水平的检验,说明税收竞争也具有显著的空间相关性。

表 7-10　2007—2016 年我国雾霾污染与税收竞争的 Moran's I 值

年份	雾霾污染		年份	税收竞争	
	Moran's I	P-Value		Moran's I	P-Value
2007	0.619	0.000	2007	0.176	0.013
2008	0.603	0.000	2008	0.148	0.016
2009	0.576	0.000	2009	0.061	0.049
2010	0.575	0.000	2010	0.123	0.033
2011	0.613	0.000	2011	0.129	0.026
2012	0.606	0.000	2012	0.076	0.063
2013	0.590	0.000	2013	0.063	0.068
2014	0.593	0.000	2014	0.069	0.065
2015	0.566	0.000	2015	0.055	0.010
2016	0.593	0.000	2016	0.061	0.101

资料来源:笔者根据 Open Geoda 软件计算。

(二)回归结果及讨论

1. 税收竞争影响雾霾污染的综合效应

在进行分析之前需要对空间回归模型进行诊断和选择。首先测算 LM-lag 和 LM-error 以对空间滞后模型和空间误差模型进行选择。由表 7-11 可知,LM-lag、LM-error、Robust LM-error 和 Robust LM-lag 均通过了1%的显著性水平检验,意味着应拒绝采用非空间模型。进一步借鉴埃尔霍斯特的研究,通过 Wald-SAR 和 Wald-SEM 检验后发现其均通过显著性检验,故认为空间杜宾模型为较好模型,Hausman 检验发现应采用固定效应模型估计(结果见表 7-12)。

表 7-11　LM 检验结果

LM 检验	w_1	w_2	w_4
LM-lag	110. 618 *** (0. 000)	37. 636 *** (0. 000)	12. 896 *** (0. 000)
robust LM-lag	45. 591 ** (0. 000)	44. 491 *** (0. 414)	19. 670 *** (0. 000)
LM-error	80. 080 *** (0. 000)	21. 993 *** (0. 000)	19. 988 *** (0. 000)
robust LM-error	15. 053 *** (0. 000)	28. 848 *** (0. 000)	26. 762 *** (0. 000)

表 7-12　税收竞争对雾霾污染直接影响的空间面板回归结果

被解释变量	smog	smog	smog
权重矩阵	w_1	w_2	w_4
ρ	0. 577 *** (11. 809)	0. 528 *** (3. 217)	0. 216 *** (2. 935)
lnlet	−0. 263 ** (−5. 958)	−0. 231 *** (−3. 693)	−0. 093 ** (−2. 21)
ln$open$	0. 020 (0. 722)	−0. 273 *** (−6. 304)	−0. 079 *** (−2. 732)
ln$humi$	−0. 276 ** (−2. 031)	−0. 483 ** (−2. 300)	−0. 198 (−1. 56)
ln$pgdp$	−1. 804 * (−1. 716)	0. 196 (0. 144)	1. 525 (1. 302)
ln$pgdp^2$	0. 084 * (1. 631)	0. 006 (0. 087)	−0. 084 (−1. 459)
lnfd	0. 200 *** (2. 819)	0. 336 *** (3. 375)	−0. 112 (−1. 232)
lnind	0. 168 *** (4. 635)	0. 400 *** (7. 203)	−0. 040 (−0. 711)
lnrd	−0. 255 *** (−1. 344)	−0. 793 *** (−2. 796)	−0. 159 (−5. 775)

被解释变量	*smog*	*smog*	*smog*
权重矩阵	w_1	w_2	w_4
ln*denti*	0.310***	0.412***	-0.147
	(12.029)	(10.682)	(-1.287)
$w×$ln*let*	-0.261**	0.226	-0.066
	(-2.217)	(0.400)	(-0.735)
$w×$ln*open*	-0.732***	-2.851***	0.243***
	(-13.586)	(-7.286)	(4.161)
$w×$ln*humi*	0.832***	5.567***	0.238
	(3.606)	(4.346)	(0.929)
$w×$ln*pgdp*	5.921	45.576***	-2.553
	(3.362)	(6.247)	(-1.548)
$w×$ln*pgdp*^{2}	-0.207**	-1.813***	0.134*
	(-2.379)	(-5.114)	(1.650)
$w×$ln*fd*	-0.030	2.683***	0.167
	(-0.219)	(3.890)	(1.129)
$w×$ln*ind*	0.276***	-0.175	0.091
	(3.091)	(-0.370)	(0.883)
$w×$ln*rd*	-1.972***	-7.696***	0.129
	(-8.945)	(-8.035)	(0.688)
$w×$ln*denti*	0.058	0.695**	0.382
	(0.858)	(2.383)	(0.778)
Wald-SAR	416.20***	265.79***	19.58***
Wald-SEM	260.17***	248.85***	19.72***
Hausman 检验	100.89***	61.82***	111.39***
样本数	300	300	300
R^2	0.918	0.860	0.985

注:括号内为 t 值; *、** 和 *** 分别表示在 10%、5% 和 1% 水平上显著。

　　表 7-12 汇报了税收竞争对雾霾污染的直接影响结果。三个模型中,雾霾污染的空间滞后项系数 ρ 均高度显著为正,意味着雾霾污染正向相关性明显,本地区的雾霾污染具有很强的空间溢出效应。税收竞争的估计系数显著为负,说明本地区的税负下降,会加重本地雾霾污染,税收竞争的空间滞后项系数在 $w = w_1$ 的情况下显著为负,说明与本地相邻地区的税率下降,会加剧本

地区的雾霾污染。

借鉴埃尔霍斯特、勒萨热和佩斯的研究,并基于 SDM 模型对税收竞争影响雾霾污染的直接效应、空间溢出效应和总效应进行了计算。上述三种效应的具体值参见表 7-13。可以看出:税收竞争(let)的直接效应在三种权重矩阵下均显著为负,这意味着税收竞争引致的本地区企业所得税税收负担的降低带来本地区雾霾污染的增加。分析其原因主要有二:其一,本地税收负担越低,资本就越易流入本地,政府越倾向于将现有资本引入与地区经济增长相关的项目上,而较少将其引入环保的项目上,进而带来本地雾霾污染加剧;其二,本地资本存量的增加促使企业资本利润率上升,本地政府税收收入及环保支出也随之增加,进而有效遏制了雾霾污染。本地资本存量的上升引致雾霾污染加剧的负向激励大于本地资本存量增加带来的政府环保支出的提高对遏制雾霾污染的正向激励。此外,还可以看出税收竞争的间接效应和总效应仅仅在 $w = w_1$ 的情况下显著为正,其他均不显著。这意味着税收竞争所引致的空间溢出效应亦会带来本地雾霾污染的增加,而且本地实际税率的雾霾污染效应小于其溢出效应(0.339<0.918)。其背后的原因可能是:其一,不同地理相邻地区参与税收竞争会促使地理相邻地区间实际税率趋异。当邻近地区提高实际税率时,很容易促使邻近地区资本要素流入本地。由于这些资本主要投向为周期短、风险低、污染大的生产性项目,因此当地理邻近地区因为较高税率而导致资本流入本地时,本地雾霾污染增加。其二,一方面,本地资本的增加带来了税基和税收收入的上升,由于环境绩效考核逐渐被纳入政绩考核主要内容中,政府将所增加税收收入的一部分用于治理本地雾霾污染;另一方面,邻近地区资本的流出带来该地区税收收入减少,财政压力促使其降低环保支出。

表 7-13　税收竞争对雾霾污染综合影响的分解:直接、间接和总效应

被解释变量	smog			smog			smog		
权重矩阵	w_1			w_2			w_4		
	直接效应	间接效应	总效应	直接效应	间接效应	总效应	直接效应	间接效应	总效应
lnlet	-0.339 ***	-0.918 ***	-1.257 ***	-0.241 ***	0.214	-0.027	-0.098 **	-0.106	-0.204
	(-5.625)	(-3.089)	(-3.671)	(-3.914)	-0.557	(-0.069)	(-2.226)	(-0.965)	(-1.552)

续表

被解释变量	smog			smog			smog		
权重矩阵	w_1			w_2			w_4		
	直接效应	间接效应	总效应	直接效应	间接效应	总效应	直接效应	间接效应	总效应
lnopen	-0.118 ***	-1.595 ***	-1.713 ***	-0.217 ***	-1.864 ***	-2.080 ***	-0.066 **	0.281 ***	0.215 ***
	(-3.805)	(-8.020)	(-7.893)	(-5.122)	(-5.280)	(-5.619)	(-2.243)	(-3.921)	(-2.580)
lnhumi	-0.146	1.507 ***	1.361 ***	-0.600 **	3.965 ***	3.365 ***	-0.193	0.246	0.053
	(-1.143)	(-3.237)	(-2.891)	(-2.547)	(-3.743)	(-3.487)	(-1.484)	(-0.794)	(-0.147)
lnpgdp	-0.854	10.676 ***	9.822 **	-0.750	31.388 ***	30.638 ***	1.428	-2.770	-1.343
	(-0.770)	(-2.932)	(-2.459)	(-0.537)	(-5.08)	(-5.152)	(-1.238)	(-1.515)	(-1.086)
lnpgdp^2	0.053	-0.344 *	-0.291	0.044	-1.254 ***	-1.211 ***	-0.079	0.144	0.065
	(-0.973)	(-1.959)	(-1.509)	(-0.638)	(-4.397)	(-4.445)	(-1.394)	(-1.597)	(1.085)
lnfd	0.212 ***	0.175	0.387	0.285 ***	1.707 ***	1.993 ***	-0.103	0.174	0.072
	(2.482)	(0.570)	(1.069)	(2.722)	(3.418)	(4.084)	(-1.146)	(0.982)	(0.353)
lnind	0.237 ***	0.817 ***	1.054 ***	0.406 ***	-0.268	0.138	-0.035	0.098	0.063
	(5.154)	(3.642)	(4.133)	(7.196)	(-0.857)	(0.436)	(-0.617)	(0.754)	(0.440)
lnrd	-0.65 ***	-4.68 ***	-5.33 ***	-0.645 ***	-5.03 ***	-5.675 ***	-0.155	0.113	-0.042
	(-5.447)	(-6.577)	(-6.691)	(-5.050)	(-5.527)	(-5.890)	(-1.341)	(0.529)	(-0.189)
lndenti	0.355 ***	0.526 ***	0.881 ***	0.403 ***	0.335 *	0.738 ***	-0.121	0.444	0.323
	(12.962)	(3.524)	(5.378)	(10.873)	(1.721)	(3.581)	(-0.962)	(0.749)	(0.495)

注:括号内为 t 值; *、** 和 *** 分别表示在 10%、5% 和 1% 水平上显著。

　　从影响雾霾污染的控制变量来看,贸易开放度(open)在 $w=w_1$ 和 $w=w_2$ 时的直接效应、间接效应和总效应均显著为负,表明贸易开放度有利于本地区雾霾污染的减少。空气湿度(humi)在 $w=w_2$ 情况下直接效应显著为负,在 $w=w_1$ 和 $w=w_2$ 情况下间接效应显著为正,总效应在 $w=w_1$ 和 $w=w_2$ 情况下显著为正,这预示着空气湿度有助于改善本地区雾霾污染,而不利于邻近地区雾霾污染的减少。经济发展水平(pgdp)的一次项和二次项的直接效应均不显著,而其间接效应和总效应在 $w=w_1$ 和 $w=w_2$ 情况下显著为正和负,这表明雾霾污染与邻近地区经济发展水平直接呈现倒"U"形特征。财政分权(fd)的直接效应在 $w = w_1$ 和 $w = w_2$ 情况下显著为正,间接效应和总效应除了在 $w = w_2$ 情况下显著为正外,其他均不显著,这意味着财政分权不仅没有改善雾霾污染反而是雾霾污染加剧的主要因素之一,这与张克中等和黄寿峰(2011)的研究结论基本相同。第二产业比重(ind)与雾霾污染的直接效应、间接效应及总效应在 $w = w_1$ 均显著为正。这意味着第二产业是雾霾污染的主要来源,产业结构升级迫在眉睫。研发投入(rd)在 $w = w_1$ 和 $w = w_2$ 情况下均显著为负,表明研发投入的增加有利于本地及邻近地区雾霾污染的减少。人口密度($denti$)与雾霾污染的直接效应、间接效应及总效应为正(除 $w = w_4$ 情况外),并通过了显著性检验,意味着地区人口密度的增加会带来本地和邻近地区雾霾污染的恶化。

2.税收竞争影响环保支出的效应分析

本部分对式(7-5)进行参数估计,以验证税收竞争是否影响环保支出,估计结果如表 7-14 所示。税收竞争的直接效应为正,并通过了 5% 的显著性检验,这意味着本地税率的降低会带来本地环保支出的减少,而间接效应和直接效应不显著。

表 7-14　税收竞争对环保支出影响的分解:直接、间接和总效应

被解释变量	*expg*			*expg*			*expg*		
权重矩阵	w_1			w_2			w_4		
	直接效应	间接效应	总效应	直接效应	间接效应	总效应	直接效应	间接效应	总效应
ln*let*	0.210**	0.345	0.555	0.227**	−0.084	0.142	0.238***	0.263	0.501***
	(2.215)	(1.088)	(1.456)	(2.020)	(−0.058)	(0.093)	(3.033)	(1.536)	(2.708)
ln*open*	−0.009	0.100	0.091	0.081	2.404**	2.484**	−0.004	−0.400***	−0.405***
	(−0.156)	(0.504)	(0.400)	(1.077)	(2.061)	(2.041)	(−0.077)	(−3.230)	(−2.930)
ln*humi*	0.524**	0.062	0.587	0.462*	0.333	0.795	0.679***	−0.563	0.116
	(2.126)	(0.088)	(0.744)	(1.734)	(0.093)	(0.217)	(2.842)	(−1.262)	(0.246)

续表

被解释变量	expg			expg			expg		
权重矩阵	w_1			w_2			w_4		
	直接效应	间接效应	总效应	直接效应	间接效应	总效应	直接效应	间接效应	总效应
ln$pgdp$	-9.107***	-0.351	-9.457**	-10.044***	-24.272	-34.316*	-6.594***	-4.596	-11.190***
	(-6.925)	(-0.096)	(-2.289)	(-6.333)	(-1.328)	(-1.800)	(-2.761)	(-1.365)	(-5.582)
ln$pgdp^2$	0.387***	0.011	0.398*	0.428***	1.288	1.716*	0.255**	0.191	0.446***
	(5.993)	(0.062)	(1.958)	(5.408)	(1.426)	(1.815)	(2.189)	(1.132)	(4.419)
lnfd	0.219	-0.238	-0.018	0.424*	-0.925	-0.501	0.446**	0.099	0.546
	(1.133)	(-0.464)	(-0.030)	(1.927)	(-0.357)	(-0.185)	(2.359)	(0.302)	(1.481)
lnind	0.349	0.265	0.614	0.064	-3.547	-3.482	0.355	0.329	0.684
	(1.146)	(0.253)	(0.480)	(0.137)	(-0.627)	(-0.574)	(1.476)	(0.617)	(1.256)
lnrd	-0.056	0.754*	0.699	0.010	3.727*	3.737*	0.042	-0.420*	-0.378
	(-0.502)	(1.873)	(1.569)	(0.076)	(1.955)	(1.887)	(0.395)	(-1.742)	(-1.504)
ln$denti$	-0.005	1.368	1.363	0.168	10.788	10.956**	-0.148	-2.202**	-2.350***
	(-0.018)	(1.572)	(1.260)	(0.520)	(2.295)	(2.213)	(-0.689)	(-2.541)	(-2.741)

注:括号内为 t 值;*、** 和 *** 分别表示在 10%、5% 和 1% 水平上显著。

3. 中介效应检验

加入中介变量环保支出进一步检验税收竞争与雾霾污染的关系(见表 7-15),与表 7-13 相比,在未加入中介变量环保支出之前,税收竞争对雾霾污染有着显著的影响,在加入环保支出之后,其显著性没有下降,说明税收竞争带来实际税率的下降加剧了我国的雾霾污染。此外,还可以发现,税收竞争带来实际税率的下降显著地减少了地区环保支出。由此可以判断中介效应是存在的。根据温忠麟和叶宝娟(2014)的中介效应检验规则,采用递归模型检验税收竞争是否通过环保支出中介效应对环境污染产生影响。具体检验步骤为以下内容:第一步,由表 7-13 估计结果可知,β_1 显著为负,应当按照中介效应立论。第二步,由表 7-14 和表 7-15 可知,α_1、λ_5 均在 10% 的水平下显著,说明模型存在中介效应,直接转入第三步。第三步,表 7-15 中 λ_1 和 λ_5 均在 1% 和 10% 的水平下显著。第四步,比较 $\alpha_2\lambda_5$ 与 β_1 符号,发现二者符号相同,说明存在部分中介效应。在不同的权重矩阵下,环保支出在税收竞争与雾霾污染模型中的中介效应占总效应的比例分别为 13.12%、23.04%、16.72%。以地理邻接矩阵为例,环保支出确实在税收竞争和雾霾污染之间扮演重要的中介作用,且这一中介效应占税收竞争对雾霾污染总效应的 13.12%。此外,还可以看出,环保支出的中介效应比例较小,这其中的原因可能是环保支出管理不当,资金使用效率低下。再者,从表 7-15 可以看出,环保支出对雾霾污染的直接效应显著为负。这与田淑英(2016)等以及姜楠(2018)的研究结果是一致的。造成这一结果的原因可能是:环保支出可以刺激科技创新、提高地区的治污水平,同时可以引致社会资本投向科技创新领域,进而完善地区产业结构,减少地区雾霾污染。

表 7-15 中介机制检验的分解:直接、间接和总效应

被解释变量	smog			smog			smog		
权重矩阵	w_1			w_2			w_4		
	直接效应	间接效应	总效应	直接效应	间接效应	总效应	直接效应	间接效应	总效应
lnlet	-0.329***	-0.941***	-1.270***	-0.133*	1.652***	1.519***	-0.074*	-0.036	-0.111
	(-5.951)	(-3.276)	(-3.888)	(-1.799)	(3.042)	(2.695)	(-1.757)	(-0.366)	(-0.961)
lnexpg	-0.206***	-0.193	-0.399**	-0.135*	-0.076*	-0.211**	-0.052*	-0.084	-0.137
	(-4.549)	(-1.295)	(-2.235)	(1.658)	(-2.383)	(-2.228)	(-1.647)	(-1.133)	(-1.589)
lnopen	-0.151***	-1.578***	-1.729***	-0.060	-0.413	-0.472	-0.098***	0.157**	0.059
	(-4.690)	(-8.070)	(-8.055)	(-1.574)	(-1.284)	(-1.457)	(-3.542)	(2.258)	(0.731)
lnhumi	-0.249**	1.434***	1.185***	-0.185	-2.612**	-2.797**	-0.152	0.372	0.220
	(-2.029)	(3.005)	(2.435)	(-0.833)	(-2.087)	(-2.395)	(-1.241)	(1.392)	(0.775)
lnpgdp	-1.522	7.306*	5.784	-3.218*	47.307***	44.089***	0.405	-4.003**	-3.598**
	(-1.467)	(1.934)	(1.379)	(-1.920)	(4.069)	(3.768)	(0.351)	(-2.070)	(-2.344)

被解释变量	smog			smog			smog		
权重矩阵	w_1			w_2			w_4		
	直接效应	间接效应	总效应	直接效应	间接效应	总效应	直接效应	间接效应	总效应
$lnpgdp^2$	0.076	−0.195	−0.119	0.155 *	−2.222 ***	−2.067 ***	−0.043	0.167 *	0.123 *
	(1.505)	(−1.090)	(−0.602)	(1.881)	(−3.956)	(−3.657)	(−0.781)	(1.724)	(1.664)
$lnfd$	0.049	0.034	0.083	0.524 ***	2.290 ***	2.813 ***	0.227 **	0.190	0.417 *
	(0.565)	(0.117)	(0.241)	(4.510)	(3.400)	(4.205)	(2.287)	(1.032)	(1.866)
$lnind$	0.264 ***	0.882 ***	1.146 ***	0.381 ***	−0.416	−0.035	−0.115	−0.248	−0.363
	(6.140)	(4.140)	(4.758)	(6.792)	(−0.915)	(−0.074)	(−0.136)	(−0.884)	(−1.496)
$lnrd$	−0.689 ***	−4.600 ***	−5.289 ***	−0.269 *	−1.573 **	−1.841 **	0.017	0.531 *	0.548 *
	(−6.241)	(−6.674)	(−6.920)	(−2.013)	(−1.987)	(−2.204)	(0.133)	(1.916)	(1.825)
$lndenti$	0.326 ***	0.441 ***	0.767 ***	0.351 ***	0.776 *	1.127 ***	−0.108	0.615	0.507
	(11.214)	(2.992)	(4.667)	(8.519)	(1.888)	(2.587)	(−0.977)	(1.228)	(0.970)

注:括号内为 t 值;*、** 和 *** 分别表示在 10%、5% 和 1% 水平上显著。

(三)稳健性检验

由于本节在前面的分析中只考虑了企业所得税税收竞争对雾霾污染的影响,但现实经济中地区间税收竞争并不仅仅反映在企业所得税竞争,还包括增值税、城市维护建设税等其他税种的竞争。因此为加强对本书理论假说的论证,采取替换税收竞争衡量指标的方法进行稳健性检验,结合研究的需要和数据的可得性,采取地方增值税税负即增值税与第二产业生产总值比重(vat)作为税收竞争的替代变量进行稳健性检验。回归结果如表 7-16、表 7-17、表 7-18 所示。从中可以看出,替换税收竞争的代表变量后,估计结果没有很大的变化,与表 7-13、表 7-14 和表 7-15 保持了较好的一致性。在不同的权重矩阵下,环保支出在增值税税收竞争与雾霾污染模型中的中介效应占总效应的比重分别为 13.14%、23.84%、16.76%。本章的结论具有良好的稳健性,可以较好地捕捉各种情况下税收竞争通过环保支出中介效应对环境污染的影响。

表 7-16　税收竞争对雾霾污染效应分解的稳健性检验

被解释变量	smog			smog			smog		
权重矩阵	w_1			w_2			w_4		
	直接效应	间接效应	总效应	直接效应	间接效应	总效应	直接效应	间接效应	总效应
ln*vat*	-0.346***	-0.896***	-1.242***	-0.239***	0.237	-0.001	-0.091**	-0.059	-0.150
	(-5.663)	(-2.936)	(-3.524)	(-3.882)	(0.588)	(-0.004)	(-2.209)	(-0.598)	(-1.326)
ln*open*	-0.123***	-1.558***	-1.680***	-0.216***	-1.852***	-2.068***	-0.091***	0.189***	0.097
	(-3.737)	(-8.300)	(-8.104)	(-5.175)	(-5.527)	(-5.884)	(-3.135)	(2.670)	(1.194)
ln*humi*	-0.146	1.448***	1.302***	-0.608***	3.953***	3.346***	-0.183	0.348	0.165
	(-1.148)	(3.236)	(2.830)	(-2.701)	(4.111)	(3.814)	(-1.493)	(1.352)	(0.568)
ln*pgdp*	-0.847	10.487*	9.641***	-0.707	30.987***	30.280***	0.775	-2.864	-2.090*
	(-0.769)	(2.828)	(2.366)	(-0.496)	(5.196)	(5.268)	(0.688)	(-1.637)	(-1.758)
ln*pgdp*^{2}	0.053	-0.338*	-0.285	0.041	-1.238***	-1.197***	-0.057	0.114	0.057
	(0.987)	(-1.888)	(-1.448)	(0.584)	(-4.473)	(-4.519)	(-1.041)	(1.295)	(0.938)
ln*fd*	-0.216***	-0.182	-0.398	-0.283***	-1.712***	-1.995***	0.206***	0.165	0.371*
	(-2.674)	(-0.616)	(-1.16)	(-2.700)	(-3.328)	(-4.068)	(2.167)	(0.898)	(1.720)
ln*ind*	-0.672***	-4.591***	-5.263***	-0.645***	-4.975***	-5.620***	-0.018	0.552*	0.534*
	(-5.528)	(-6.617)	(-6.682)	(-5.001)	(-5.707)	(-6.095)	(-0.150)	(1.990)	(1.743)
ln*rd*	0.241***	0.792***	1.033***	0.411***	-0.253	0.157	-0.112***	-0.227*	-0.339***
	(5.249)	(3.672)	(4.175)	(7.618)	(-0.822)	(0.506)	(-2.079)	(-1.741)	(-2.307)
ln*denti*	0.357***	0.519***	0.876***	0.401***	0.335	0.736***	-0.078	0.790	0.713
	(12.176)	(3.476)	(5.278)	(10.607)	(1.612)	(3.325)	(-0.727)	(1.575)	(1.359)

注:括号内为 t 值;*、** 和 *** 分别表示在 10%、5%和 1%水平上显著。

表 7-17　税收竞争对环保支出效应分解的稳健性检验

被解释变量	expg			expg			expg		
权重矩阵	w_1			w_2			w_4		
	直接效应	间接效应	总效应	直接效应	间接效应	总效应	直接效应	间接效应	总效应
ln*vat*	0.214***	0.360	0.574	0.228***	-0.055	0.174	0.234***	0.283	0.518***
	(2.248)	(1.105)	(1.478)	(2.196)	(-0.040)	(0.120)	(3.029)	(1.621)	(2.735)

续表

被解释变量	expg			expg			expg		
权重矩阵	w_1			w_2			w_4		
	直接效应	间接效应	总效应	直接效应	间接效应	总效应	直接效应	间接效应	总效应
lnopen	−0.008	0.100	0.092	0.069	2.419 ***	2.488 ***	−0.004	−0.402 ***	−0.406 ***
	(−0.141)	(0.524)	(0.425)	(1.018)	(2.196)	(2.183)	(−0.071)	(−3.181)	(−2.906)
lnhumi	0.528 ***	0.073	0.602	0.437	0.493	0.930	0.679 ***	−0.542	0.137
	(2.089)	(0.111)	(0.798)	(1.628)	(0.140)	(0.259)	(2.878)	(−1.198)	(0.289)
lnpgdp	−9.146 ***	−0.246	−9.392 ***	−9.885 ***	−25.508	−35.393 *	−6.514 ***	−4.811	−11.325 ***
	(−7.006)	(−0.065)	(−2.255)	(−6.458)	(−1.358)	(−1.817)	(−2.619)	(−1.389)	(−5.806)
lnpgdp^2	0.388 ***	0.003	0.391 **	0.419 ***	1.330	1.749 *	0.251 ***	0.202	0.453 ***
	(6.099)	(0.014)	(1.909)	(5.533)	(1.430)	(1.811)	(2.061)	(1.156)	(4.480)
lnfd	0.214	−0.236	−0.023	0.432 **	−0.721	−0.289	0.458 ***	0.090	0.548
	(1.046)	(−0.445)	(−0.036)	(1.924)	(−0.274)	(−0.106)	(2.357)	(0.290)	(1.518)
lnind	0.364	0.316	0.679	0.093	−3.299	−3.206	0.337	0.367	0.704
	(1.204)	(0.298)	(0.527)	(0.218)	(−0.608)	(−0.554)	(1.387)	(0.730)	(1.297)
lnrd	−0.055	0.768 **	0.713	−0.002	3.718 ***	3.716 *	0.037	−0.420 ***	−0.383
	(−0.504)	(1.897)	(1.591)	(−0.016)	(2.108)	(2.035)	(0.341)	(−1.872)	(−1.659)
lndenti	−0.018	1.279	1.260	0.094	10.505 ***	10.599 **	−0.132	−2.179 ***	−2.311 ***
	(−0.067)	(1.382)	(1.110)	(0.301)	(2.215)	(2.133)	(−0.598)	(−2.464)	(−2.640)

表 7-18 中介效应稳健性检验

被解释变量	smog			smog			smog		
权重矩阵	w_1			w_2			w_4		
	直接效应	间接效应	总效应	直接效应	间接效应	总效应	直接效应	间接效应	总效应
lnvat	−0.342 ***	−0.943 ***	−1.284 ***	−0.131 *	1.678 ***	1.548 ***	−0.074 *	−0.038	−0.112
	(−5.810)	(−3.293)	(−3.889)	(−1.831)	(3.131)	(2.765)	(−1.765)	(−0.390)	(−0.981)

被解释变量	smog			smog			smog		
权重矩阵	w_1			w_2			w_4		
	直接效应	间接效应	总效应	直接效应	间接效应	总效应	直接效应	间接效应	总效应
lnexpg	-0.210***	-0.211	-0.420**	-0.137*	-0.678	-0.815	-0.053*	-0.082	-0.135
	(-4.796)	(-1.427)	(-2.389)	(1.887)	(-0.421)	(-0.218)	(-1.690)	(-1.063)	(-1.509)
lnopen	-0.168***	-1.581***	-1.748***	-0.061	-0.424	-0.485	-0.097***	0.162***	0.065
	(-4.935)	(-8.922)	(-8.774)	(-1.562)	(-1.385)	(-1.558)	(-3.405)	(2.258)	(0.784)
lnhumi	-0.217*	1.421***	1.204***	-0.190	-2.669*	-2.858**	-0.152	0.377	0.225
	(-1.728)	(3.083)	(2.492)	(-0.811)	(-2.028)	(-2.349)	(-1.248)	(1.410)	(0.768)
lnpgdp	-1.542	6.990**	5.447	-3.143*	48.230***	45.088***	0.478	-4.053***	-3.575**
	(-1.460)	(1.933)	(1.346)	(-2.037)	(4.071)	(3.771)	(0.408)	(-2.089)	(-2.247)
lnpgdp²	0.078	-0.181	-0.102	0.152*	-2.266***	-2.114***	-0.046	0.169*	0.123
	(1.527)	(-1.047)	(-0.532)	(1.994)	(-3.964)	(-3.668)	(-0.818)	(1.767)	(1.604)
lnfd	-0.045	-0.019	-0.064	-0.525***	-2.334***	-2.860***	0.224***	0.179	0.403*
	(-0.524)	(-0.068)	(-0.196)	(-4.867)	(-3.452)	(-4.235)	(2.259)	(0.987)	(1.868)
lnind	-0.734***	-4.563***	-5.297***	-0.272*	-1.602**	-1.874***	0.007	0.540*	0.547*
	(-6.343)	(-7.410)	(-7.529)	(-1.989)	(-2.053)	(-2.259)	(0.057)	(1.924)	(1.753)
lnrd	0.273***	0.889***	1.163***	0.380***	-0.451	-0.071	-0.113***	-0.246*	-0.359***
	(6.034)	(4.202)	(4.763)	(6.677)	(-1.007)	(-0.152)	(-2.051)	(-1.874)	(-2.515)
lndenti	0.329***	0.435***	0.764***	0.352***	0.797**	1.149***	-0.096	0.635	0.539
	(10.987)	(2.980)	(4.645)	(8.930)	(2.053)	(2.807)	(-0.889)	(1.248)	(1.022)

小 结

本章首先运用空间杜宾模型,采用中国30个省(自治区、直辖市)2007—

2016 年的税收竞争和政府环保支出的相关数据,回归分析了税收竞争对环保支出的影响及作用机制,得到主要结论如下:税收竞争与政府环保支出正相关,也就是说,本地政府税收征管效率越小,政府环保支出就越少;地区间环保支出存在明显的策略性互动;资本存量是税收竞争影响环保支出的一个主要传导渠道。

接着以雾霾污染为研究对象,基于 2007—2016 年 30 个省级政府面板数据首先系统分析了税收竞争对雾霾污染的直接效应、间接效应和总效应,然后采用中介效应模型检验了税收竞争对雾霾污染的作用机制。研究结果表明,税收竞争显著增加了本地区雾霾污染,但是其对周边地区的雾霾污染的影响却不显著。环保支出是税收竞争对雾霾污染影响的一个重要中介变量,意在遏制雾霾污染的环保支出并没有起到减少污染的作用。由此提出以下政策建议。

其一,深化财政支出管理改革。为了有效发挥环保支出正效应,中央政府应在明确各级政府职能的基础上合理划分各级地方政府的财政支出责任,同时应加强与教育、环境保护的等民生相关的改革协同配套,并在地方政府考核机制中适当调整对支出的考核,增加对社会公平、公共安全、环境保护等方面的考核权重。同时应通过政策调整支出结构,具体来说应降低建设性支出的绝对数量和相对比重,而提高环保支出的绝对数量和相对比重。

其二,推进综合财政预算改革。为了减少一些生产性财政支出项目给地方财政造成的压力,应有效监督地方政府不同类型的财政支出决策,继续深化综合财政预算改革;而且需要加强各级人大对政府预算全方位的监督效率,建立民主化的监督机制,将地方政府的各类财政支出置于公众的监督之下。同时通过修改《预算法》以调整现有的预算制度,赋予当地居民对本地财政支出预算投票的权力。以此为基础,形成以本地居民为主体的标尺竞争机制,这种机制的建设应该逐渐实现,而不能一蹴而就。

其三,完善地方政府政绩考核评价体系。中央政府在改革对地方政府绩效考核评价体系时,要将居民福利偏好、生态环境治理、环保投入使用情况等相关方面纳入考核范围,且在执行时要形成绿色发展"硬约束",激励各地方政府围绕绿色发展开展有益的税收竞争。

其四,适当调增对落后地区和重点领域的财政转移支付和税收返还。地方政府在地方环境治理上既有信息优势,又承担了更多的支出责任。一方面,应加大对生态环境脆弱的落后地区的专项转移支付和税收返还力度,做到精准治污;另一方面,应加大对大气、水、土壤等污染治理的重点领域的专项转移支付力度。

其五,应鼓励地方政府在环保投资领域积极引入社会资本,当前各地区污染防治主要是以政府支出为主,这会增加地区财政负担,不利于地区经济发展,因此需要鼓励、支持、引导和推动社会资本投入环境保护领域。通过政府资本带动社会资本,可能会带来环保投融资机制的创新,从而进一步提升地区环保支出效率。

第八章　规范地区间税收竞争的政策建议

本章基于研究的理论和实证部分,总结全书提炼研究结论,给出规范税收竞争改善环境质量的对策建议,并提出研究不足和未来的研究方向。

第一节　本书的主要研究结论

通过研究,本书主要结论如下。

第一,1994 年分税制改革后,地方政府为了促进当地经济发展选择低价协议出让工业用地及地区间税收竞争等方式来争夺制造业投资,由此带来我国经济的快速增长;然而,中国经济取得巨大成就的同时,环境污染也变得十分严重,阻碍了中国经济社会可持续发展。有关税收竞争与环境污染的文献较多关注二者的直接相关性,忽略了税收竞争影响环境污染的传导渠道。本书将关注的重心从二者的直接关系转移到二者关系的传导机制方面,尝试分别从资本流动视角、环保支出视角及资本流动和环保支出双重视角构建了一个省级政府税收竞争对环境污染影响机制的新理论框架。理论分析表明:在不考虑政府环保支出的情况下,当污染物具有外溢性属性时,税收征管效率通过改变本地及邻近地区资本投入量而影响该地区环境污染,当正效应大于负效应时,地方政府降低税收征管效率会减少本地环境污染;反之则增加了环境污染。当污染物具有非外溢性属性时,降低税收征管效率增加了该地区资本投入量,进而提高了环境污染。在不考虑资本流动的情况下,政府环保支出是政府间税收竞争对环境污染影响的作用传导途径。在同时考虑资本流动和环保支出的情况下,当污染物具有外溢性属性时,税收征管效率对该地环境污染的影响通过改变本地资本投入量、政府污染治理投入及周边地区资本投入量、周边地区地方政府污染治理投入四个渠道实现;当污染物具有非外溢性属性时,税收征管效率对该地环境污染的影响通过改变本地资本投入量及地方政府污染治理投入两个渠道实现。

第二,在税收竞争相关问题的实证研究方面,寻找合适的衡量税收竞争的指标至关重要,然而现有文献关于税收竞争指标的度量并不一致。由于我国地方政府没有税收立法权和税率调整权,仅仅拥有非常有限的征管权,地方政府为了吸引外部资本通过各种变相税收优惠和税收返还以改变实际征管效率。从这个意义来说,征管效率是中国税收竞争的策略性工具。与此同时,考虑到税收优惠的主要对象是企业,而我国企业缴纳的最主要的两个税种是增值税和企业所得税,因此本书将我国增值税和企业所得税税收征管效率作为税收竞争的指标,并且基于产出距离函数的随机前沿方法测算该指标。结论如下:企业所得税及增值税税收征管效率偏低,区域差异较大。基于企业所得税及增值税税收征管效率的测算结果,各个地区企业所得税和增值税税收征管效率虽然是波浪式上升,但平均水平依然偏低。分省区看,广东、天津和山西的企业所得税税收征管效率排在前三位,而湖南、甘肃和青海则位于后三位;江苏、广东和浙江的增值税税收征管效率排在前三位,而河南、青海及湖南则排在后三位。分地区看,东部地区企业所得税和增值税的平均税收征管效率最高,西部地区的企业所得税平均税收征管效率最低,而中部地区增值税的平均税收征管效率最低。这意味着东部沿海地区省级政府税收竞争程度较弱,而中、西部地区省级政府税收竞争程度较强。

第三,根据理论研究的结论,我们进一步使用 2007—2016 年的省级面板数据从经验层面考察了税收竞争通过资本流动、环保支出对环境污染的影响。具体来说,在控制了经济发展水平、人口密度、外商直接投资等变量后,经验研究发现:税收竞争不仅直接影响环境污染,而且还可以通过影响资本流动和环保支出对环境污染产生间接影响。采用莫兰指数检验了外溢性污染物(二氧化硫)排放量的空间溢出性,发现其存在显著的空间相关性,并且随着时间的推移,高污染地区不断扩大,从动态演变情况看,我国高二氧化硫污染集聚地区呈现出"西移"集中的演变态势。分别采用空间动态杜宾模型和动态面板计量模型研究了税收竞争对外溢性污染物和非外溢性污染物的直接影响和间接影响,发现税收竞争引致的均衡税收征管效率越低,环境污染越严重;本地资本投入量是税收竞争作用于二氧化硫和固体废弃物的一个主要渠道,邻近地区资本投入量是推高二氧化硫排放量的次要渠道;环保支出是税收竞争影响环境污染的主要渠道。本地资本投入量和本地政府环保支出均与本地污染排放量显著正相关;邻近地区资本投入量和邻近地区政府环保支出均与外溢性污染物(工业二氧化硫)显著负相关;税收竞争通过增加本地资本投入量及减少本地政府环保支出增加了外溢性污染物(二氧化硫)和非外溢性污染物(固体废弃物)的排放量,通过影响邻近地区资本投入量、增加邻近地区政府环保支出减少了外溢性污染物(二氧化硫)排放量。

第四,在更换税收竞争指标后,采用中国 30 个省(自治区、直辖市)2007—2016 年的税收竞争、政府环保支出和雾霾污染的相关数据,首先构建空间杜宾模型回归分析了税收竞争对环保支出的影响及作用机制,接着系统分析了税收竞争对雾霾污染的直接效应、间接效应和总效应,最后采用中介效应模型检验了税收竞争对雾霾污染的作用机制。结果发现:本地政府税收征管效率越小,政府环保支出就越少;地区间环保支出存在明显的策略性互动;资本存量是税收竞争影响环保支出的一个主要传导渠道。税收竞争显著增加了本地区雾霾污染,但是其对周边地区的雾霾污染的影响却不显著。环保支出是税收竞争对雾霾污染影响的一个重要中介变量,意在遏制雾霾污染的环保支出并没有起到减少污染的作用。

第二节　规范地区间税收竞争改善环境质量对策建议

一、建立不同地区间良性竞争关系

健全的制度环境是建立地方政府之间竞争与合作关系的基础条件。中央政府应建立完善的地方政府间竞争与合作的制度,以引导地方政府间形成有序的竞合关系。具体来说,一方面,应制定相关的法律法规,依靠法律打破固有的利益格局,重塑地方政府间关系,同时,探索地方政府之间协调治理体制和机制创新,促进区域内公共事务的协作与资源整合,在制度和机制的约束下,真正解决地方政府行政垄断、地方保护主义以及为吸引投资而滥用各种税收优惠政策问题,从而达到正确引导地方政府之间加强区域交流和合作的目的;另一方面,应营造一个区域协调发展的社会环境,因为一个平衡的政治经济环境不但可以较大限度地减少地方政府税收竞争的负面影响,而且有助于地方政府形成一个稳定的政策预期,防止地区之间在争取税收政策优惠方面陷入恶性循环。同时,在全国范围内,通过宏观调控政策,加强对欠发达地区的支持力度,鼓励和欠发达与发达地区之间的有效对接,不断缩小欠发达与发达地区之间的经济发展不平衡程度,从而通过区域协作、全国调控的方针防止地方政府恶性税收竞争行为。

二、完善和规范税收优惠政策

各地过多、过乱的税收等优惠政策加剧了地区间税收竞争,严重影响了经济的可持续发展和环境质量的改善。完善区域性税收等优惠政策,不但要克服认识误区,保障改革顺利进行,而且应树立大局意识,充分认识改革的重大意义,积极作为。

(一)严控区域规划中新的税收等优惠政策出台

应遵循区域性税收优惠政策淡化的理念,严格控制新的税收优惠政策出台,仅考虑对全国示范效应强、未来影响面广、政策效应不确定性强、有必要进行地区试点积累经验的税收优惠政策进行部分地区先行先试,但是应规定试点期限,并且试点期限应该较短不能延期,而且税收优惠政策应尽快实现"可复制"并向全国各地推广。

(二)加快税收优惠政策法治化建设

我国现行税收优惠政策存在法律制度不够完善、权威性差、繁杂等问题,主要表现在税收优惠权力主体多元化、决策与执行程序无序化、执法随意性大等,因此很难发挥税收的调节作用。

应对一些已经相对成熟的条例、法规通过必要的程序使之上升到法律层面。因此,今后对税收优惠政策的立法应遵循量能课税原则、比例原则及法定主义原则,同时应将一些已经相对成熟的法规、条例通过必要的程序使之上升到法律层面,并且要健全税收优惠的基本法律制度,包括税收优惠目的、税收优惠制定权、税收优惠要件、税收优惠监督、税收优惠范围等。

(三)建立健全税收优惠政策的长效管理机制

首先,建立健全考核监督机制。明确各级政府税收优惠主管部门负责人的相关职责,采取定性与定量评价相考核相结合的方法,重点评价税收优惠相关政策及措施的制定与落实情况,各级政府税收优惠主管部门负责人对本地区税收优惠政策管理情况开展评价考核工作,并将对其的考核结果作为提拔任用的重要依据。其次,建立高效的各级行政执法监督机制。为了解决各地区方法在执法过程中可能存在的执法不严难题,中央与各级地方政府应努力建立一个包含权力机构、行政部门、司法部门和社会公众的多元监督体系,真正对各地违法违规制定的税收优惠政策形成监督作用。最后,强化责任追究体制。建立定期检查和严格的问责制度,加强财政、审计、税务等部门协作配合,按照各自职责分工,及时查处并纠正各类违法违规自行制定税收等优惠政策的行为。

(四)优化税收优惠激励机制

环保产业、高新技术产业及战略性新兴产业等是我国今后发展的主要支柱产业,应形成一个以产业优惠为核心的税收优惠体系,同时逐渐取缔一些不利于公平的区域税收优惠政策,并充分运用加计扣除、投资抵免、加速折旧等手段进行事前支持,充分调动科技型、创新型、成长型企业的科研人员从事节能技术研发的积极性,同时运用增加对风险投资在产业兼并中的税收抵免优惠、提高研发费用的企业所得税加计扣除率及企业技术转让所得额免税门槛等方式进行事后的奖励和激励。

三、改革现行政府机构考核制度

地方政府作为税收竞争的主体,有效规范其行为,才有望引导税收竞争走上良性发展的轨道。我国正处于转轨经济时期,环境污染问题日益突出,改善环境质量的工作离不开政府行为的支持。

（一）明确界定各级政府的事权

要使市场在资源配置中起决定性作用,更好发挥政府作用,推进政企分开,除对基础设施和战略性项目的投资外,避免地方政府为了资源与经济利益进行恶性税收竞争。分税制基本确定了中央与地方的财权分配,但是对于各级政府的事权却没有明确的法律规定。应借鉴其他国家的相关经验,尽快出台相关法律,明确各级政府事务管理范围和拥有的权力与职责。

（二）健全绿色政绩考核内容,实行绿色责任追究制度

建立多元化地方政府考核机制,增加对地区环境污染排放量(尤其是非外溢性污染物)相关指标的考核,并对不达标的地区追究责任,从而提升地方政府治理污染的动力。同时中央政府应探索建立一个"绿色 GDP"政绩考核体系,其重点是要将各级政府以及国务院相关部门的评价考核工作中加入绿色 GDP 指标。与此同时,应研究绿色 GDP 内容核算办法,并逐渐将绿色 GDP 核算引入地方政绩考核和奖惩机制,比如应给予在环境资源保护和绿色 GDP 考核工作中出现重大失误以及无法完成绿色 GDP 体系中的硬性考核指标任务的主要领导干部免职处分;对于绿色政绩考核结果优秀,较好地保护了本地区资源环境,并促进地区经济可持续增长的干部要给予提拔重用。同时要研究制定绿色政绩考核公示制度,增加政绩考核工作的透明度。

（三）完善绿色政绩考核机制

要逐步改变上级组织和人事部门作为地方干部政绩考核主体的单一模式,探索内部与外部相结合主体多元的多重评估模式,建立包含上级组织、社会公众和中介结构等为考核主体的新型绿色政绩考核机制。其中,将社会公众引入考核主体有助于倾听基层百姓对于环境资源状况的真实反映;中介结构能够运用科学、有效的现代考核方法,对地方干部政绩进行专业的审查和监测。

（四）提高地方政府的公共服务意识

随着我国经济发展水平的不断提升和财税体制改革的持续进行,以税收优惠为主的税收竞争对于经济发展的作用正在逐步减低,对于经济发展水平较高的地区,提供质量更好、效率更高的公共服务,改善营商环境,提供宜居的生活环境,也是吸引或者留住资本和劳动力的有效手段。

(五)建立相关的制度保障体系和监督机制

中央政府应出台相关法律规章等将各级政府绿色政绩考核制度化和法律化,切实做到新的政绩考核方法有法可依、有章可循、按章办事。与此同时,逐步建立一整套组织审查和民主监督的制度体系,对地方官员绿色政绩考核工作形成有力监督,特别要把制度约束和社会监督、群众监督、舆论监督等有效结合起来。

四、深化现行财税体制改革

(一)建立事权与财权相适应的制度

要改善环境质量,需要科学并且合理地划分中央政府与地方政府之间财权与事权。具体来说,一方面根据受益范围进一步明确政府间的责任,中央政府应提供受益范围覆盖全国或多个省份的公共产品(比如环保支出),而地区性公共产品(比如教育支出)的供给责任则赋予地方政府;另一方面,为了防止地方政府间过度的税收竞争,优化地区之间竞争环境,应遵循如下原则:中央政府应拥有对一些流动性要素如资本的征税权,同时尽快完善地方政府收入与支出需求相匹配的财税体制。

(二)深化财政支出管理改革

为了有效发挥环保支出正效应,中央政府应在明确各级政府职能的基础上合理划分各级地方政府的财政支出责任,同时应加强与教育、环境保护等民生相关的改革协同配套,并在对地方政府考核机制中适当调整对支出的考核,增加对社会公平、公共安全、环境保护等方面的考核权重。同时应通过政策调整支出结构,具体来说应降低建设性支出的绝对数量和相对比重,而提高环保支出的绝对数量和相对比重,并根据地区污染空间溢出效应和环保支出外溢效应来确定各地区的环保支出比重。

(三)推进综合财政预算改革

为了减少一些生产性财政支出项目给地方财政造成的压力,应有效监督地方政府不同类型的财政支出决策,继续深化综合财政预算改革,构建一个规范的、统一的以及公开透明的政府预算制度;而且需要加强各级人大对政府预算全方位的监督效率,建立民主化的监督机制,将地方政府的各类财政支出置于公众的监督之下。同时通过调整现有的预算制度,赋予当地居民对本地财政支出预算"投票"的权力。以此为基础,形成以本地居民为主体的标尺竞争机制,这种机制的建设应该逐渐实现,而不能一蹴而就。

(四)构建税式支出预算制度

税式支出是指超过税收标准或基准以外的减免,它的主要形式包括:免税、抵税、减免等(楼继伟和解学智,2003)。在我国税收优惠并没有被纳入预算管理中,因此无法准确衡量及考核税收优惠政策所引发的地区财政支出的执行情况及其收益,加大了立法机关和社会公众对此类支出进行有效监督的难度,同时也给政府分析并掌握税收优惠的执行情况及其社会收益带来一定的困难。故而,认真地探索构建科学、规范的税式支出制度,已经成为当前中国财税制度改革的重要环节,有利于促进税收优惠政策的公开、透明,有利于对税收优惠政策进行制度化的规范管理。

在编制税式支出预算时,应遵循先易后难、试点先行、逐步推进的渐进式改革路径,先统计、测算并分析中央层级某部门的某一支出项目的税收优惠成本并编制税式支出报表,再由简到繁,循序渐进,逐步扩大到对主要税种涉及的重点行业、项目、产品等税收优惠成本的预测,这样可以编制出较为正规的税式支出预算表从而形成了完整的税式支出预算控制,并将该类支出纳入国家预算管理体系。同时,所有税式支出政策和制度等都应当以法律、法规的形式确定,并根据实际情况加以调整。

(五)加快财政转移支付制度改革

已有研究发现中央转移支付尽管存在显著的门槛衰减特征和税种、时间异质性,但均会对地方政府税收竞争行为产生激励效应,为此,应当合理控制中央转移支付的规模,优化专项转移支付绩效评估体系,调整一般性转移支付分配标准,迫使地方政府提高税收努力,在一定程度上降低地方政府采取激进式税收竞争的可能性。

另外,针对我国经济发展极不均衡的现实状况,可以考虑借鉴国外的成功经验,适时进行横向转移支付的积极尝试,在加大中央对贫困地方转移支付的同时,通过设立地区政府间的横向转移基金,缩小地区间的经济差距,从一定程度上降低地区间税收竞争的存在空间。

五、提高资本准入门槛

中央政府应针对各个地区的污染及经济发展情况给予不同的政策,提高其资本的准入门槛,严格限制高污染项目。地区政府应有针对性地选择高收益、节能环保的资本项目,在招商投资过程中逐步改变以低廉要素价格吸引资本的模式,而且要将高质量、高技术、低污染和低能耗的资本吸引至一些高收益、高附加值的投资领域,通过技术寻求以及市场寻求型的投资促进本地环境技术的提高。同时应推进以排污权交易为核心的跨区域环保合作,实行共赢的引资政策。

第三节　不足与展望

本书从资本流动与环保支出角度分析了税收竞争对环境污染的作用机理及其效应,这对于理解省级政府税收竞争的负面效应以及环境污染成因等问题有一定的积极作用。然而,由于各方面条件的约束和笔者研究水平有限,仍存在诸多不足,在未来的进一步研究中需要深入探索,主要包括以下几个方面。

第一,扩大样本数据,展开城市及县级政府税收竞争对环境污染影响机制研究。在本书的实证部分,限于数据的可得性,主要以 2007—2016 年我国省级面板数据为研究对象,运用空间杜宾及动态面板模型就税收竞争对环境污染的影响机制开展实证研究。而现实情况是在我国省级以下地方政府才是进行经济活动以及各项税收政策执行的主体,研究市县级政府之间的税收竞争对于更深入理解我国环境污染及环境保的问题具有更为实际的意义。因此,未来在条件允许的情况下,需要将样本数据扩展到市县级层次,甚至可以通过实地调研收集数据,从而使研究更具精准性和全面性。

第二,在税收竞争指标选取方面,今后可以进一步细化,以加强研究的针对性。由于地区间税收竞争并不仅仅反映在企业所得税和增值税竞争,还包括构成地方本级财政收入来源的各主要税种以及费类收入,包括个人所得税、城市维护建设税、财产税、各种费类收入等。因此,测算个人所得税、城市维护建设税、各种费类收入等的征管效率,是未来的一个研究方向。

第三,在实证方法上,今后可以通过对比研究选择最优的空间权重矩阵。在税收竞争与外溢性环境污染实证模型设计过程中,本书采取了研究空间问题的主流模型——空间计量经济学模型,这一模型能够非常有效地刻画参与人的策略互动性,但这个模型存在一个弱点,即空间权重的计算口径不同,可能会导致有差异的结果,这在今后的研究中需尽力克服。

参 考 文 献

［1］A.C.庇古、庇古等:《福利经济学》,商务印书馆 2006 年版。

［2］曾康华、夏海利:《省级财政竞争对企业投资区位选择的影响——基于空间策略互动分析》,《山东财经大学学报》2020 年第 2 期。

［3］陈博、倪志良:《税收竞争对我国区域经济增长的非线性作用研究——基于动态面板与门限面板模型的分析》,《现代财经(天津财经大学学报)》2016 年第 12 期。

［4］陈工、陈习定等:《基于随机前沿的中国地方税收征管效率分析》,《税务研究》2009 年第 6 期。

［5］陈明艺:《我国政府间税收竞争的制度分析》,《山西财经大学学报》2005 年第 2 期。

［6］陈思霞、卢洪友:《公共支出结构与环境质量:中国的经验分析》,《经济评论》2014 年第 1 期。

［7］陈晓、肖星等:《税收竞争及其在我国资本市场中的表现》,《税务研究》2003 年第 6 期。

［8］储德银、费冒盛等:《地方政府竞争、税收努力与经济高质量发展》,《财政研究》2020 年第 8 期。

［9］崔兴芳、樊勇等:《税收征管效率提高测算及对税收增长的影响》,《税务研究》2006 年第 4 期。

［10］崔亚飞、刘小川:《中国省级税收竞争与环境污染——基于 1998—2006 年面板数据的分析》,《财经研究》2010 年第 4 期。

［11］崔治文、周平录等:《横向税收竞争对经济发展影响研究——基于省际间资本税、劳动税和消费税竞争视角》,《西北师范大学学报(社会科学版)》2015 年第 1 期。

［12］戴维·米勒、韦农·波格丹诺:《布莱克维尔政治学百科全书》,中国政法大学出版社 2002 年版。

［13］邓慧慧、虞义华:《税收竞争、地方政府策略互动行为与招商引资》,《浙江社会科学》2017 年第 1 期。

［14］邓力平:《国际税收竞争:基本分析、不对称性与政策启示》,经济科学出版社

2009 年版。

[15]邓力平:《国际税收竞争的不对称性及其政策启示》,《税务研究》2006 年第 5 期。

[16]邓子基、唐文倩:《我国地方政府间税收横向竞争策略:基于省际面板数据的经验分析》,《税务研究》2012 年第 7 期。

[17]樊丽明:《中国外商投资企业税收政策的评价与完善》,《经济学(季刊)》2002 年第 2 期。

[18]冯海波、方元子:《地方财政支出的环境效应分析——来自中国城市的经验考察》,《财贸经济》2014 年第 2 期。

[19]福建省地方税务局课题组、汪茂昌等:《供给侧结构性改革与税制体系创新》,《税收经济研究》2017 年第 1 期。

[20]付文林、耿强:《税收竞争、经济集聚与地区投资行为》,《经济学(季刊)》2011 年第 4 期。

[21]傅勇、张晏:《中国式分权与财政支出结构偏向:为增长而竞争的代价》,《管理世界》2007 年第 3 期。

[22]高凤勤、徐震寰:《"竞高"还是"竞低":基于我国省级政府税收竞争的实证检验》,《上海财经大学学报》2020 年第 1 期。

[23]高培勇:《从"放权让利"到"公共财政"——中国财税改革 30 年的历史进程》,《理论前沿》2008 年第 23 期。

[24]郭杰、李涛:《中国地方政府间税收竞争研究——基于中国省级面板数据的经验证据》,《管理世界》2009 年第 11 期。

[25]韩洪云:《资源与环境经济学》,浙江大学出版社 2012 年版。

[26]贺俊、刘亮亮等:《税收竞争、收入分权与中国环境污染》,《中国人口·资源与环境》2016 年第 4 期。

[27]胡志勇、周俊琪等:《地市级政府税收竞争与资本流动——基于福建省九个地市经济数据的研究》,《税务研究》2013 年第 12 期。

[28]胡祖铨、黄夏岚等:《中央对地方转移支付与地方征税努力——来自中国财政实践的证据》,《经济学(季刊)》2013 年第 3 期。

[29]黄春蕾:《中国国内横向税收竞争分析》,《经济纵横》2003 年第 9 期。

[30]黄春蕾:《当前我国国内横向税收竞争的实证分析》,《税务与经济(长春税务学院学报)》2004 年第 1 期。

[31]贾康、阎坤等:《总部经济、地区间税收竞争与税收转移》,《税务研究》2007 年第 2 期。

[32]蒋荣富、毛杰:《税收法治:规范我国税收竞争的利器》,《税务研究》2006 年第 6 期。

[33]解垩:《基于 DEA 模型的中国税收效率分析》,《云南财经大学学报》2009 年第 1 期。

[34]阚大学、吕连菊:《要素市场扭曲加剧了环境污染吗——基于省级工业行业空间动态面板数据的分析》,《财贸经济》2016年第5期。

[35]康锋莉:《税收竞争的空间相关性和FDI效应:一个实证分析》,《财贸研究》2008年第3期。

[36]冷毅、杨琦:《财政竞争对地方政府财政支出结构的影响研究——基于民生和发展的权衡》,《江西财经大学学报》2014年第4期。

[37]李建军、李慧:《我国增值税征管效率测度分析——基于SFA、DEA和FDH方法》,《财贸研究》2013年第2期。

[38]李建军、谢芬等:《我国企业所得税征管效率测度分析》,《经济理论与经济管理》2012年第11期。

[39]李锴、齐绍洲:《贸易开放、经济增长与中国二氧化碳排放》,《经济研究》2011年第11期。

[40]李涛、黄纯纯等:《税收、税收竞争与中国经济增长》,《世界经济》2011年第4期。

[41]李文:《试析我国地方政府征税努力程度的影响因素》,《税务研究》2014年第11期。

[42]李香菊、赵娜:《税收竞争对环境污染的影响及传导机制分析》,《中国人口·资源与环境》2017年第6期。

[43]李永友、沈坤荣:《辖区间竞争、策略性财政政策与FDI增长绩效的区域特征》,《经济研究》2008年第5期。

[44]李正升、李瑞林等:《中国式分权竞争与地方政府环境支出——基于省级面板数据的空间计量分析》,《经济经纬》2017年第1期。

[45]李子豪、毛军:《地方政府税收竞争、产业结构调整与中国区域绿色发展》,《财贸经济》2018年第12期。

[46]林光平、龙志和等:《中国地区经济σ收敛的空间计量实证分析》,《数量经济技术经济研究》2006年第4期。

[47]林毅夫、刘志强:《中国的财政分权与经济增长》,《北京大学学报(哲学社会科学版)》2000年第4期。

[48]刘洁、李文:《中国环境污染与地方政府税收竞争——基于空间面板数据模型的分析》,《中国人口·资源与环境》2013年第4期。

[49]刘清杰、任德孝:《中国地区间税收竞争刺激经济增长了吗》,《广东财经大学学报》2017年第4期。

[50]刘清杰、任德孝等:《中国地区间税收竞争及其影响因素研究——来自动态空间杜宾模型的经验证据》,《财经论丛》2019年第1期。

[51]刘穷志:《税收竞争、资本外流与投资环境改善——经济增长与收入公平分配并行路径研究》,《经济研究》2017年第3期。

[52]刘溶沧、马拴友:《论税收与经济增长——对中国劳动、资本和消费征税的效应分

析》,《中国社会科学》2002年第1期。

[53]刘文玉:《中国地方政府税收竞争对环境污染的影响研究——基于全国及区域视角》,《江西师范大学学报(哲学社会科学版)》2018年第4期。

[54]刘晔、漆亮亮:《当前我国地方政府间税收竞争探讨》,《税务研究》2007年第5期。

[55]刘怡、刘维刚:《税收分享对地方征税努力的影响——基于全国县级面板数据的研究》,《财政研究》2015年第3期。

[56]龙小宁、朱艳丽等:《基于空间计量模型的中国县级政府间税收竞争的实证分析》,《经济研究》2014年第8期。

[57]楼继伟、解学智:《税式支出理论创新与制度探索》,中国财政经济出版社2003年版。

[58]陆旸、郭路:《环境库兹涅茨倒U型曲线和环境支出的S型曲线:一个新古典增长框架下的理论解释》,《世界经济》2008年第12期。

[59]吕冰洋、樊勇:《分税制改革以来税收征管效率的进步和省际差别》,《世界经济》2006年第10期。

[60]吕冰洋、马光荣等:《分税与税率:从政府到企业》,《经济研究》2016年第7期。

[61]吕炜、郑尚植:《财政竞争扭曲了地方政府支出结构吗?——基于中国省级面板数据的实证检验》,《财政研究》2012年第5期。

[62]马蔡琛、郑改改:《我国地方政府间税收竞争的空间计量分析——基于省际面板数据的考察》,《河北经贸大学学报》2014年第5期。

[63]马士国:《环境规制工具的设计与实施效应》,上海三联书店2009年版。

[64][英]迈克尔·曼主编:《国际社会学百科全书》,四川人民出版社1989年版。

[65]潘孝珍、庞凤喜:《中国地方政府间的企业所得税竞争研究——基于面板数据空间滞后模型的实证分析》,《经济理论与经济管理》2015年第5期。

[66]蒲龙:《税收竞争与公共支出结构——来自县级政府的视角》,《中南财经政法大学学报》2017年第2期。

[67]蒲龙:《税收竞争与环境污染——来自地市级政府的视角》,《现代管理科学》2017年第3期。

[68]蒲艳萍、成肖:《资本流动还是信息不对称——对中国地方政府税收竞争动因的实证研究》,《财贸研究》2017年第9期。

[69]亓寿伟、王丽蓉:《横向税收竞争与政府公共支出》,《税务研究》2013年第12期。

[70]钱金保、才国伟:《地方政府的税收竞争和标杆竞争——基于地市级数据的实证研究》,《经济学(季刊)》2017年第3期。

[71]乔宝云、范剑勇:《中国的财政分权与小学义务教育》,《中国社会科学》2005年第6期。

[72]邱丽萍:《税收竞争浅议》,《扬州大学税务学院学报》2000年第1期。

［73］任德孝、刘清杰：《集聚经济、税收竞争与资本投资》，《财经论丛》2017年第7期。

［74］上官绪明、葛斌华：《地方政府税收竞争、环境治理与雾霾污染》，《当代财经》2019年第5期。

［75］沈坤荣、付文林：《税收竞争、地区博弈及其增长绩效》，《经济研究》2006年第6期。

［76］施震凯、邵军等：《外商直接投资对雾霾污染的时空传导效应——基于SpVAR模型的实证分析》，《国际贸易问题》2017年第9期。

［77］石文雅：《税收征管中的恶性竞争应引起重视》，《河南税务》2003年第18期。

［78］史青：《外商直接投资、环境规制与环境污染——基于政府廉洁度的视角》，《财贸经济》2013年第1期。

［79］苏明、刘军民等：《促进环境保护的公共财政政策研究》，《财政研究》2008年第7期。

［80］孙俊：《中国FDI地点选择的因素分析》，《经济学（季刊）》2002年第2期。

［81］覃成林、管华：《环境经济学》，科学出版社2007年版。

［82］谭志雄、张阳阳：《财政分权与环境污染关系实证研究》，《中国人口·资源与环境》2015年第4期。

［83］谭祖铎：《浅论税收竞争》，《税务与经济（长春税务学院学报）》2000年第2期。

［84］汤玉刚、苑程浩：《不完全税权、政府竞争与税收增长》，《经济学（季刊）》2011年第1期。

［85］唐飞鹏：《省际财政竞争、政府治理能力与企业迁移》，《世界经济》2016年第10期。

［86］唐飞鹏：《地方税收竞争、企业利润与门槛效应》，《中国工业经济》2017年第7期。

［87］唐飞鹏、叶柳儿：《中央转移支付与地方"税收洼地"：平抑还是激化》，《当代财经》2020年第1期。

［88］陶欣欣、周端明：《安徽省税收竞争与环境污染关系的实证研究——基于全省和区域的视角》，《新疆财经大学学报》2017年第3期。

［89］田时中、汪瑾池等：《产业集聚、横向税收竞争与工业污染排放》，《经济问题探索》2020年第3期。

［90］田时中、张浩天等：《税收竞争对中国环境污染的影响的实证检验》，《经济地理》2019年第7期。

［91］田淑英、董玮等：《环保财政支出、政府环境偏好与政策效应——基于省际工业污染数据的实证分析》，《经济问题探索》2016年第7期。

［92］万晓萌：《经济增长与税收竞争关系的实证分析》，《税务研究》2016年第7期。

［93］王蓓、崔治文：《有效税率、投资与经济增长：来自中国数据的经验实证》，《管理评论》2012年第7期。

[94]王丹、刘洪生等:《加入招商引资行为的税收竞争模型》,《世界经济》2005年第1期。

[95]王德祥、李建军:《我国税收征管效率及其影响因素——基于随机前沿分析(SFA)技术的实证研究》,《数量经济技术经济研究》2009年第4期。

[96]王凤荣、苗妙:《税收竞争、区域环境与资本跨区流动——基于企业异地并购视角的实证研究》,《经济研究》2015年第2期。

[97]王华春、崔伟等:《为环保而竞争:地方政府竞争的新解析》,《兰州学刊》2020年第2期。

[98]王佳杰、童锦治等:《税收竞争、财政支出压力与地方非税收入增长》,《财贸经济》2014年第5期。

[99]王剑锋:《中央集权型税收高增长路径:理论与实证分析》,《管理世界》2008年第7期。

[100]王宇熹、黄解宇:《我国区域性税收竞争一定有害吗?》,《税务研究》2005年第5期。

[101]温忠麟、叶宝娟:《中介效应分析:方法和模型发展》,《心理科学进展》2014年第5期。

[102]吴俊培、王宝顺:《我国省际间税收竞争的实证研究》,《当代财经》2012年第4期。

[103]吴联生、李辰:《"先征后返"、公司税负与税收政策的有效性》,《中国社会科学》2007年第4期。

[104]肖挺、刘华:《产业结构调整与节能减排问题的实证研究》,《经济学家》2014年第9期。

[105]肖叶、贾鸿:《税收竞争对城市经济增长的门槛效应》,《城市问题》2017年第4期。

[106]谢乔昕:《税收竞争视角下出口贸易对技术创新的影响效应》,《税务与经济》2017年第6期。

[107]谢欣、李建军:《地方税收竞争与经济增长关系实证研究》,《财政研究》2011年第1期。

[108]谢贞发:《中国式分税制的税收增长之谜》,《中国工业经济》2016年第5期。

[109]谢贞发、范子英:《中国式分税制、中央税收征管权集中与税收竞争》,《经济研究》2015年第4期。

[110]徐鲲、李晓龙等:《地方政府竞争对环境污染影响效应的实证研究》,《北京理工大学学报(社会科学版)》2016年第1期。

[111]徐现祥、王贤彬等:《地方官员与经济增长——来自中国省长、省委书记交流的证据》,《经济研究》2007年第9期。

[112]徐勇、高秉雄:《地方政府学》,高等教育出版社2013年版。

[113]薛钢、曾翔等:《对我国政府间税收竞争的认识及规范》,《涉外税务》2000 年第 8 期。

[114]薛钢、刘彦龙等:《产业集聚、空间溢出与地方政府税收竞争——基于空间杜宾模型的经验研究》,《经济问题探索》2020 年第 8 期。

[115]薛钢、王笛:《中国地方政府税收竞争对 FDI 地域选择的实证分析》,《中南财经政法大学学报》2013 年第 1 期。

[116]阳举谋、曾令鹤:《地区间税收竞争对资本流动的影响分析》,《涉外税务》2005 年第 1 期。

[117]杨灿明、赵福军:《财政分权理论及其发展述评》,《中南财经政法大学学报》2004 年第 4 期。

[118]杨得前:《我国企业所得税收入能力及税收努力估计:2002—2011》,《当代财经》2014 年第 9 期。

[119]杨得前:《经济发展、财政自给与税收努力:基于省际面板数据的经验分析》,《税务研究》2014 年第 6 期。

[120]杨海生、陈少凌等:《地方政府竞争与环境政策——来自中国省份数据的证据》,《南方经济》2008 年第 6 期。

[121]杨龙见、尹恒:《中国县级政府税收竞争研究》,《统计研究》2014 年第 6 期。

[122]杨其静:《分权、增长与不公平》,《世界经济》2010 年第 4 期。

[123]杨瑞龙、章泉等:《财政分权,公众偏好和环境污染——来自中国省级面板数据的证据》,《西南金融》2015 年第 11 期。

[124]杨晓丽、许垒:《中国式分权下地方政府 FDI 税收竞争的策略性及其经济增长效应》,《经济评论》2011 年第 3 期。

[125]杨勇、朱乾等:《中国省域企业家精神的空间溢出效应研究》,《中国管理科学》2014 年第 11 期。

[126]杨云彦:《人口、资源与环境经济学》,中国经济出版社 1999 年版。

[127]杨志勇:《国内税收竞争理论:结合我国现实的分析》,《税务研究》2003 年第 6 期。

[128]姚公安:《地方税收竞争与辖区工业污染的关系》,《税务与经济》2014 年第 6 期。

[129]应瑞瑶、周力:《外商直接投资、工业污染与环境规制——基于中国数据的计量经济学分析》,《财贸经济》2006 年第 1 期。

[130]张根能、董伟婷等:《地方政府税收竞争对环境污染影响的比较研究——基于全国及区域视角》,《生态经济》2017 年第 1 期。

[131]张国庆、李晓春:《税收竞争、企业投资决策与实体经济振兴》,《南京社会科学》2019 年第 9 期。

[132]张恒龙、陈宪:《财政竞争对地方公共支出结构的影响——以中国的招商引资竞

争为例》,《经济社会体制比较》2006年第6期。

[133]张华:《税收竞争与环境污染:影响机制与实证检验》,《财经问题研究》2019年第3期。

[134]张华:《环境支出、地区竞争与环境污染——对环境竞次的一种解释》,《山西财经大学学报》2018年第12期。

[135]张军、高远等:《中国为什么拥有了良好的基础设施?》,《经济研究》2007年第3期。

[136]张克中、王娟等:《财政分权与环境污染:碳排放的视角》,《中国工业经济》2011年第10期。

[137]张文礼:《当代中国地方政府》,南开大学出版社2009年版。

[138]张晏:《财政分权、FDI竞争与地方政府行为》,《世界经济文汇》2007年第2期。

[139]张晏、龚六堂:《分税制改革、财政分权与中国经济增长》,《经济学(季刊)》2005年第4期。

[140]张勇、古明明:《公共投资能否带动私人投资:对中国公共投资政策的再评价》,《世界经济》2011年第2期。

[141]张宇、蒋殿春:《FDI、环境监管与工业大气污染——基于产业结构与技术进步分解指标的实证检验》,《国际贸易问题》2013年第7期。

[142]张宇麟、吕旺弟:《我国省际间税收竞争的实证分析》,《税务研究》2009年第6期。

[143]张征宇、朱平芳:《地方环境支出的实证研究》,《经济研究》2010年第5期。

[144]赵娜、李村璞等:《税收竞争影响资本流动的空间计量分析》,《华东经济管理》2018年第11期。

[145]赵娜、李香菊等:《中国横向税收竞争如何影响雾霾污染——基于环保支出中介效应的研究》,《审计与经济研究》2020年第4期。

[146]赵秋银、余升国:《税收竞争影响经济增长的中介效应研究——基于结构方程模型的路径分析》,《华东经济管理》2020年第3期。

[147]郑磊:《财政分权、政府竞争与公共支出结构——政府教育支出比重的影响因素分析》,《经济科学》2008年第1期。

[148]郑尚植:《财政竞争与地方政府的公共支出结构——基于国内外文献的一个思考》,《云南财经大学学报》2011年第6期。

[149]钟炜、胡怡建:《税收优惠对我国外商投资企业的重要性程度研究——一项问卷调查》,《财贸经济》2007年第1期。

[150]周建、张敏:《中国省际季度GDP强影响性特征的协同效应和共振效应》,《数量经济技术经济研究》2016年第3期。

[151]周克清:《政府间税收竞争及其界定》,《吉林财税高等专科学校学报》2005年第2期。

［152］周克清:《税收竞争对资本形成及流动影响效果的实证分析》,《涉外税务》2006年第2期。

［153］周克清:《我国政府间税收竞争的理论及实践基础》,《财经科学》2003 年第S1 期。

［154］周黎安:《中国地方官员的晋升锦标赛模式研究》,《经济研究》2007 年第 7 期。

［155］周黎安:《晋升博弈中政府官员的激励与合作——兼论我国地方保护主义和重复建设问题长期存在的原因》,《经济研究》2004 年第 6 期。

［156］周黎安、刘冲等:《税收努力、征税机构与税收增长之谜》,《经济学(季刊)》2012年第 1 期。

［157］周林意、朱德米:《地方政府税收竞争、邻近效应与环境污染》,《中国人口·资源与环境》2018 年第 6 期。

［158］周平:《当代中国地方政府》,高等教育出版社 2010 年版。

［159］周业安、程栩等:《税收、税收竞争和地区创新——基于我国省级面板数据的经验研究》,《南大商学评论》2012 年第 1 期。

［160］朱翠华、武力超:《地方政府财政竞争策略工具的选择:宏观税负还是公共支出》,《财贸经济》2013 年第 10 期。

［161］踪家峰、杨琦:《分权体制、地方征税努力与环境污染》,《经济科学》2015 年第2 期。

［162］Aigner D., Lovell C. K., "Formulation and Estimation of Stochastic Frontier Production Function Models", *Journal of Econometrics*, Vol. 6, No. 1, 1977.

［163］Allers M.A., Elhorst J.P., "Tax Mimicking and Yardstick Competition among Local Governments in the Netherlands", *International Tax and Public Finance*, Vol. 12, No. 4, 2005.

［164］Arellano M., Bover O., "Another Look at the Instrumental Variable Estimation of Error-components Models", *Journal of Econometrics*, Vol. 68, No. 1, 1995.

［165］Bai J., Lu J., "Fiscal Pressure, Tax Competition and Environmental Pollution", *Environmental and Resource Economics*, Vol. 73, No. 2, 2019.

［166］Battese G.E., Coelli T.J., "A Model for Technical Inefficiency Effects in a Stochastic Frontier Production Function for Panel Data", *Empirical Economics*, Vol. 20, No. 2, 1995

［167］Bernauer T., Koubi V., "Are Bigger Governments Better Providers of Public Goods? Evidence from Air Pollution", *Public Choice*, Vol. 156, No. 3, 2013.

［168］Besley T., Coate S., "Centralized Versus Decentralized Provision of Local Public Goods: a Political Economy Approach", *Journal of Public Economics*, Vol. 87, No. 12, 2003.

［169］Bierbrauer F., Brett C., "Strategic Nonlinear Income Tax Competition with Perfect Labor Mobility", *Games and Economic Behavior*, Vol. 82, 2013.

［170］Blundell R., Bond S., "Initial Conditions and Moment Restrictions in Dynamic Panel Data Models", *Journal of Econometrics*, Vol. 87, No. 1, 1998.

[171] Bordignon M., Cerniglia F., "Yardstick Competition in Intergovernmental Relationships: Theory and Empirical Predictions", *Economics Letters*, Vol. 83, No. 3, 2004.

[172] Boyne G. A., "Competition and Local Government: a Public Choice Perspective", *Urban Studies*, Vol. 33, No. 4-5, 1996.

[173] Brennan G., Buchanan J.M., *The Power to Tax: Analytic Foundations of a Fiscal Constitution*, Cambridge University Press, 1980.

[174] Breton A., *Competitive Governments: An Economic Theory of Politics and Public Finance*, Cambridge University Press, 1998.

[175] Brett C., Pinkse J., "The Determinants of Municipal Tax Rates in British Columbia", *Canadian Journal of Economics*, Vol. 33, No. 3, 2000.

[176] Brueckner J.K., "Fiscal Decentralization with Distortionary Taxation: Tiebout vs. Tax Competition", *International Tax and Public Finance*, Vol. 11, No. 2, 2004.

[177] Brueckner J.K., "Testing for Strategic Interaction among local Governments: The Case of Growth Controls", *Journal of Urban Economics*, Vol. 44, No. 3, 1998.

[178] Brueckner J. K., Saavedra L. A., "Do Local Governments Engage in Strategic Property—Tax Competition?", *National Tax Journal*, 2001.

[179] Bucovetsky S., "Asymmetric Tax Competition", *Journal of Urban Economics*, Vol. 30, No. 2, 1991.

[180] Butler H. N., Macey J. R., *Using Federalism to Improve Environmental Policy*, American Enterprise Institute, 1996.

[181] Büttner T., "Determinants of Tax Rates in Local Capital Income Taxation: a Theoretical Model and evidence From Germany", *CESifo Working Paper Series*, 1999.

[182] Cai H., Treisman D., "Does Competition for Capital Discipline Governments? Decentralization, Globalization, and Public Policy", *The American Economic Review*, Vol. 95, No. 3, 2005.

[183] Case A.C., Rosen H.S., "Budget Spillovers and Fiscal Policy Interdependence: Evidence from the States", *Journal of Public Economics*, Vol. 52, No. 3, 1993.

[184] Charnes A., Cooper W.W., "Measuring the Efficiency of Decision Making Units", *European Journal of Operational Research*, Vol. 2, No. 6, 1978.

[185] Chirinko R.S., Wilson D.J., "Tax Competition among U.S. States: Racing to the Bottom or Riding on a Seesaw?", *Journal of Public Economics*, Vol. 155, 2017.

[186] Cumberland J.H., "Efficiency and Equity in Interregional Environmental Management", *Review of Regional Studies*, Vol. 2, No. 1, 1981.

[187] Daron Acemoglu S.J., James R., "Institutional Causes, Macroeconomic Symptoms: Volatility, Crises and Growth", *Journal of Monetary Economics*, Vol. 50, No. 1, 2003.

[188] De Mooij R.A., Ederveen S., "Explaining the Variation in Empirical Estimates of Tax

Elasticities of Foreign Direct Investment", *SSRN Electronic Journal*, 2005.

[189] Delgado F.J., Mayor M., "Tax Mimicking among Local Governments: Some Evidence from Spanish Municipalities", *Portuguese Economic Journal*, Vol. 10, No. 2, 2011.

[190] Dye T.R., *American Federalism: Competition among Governments*, Free Press, 1990.

[191] Edmark K., Ågren H., "Identifying Strategic Interactions in Swedish Local Income Tax Policies", *Journal of Urban Economics*, Vol. 63, No. 3, 2008.

[192] Eichner T., Pethig R., "Competition in Emissions Standards and Capital Taxes with Local Pollution", *Regional Science and Urban Economics*, Vol. 68, 2018.

[193] Eichner T., Runkel M., "Subsidizing Renewable Energy under Capital Mobility", *Journal of Public Economics*, Vol. 117, 2014.

[194] Eichner T., Runkel M., "Interjurisdictional Spillovers, Decentralized Policymaking, and the Elasticity of Capital Supply", *The American Economic Review*, Vol. 102, No. 5, 2012.

[195] Esty D.C., "Revitalizing Environmental Federalism", *Michigan Law Review*, Vol. 95, No. 3, 1996.

[196] Faguet J.P., *Does Decentralization Increase Responsiveness to Local Needs?: Evidence from Bolivia*, World Bank, Development Research Group, Public Economics, 2001.

[197] Feld L.P., Reulier E., "Strategic Tax Competition in Switzerland: Evidence from a Panel of the Swiss Cantons", *German Economic Review*, Vol. 10, No. 1, 2009.

[198] Fell H., Kaffine D.T., "Can Decentralized Planning Really Achieve First-Best in the Presence of Environmental Spillovers?", *Journal of Environmental Economics and Management*, Vol. 68, No. 1, 2014.

[199] Fredriksson P.G., Millimet D.L., "Strategic Interaction and the Determination of Environmental Policy across US States", *Journal of Urban Economics*, Vol. 51, No. 1, 2002.

[200] Glazer A., "Local Regulation May Be Excessively Stringent", *Regional Science and Urban Economics*, Vol. 29, No. 5, 1999.

[201] Hadjiyiannis C., Hatzipanayotou P., "Cross-border Pollution, Public Pollution Abatement and Capital Tax Competition", *The Journal of International Trade & Economic Development*, Vol. 23, No. 2, 2014.

[202] Han Y., Pieretti P., "Does Tax Competition Increase Infrastructural Disparity among Jurisdictions?", *Review of International Economics*, Vol. 26, No. 1, 2018.

[203] Hauptmeier S., Mittermaier F., "Fiscal Competition over Taxes and Public Inputs", *Regional Science and Urban Economics*, Vol. 42, No. 3, 2012.

[204] Hettich W., Winer S.L., *Democratic Choice and Taxation: A Theoretical and Empirical Analysis*, Cambridge University Press, 2005.

[205] Heyndels B., Vuchelen J., "Tax Mimicking among Belgian Municipalities", *National Tax Journal*, Vol. 51, No. 1, 1998.

[206] Hindriks J., Peralta S., "Competing in Taxes and Investment under Fiscal Equalization", *Journal of Public Economics*, Vol. 92, No. 12, 2008.

[207] Holmstrom B., Milgrom P., "Multitask Principal-Agent Analyses: Incentive Contracts, Asset Ownership, and Job Design", *Journal of Law, Economics, & Organization*, Vol. 7, 1991.

[208] Janeba E., Peters W., "Tax Evasion, Tax Competition and the Gains from Nondiscrimination: The Case of Interest Taxation in Europe", *The Economic Journal*, Vol. 109, No. 452, 1999.

[209] Judd K.L., "Redistributive Taxation in a Simple Perfect Foresight Model", *Journal of Public Economics*, Vol. 28, No. 1, 1985.

[210] Kangasharju A., Moisio A., "Tax Competition among Municipalities in Finland", *Urban Public Economics Review*, Vol. 5, 2006.

[211] Keen M., "Vertical Tax Externalities in the Theory of Fiscal Federalism", *Staff Papers*, Vol. 45, No. 3, 1998.

[212] Keen M., Marchand M., "Fiscal Competition and the Pattern of Public Spending", *Journal of Public Economics*, Vol. 66, No. 1, 1997.

[213] Kessing S.G., Konrad K.A., "Federalism, Weak Institutions and the Competition for Foreign Direct Investment", *International Tax and Public Finance*, Vol. 16, No. 1, 2009.

[214] King I., McAfee R.P., "Industrial Blackmail: Dynamic Tax Competition and Public Investment", *Canadian Journal of Economics*, Vol. 26, No. 3, 1993.

[215] Krautheim S., Schmidt-Eisenlohr T., "Heterogeneous Firms, 'Profit Shifting' FDI and International Tax Competition", *Journal of Public Economics*, Vol. 95, No. 1, 2011.

[216] Kunce M., Shogren J.F., "Destructive Interjurisdictional Competition: Firm, Capital and Labor Mobility in a Model of Direct Emission Control", *Ecological Economics*, Vol. 60, No. 3, 2007.

[217] Ladd H.F., "Mimicking of Local Tax Burdens among Neighboring Counties", *Public Finance Quarterly*, Vol. 20, No. 4, 1992.

[218] Lee K., "Tax Competition with Imperfectly Mobile Capital", *Journal of Urban Economics*, Vol. 42, No. 2, 1997.

[219] LeSage J.P., "An Introduction to Spatial Econometrics", *Revue D'ÉConomie Industrielle*, No. 3, 2008.

[220] List J.A., Gerking S., "Regulatory Federalism and Environmental Protection in the United States", *Journal of Regional Science*, Vol. 40, No. 3, 2000.

[221] Ljungwall C., Linde-Rahr M., "Environmental Policy and the Location of Foreign Direct Investment in China", *East Asian Bureau of Economic Research, Governance Working Papers*, No. 2005-1, 2005.

[222] Lowry W.R., *The Dimensions of Federalism: State Governments and Pollution Control*

Policies, Duke University Press, 1991.

［223］Lyytikäinen T., "Tax Competition among Local Governments: Evidence from a Property Tax Reform in Finland", *Journal of Public Economics*, Vol. 96, No. 7, 2012.

［224］Mardan M., Stimmelmayr M., "Tax Competition between Developed, Emerging, and Developing Countries-Same but Different?", *Journal of Development Economics*, Vol. 146, 2020.

［225］Matsumoto M., "A Note on the Composition of Public Expenditure under Capital Tax Competition", *International Tax and Public Finance*, Vol. 7, No. 6, 2000.

［226］Matsumoto M., "The Mix of Public Inputs under Tax Competition", *Journal of Urban Economics*, Vol. 56, No. 2, 2004.

［227］Meeusen W., van Den Broeck J., "Efficiency Estimation from Cobb-Douglas Production Functions with Composed Error", *International Economic Review*, Vol. 18, No. 2, 1977.

［228］Mintz J., Tulkens H., "Commodity Tax Competition between member States of a Federation: Equilibrium and Efficiency", *Journal of Public Economics*, Vol. 29, No. 2, 1986.

［229］Musgrave R. A., *The Theory of Public Finance*, McGraw-Hill Book Company, Inc, 1959.

［230］Oates W. E., Schwab R. M., "Economic Competition among Jurisdictions: Efficiency Enhancing or Distortion Inducing?", *Journal of Public Economics*, Vol. 35, No. 3, 1988.

［231］Ogawa H., Wildasin D.E., "Think Locally, Act Locally: Spillovers, Spillbacks, and Efficient Decentralized Policymaking", *The American Economic Review*, Vol. 99, No. 4, 2009.

［232］Ollé A.S., "Electoral Accountability and Tax Mimicking: the Effects of Electoral Margins, Coalition Government, and Ideology", *European Journal of Political Economy*, Vol. 19, No. 4, 2003.

［233］Pessino C., Fenochietto R., "Determining Countries'Tax Effort", *Review of Public Economics*, Vol. 195, No. 4, 2010.

［234］Pieretti P., Zanaj S., "On Tax Competition, Public Goods Provision and Jurisdictions'Size", *Journal of International Economics*, Vol. 84, No. 1, 2011.

［235］Piesse J., Thirtle C., "A Stochastic Frontier Approach to Firm Level Efficiency, Technological Change, and Productivity during the Early Transition in Hungary", *Journal of Comparative Economics*, Vol. 28, No. 3, 2000.

［236］Potoski M., "Clean Air Federalism: Do States Race to the Bottom?", *Public Administration Review*, Vol. 61, No. 3, 2001.

［237］Qian Y., Roland G., "Federalism and the Soft Budget Constraint", *American Economic Review*, Vol. 88, No. 5, 1998.

［238］Qian Y., Weingast B.R., "Federalism as a Commitment to Perserving Market Incentives", *The Journal of Economic Perspectives*, Vol. 11, No. 4, 1997.

［239］Ramón López G., Asif I., "Fiscal Spending and the Environment: Theory and Empirics", *Journal of Environmental Economics And Management*, Vol. 62, No. 2, 2011.

[240] Rauscher M., "Economic Growth and Tax-Competing Leviathans", *International Tax and Public Finance*, Vol. 12, No. 4, 2005.

[241] Razin A., Yuen C. W., "Optimal International Taxation and Growth Rate Convergence: Tax Competition vs. Coordination", *International Tax and Public Finance*, Vol. 6, No. 1, 1999.

[242] Redoano M., "Fiscal Interactions among European Countries: does the EU Matter?", *CESifo Working Paper Series*, No. 1952, 2007.

[243] Revelli F., "Spatial Patterns in Local Taxation: Tax Mimicking or Error Mimicking?", *Applied Economics*, Vol. 33, No. 9, 2001.

[244] Revesz R. L., "Rehabilitating Interstate Competition: Rethinking the Race-to-the-bottom Rationale for Federal Environmental Regulation", *New York University Law review*, Vol. 67, 1992.

[245] Rork J. C., "Coveting theNeighbors'Taxation", *National Tax Journal*, Vol. 56, No. 4, 2003.

[246] Samuelson P.A., "Diagrammatic Exposition of a Theory of Public Expenditure", *The Review of Economics and Statistics*, Vol. 37, No. 4, 1955.

[247] Samuelson P.A., "The Pure Theory of Public Expenditure", *The Review of Economics and Statistics*, Vol. 36, No. 4, 1954.

[248] Schaltegger C.A., Küttel D., "Exit, Voice, and Mimicking Behavior: Evidence from Swiss Cantons", *Public Choice*, Vol. 113, No. 1, 2002.

[249] Sedmihradsky M., Klazar S., "Tax Competition for FDI in Central-European Countries", CESifo *Working Paper*, No. 647, 2002.

[250] Shleifer A., "A Theory of Yardstick Competition", *The RAND Journal of Economics*, Vol. 16, No. 3, 1985.

[251] Silva E.C., Caplan A.J., "Transboundary Pollution Control in Federal Systems", *Journal of Environmental Economics and Management*, Vol. 34, No. 2, 1997.

[252] Stewart R.B., "Pyramids of Sacrifice? Problems of Federalism in Mandating State Implementation of National Environmental Policy", *The Yale Law Journal*, Vol. 86, No. 6, 1977.

[253] Teera J.M., Hudson J., "Tax Performance: a Comparative Study", *Journal of International Development*, Vol. 16, No. 6, 2004.

[254] Thomas J., Worrall T., "Foreign Direct Investment and the RISK of Expropriation", *The Review of Economic Studies*, Vol. 61, No. 1, 1994.

[255] Tiebout C.M., "A Pure Theory of Local Expenditures", *Journal of Political Economy*, Vol. 64, No. 5, 1956.

[256] Weingast B.R., "The Economic Role of Political Institutions: Market-Preserving Fed-

eralism and Economic Development", *Journal of Law, Economics, & Organization*, Vol. 11, No. 1,1995.

[257] Wildasin D.E., "Factor Mobility and Fiscal Policy in the EU: Policy Issues and Analytical Approaches", *Economic Policy*, Vol. 15, No. 31,2000.

[258] Wildasin D. E., "Fiscal Competition for Imperfectly-Mobile Labor and Capital: A Comparative Dynamic Analysis", *Journal of Public Economics*, Vol. 95, No. 11,2011.

[259] Wildasin D. E., "Interjurisdictional Capital Mobility: Fiscal Externality and a Corrective Subsidy", *Journal of Urban Economics*, Vol. 25, No. 2,1989.

[260] Wilson J. D., "Theories of Tax Competition", *National Tax Journal*, Vol. 52, No. 2,1999.

[261] Wilson J.D., "A Theory of Interregional Tax Competition", *Journal of Urban Economics*, Vol. 19, No. 3,1986.

[262] Wilson J.D., "Tax Competition with Interregional Differences in factor Endowments", *Regional Science and Urban Economics*, Vol. 21, No. 3,1991.

[263] Withagen C., Halsema A., "Tax CompetitionLeading to Strict Environmental Policy", *International Tax and Public Finance*, Vol. 20, No. 3,2013.

[264] Wolkoff M.J., "Is Economic Development Decision Making Rational?", *Urban Affairs Quarterly*, Vol. 27, No. 3,1992.

[265] Woods N. D., "Interstate Competition and Environmental Regulation: a Test of the Race-to-the-bottom Thesis", *Social Science Quarterly*, Vol. 87, No. 1,2006.

[266] Zimmerman J. L., "Taxes and Firm Size", *Journal of Accounting and Economics*, Vol. 5,1983.

[267] Zissimos B., Wooders M., "Public Good Differentiation and the Intensity of Tax Competition", *Journal of Public Economics*, Vol. 92, No. 5,2008.

[268] Zodrow G.R., Mieszkowski P., "Pigou, Tiebout, Property Taxation, and the Underprovision of Local Public Goods", *Journal of Urban Economics*, Vol. 19, No. 3,1986.

后　记

本书凝聚了近 5 年我对税收竞争与环境污染问题的主要研究成果。选题的动因来自最初对环境税相关问题的研究,其间我逐步了解了我国环境污染的现状和问题根源,并进一步考虑是否能在单独税种研究的基础上,从更为宏观的税制角度考虑中国的环境污染治理问题,这催生了税收竞争与环境污染研究主题的诞生。

这是我的第一本专著,心中怀有几分喜悦,因为终于对多年的研究成果进行了一次细致全面的梳理,整理期间也加深了对相关问题的理解,启发了新的研究思路。同时,也有一丝不安,倾我所能所著的这本书,难以避免存在许多的瑕疵,由于研究经验尚浅、数据不可得、研究方法限制等原因,有些问题的研究不能充分展开,期待未来能有更多的同行能够予以释疑纾困。

中国改革开放历经四十多年,经济建设取得了重大的成就,我国经济已由高速增长阶段转向高质量发展阶段,需要切实转变发展方式,坚持新发展理念,实现经济和环境的协调发展。要着力构建市场机制有效、微观主体有活力、宏观调控有度的经济体制,不断增强我国经济创新力和竞争力,财税体制的改革也要与时俱进。税收竞争作为地方政府发展经济的一种策略性工具,对于地方经济增长的积极作用无可否认,理解环境污染的制度性原因,发挥财政的重要职能从根源上防治污染具有切实的现实意义。本书尝试从资本流动和环保支出的双重角度对我国地方政府横向税收竞争影响环境污染的效应和机制进行研究,希望引起学界对该问题的更多的关注和各级政府对于财税政策设计的全局性思考。

2018 年 7 月 20 日,我国国税地税机构合并正式实施,国地税征管体制改革第一场攻坚战获得成功。此次税收机构改革有望减轻纳税人办税负担,更长远的影响是有望改善地方税收竞争。然而,税收竞争仍将长期而且广泛地存在,这是保持地方经济发展活动的重要手段,针对税收竞争与环境污染之间关系的研究仍将是未来重要的话题之一。

在西安交通大学攻读博士学位的四年时光,也许将是我一生中最宝贵而又最难忘的旅程。师长的关心和教诲以及同学的帮助都历历在目,值此专著将要付梓之际,谨向所有关心和帮助过我的人表示由衷的感谢。感谢我的恩师李香菊教授,能师从于她实在是我一生的幸运,她那认真、严谨的治学态度,幽默、谦逊的为人使我受益良多,对我今后的工作和学习产生了深刻的影响。感谢她从研究选题到最后定稿的整个过程对我的悉心指导和帮助,她的许多宝贵意见和建议,使本书的研究更为系统和完善。

感谢西安交通大学经济与金融学院宋丽颖教授、魏修建教授、崔建军教授、温军教授、李春米老师在我博士论文预答辩、答辩过程中所提出的宝贵意见,我从你们身上不仅学到了对于科研工作的执着与坚持,更明白了做人做事的坦诚与豁达,感谢周建伦、王志斌、杨燕荣、蒲晓丽、席瑶老师对我的关照和帮助。感谢师门的每一位同学,刘浩博士、杜伟博士、祝丹枫博士、王雄飞博士、贺娜博士、杨欢博士、李康硕士、郑春华硕士、刘婷婷硕士、柳杨硕士。你们的支持和关心让我感受到师门里如家人般的温暖。感谢博1349 班的每一位同学,我有幸能够与你们成为同学、好朋友乃是我人生一大幸事。

本书的一些阶段性成果得到了教育部人文社会科学研究青年基金项目(中国横向税收竞争的环境效应及其作用机理研究)、陕西省软科学项目(税收竞争对陕西省产业结构升级的影响及其对策研究)、西安外国语大学"优秀青年人才计划"和"西安外国语大学重点研究基地"在经费和其他方面的大力支持,在此特别感谢!

最后,要感谢我的爱人给予我的帮助,特别是他的研究经验给了我莫大的启示,使我少走了很多的弯路,才能有今天的成果。还要感谢我的女儿,她聪明伶俐、善解人意,能够理解我在她成长路上很多重要时刻的缺席,让我能有足够的时间完成研究工作。家人的支持是我前进的动力。

赵　娜

2021 年 1 月 26 日

责任编辑：李甜甜
封面设计：曹　妍
责任校对：周晓东

图书在版编目（CIP）数据

中国横向税收竞争的环境效应及其作用机理研究/赵娜 著. —北京：
　人民出版社,2021.4
ISBN 978－7－01－023232－4

Ⅰ.①中…　Ⅱ.①赵…　Ⅲ.①税收管理-研究-中国　Ⅳ.①F812.42

中国版本图书馆 CIP 数据核字（2021）第 042259 号

中国横向税收竞争的环境效应及其作用机理研究
ZHONGGUO HENGXIANG SHUISHOU JINGZHENG DE HUANJING
XIAOYING JIQI ZUOYONG JILI YANJIU

赵　娜　著

人民出版社 出版发行
（100706　北京市东城区隆福寺街 99 号）

北京建宏印刷有限公司印刷　新华书店经销

2021 年 4 月第 1 版　2021 年 4 月北京第 1 次印刷
开本：710 毫米×1000 毫米 1/16　印张：13.75
字数：206 千字

ISBN 978－7－01－023232－4　定价：48.00 元

邮购地址 100706　北京市东城区隆福寺街 99 号
人民东方图书销售中心　电话（010）65250042　65289539